参与式语文教师培训资源

丛书主编 ◎ 王荣生

"十二五"上海市重点图书

小说教学教什么

主编 ◎ 王荣生
执行主编 ◎ 李冲锋

华东师范大学出版社
·上海·

图书在版编目(CIP)数据

小说教学教什么/王荣生主编.—上海:华东师范大学出版社,2015.8
(参与式语文教师培训资源)
ISBN 978-7-5675-4021-7

Ⅰ.①小… Ⅱ.①王… Ⅲ.①小说-教学研究-中小学-师资培训-教材 Ⅳ.①G633.302

中国版本图书馆 CIP 数据核字(2015)第 192050 号

国家社会科学基金教育学青年课题"新课程改革中教学范式转型研究"(课题批准号 CHA100139)研究成果。

参与式语文教师培训资源

小说教学教什么

主　　编	王荣生
执行主编	李冲锋
责任编辑	吴海红
审读编辑	许引泉
责任校对	高士吟
装帧设计	卢晓红

出版发行	华东师范大学出版社
社　　址	上海市中山北路 3663 号　邮编 200062
网　　址	www.ecnupress.com.cn
电　　话	021-60821666　行政传真 021-62572105
客服电话	021-62865537　门市(邮购)电话 021-62869887
地　　址	上海市中山北路 3663 号华东师范大学校内先锋路口
网　　店	http://hdsdcbs.tmall.com
印 刷 者	常熟高专印刷有限公司
开　　本	787毫米×1092毫米　1/16
印　　张	19.25
字　　数	327 千字
版　　次	2015 年 11 月第 1 版
印　　次	2024 年 6 月第 17 次
书　　号	ISBN 978-7-5675-4021-7/G·8591
定　　价	55.00 元

出版人　王　焰

(如发现本版图书有印订质量问题,请寄回本社客服中心调换或电话 021-62865537 联系)

参与式语文教师培训资源编委会

王荣生　徐雄伟　李海林　郑桂华　吴忠豪　高　晶　夏　天
李冲锋　陈隆升　邓　彤　童志斌　步　进　李　重　申宣成

主题学习工作坊授课专家

于　漪　　当代语文教育家,曾任上海市教科文卫委员会副主任
张民选　　上海师范大学原校长,研究员,博士生导师
钟启泉　　华东师范大学终身教授,博士生导师
崔允漷　　华东师范大学课程与教学研究所所长,教授,博士生导师
方智范　　华东师范大学教授,博士生导师
倪文锦　　杭州师范大学教授,博士生导师
黄灵庚　　浙江师范大学教授,博士生导师
王栋生　　南京师范大学附属中学教师,特级教师,教授级高级教师
程红兵　　广东省深圳市明德实验学校校长,特级教师,教育部"国培计划"专家库专家
陈　军　　上海市市北中学校长,特级教师,教育部"国培计划"专家库专家
谭轶斌　　上海市教委教研室副主任,特级教师,教育部"国培计划"专家库专家
褚树荣　　浙江省宁波市教育局教研室教研员,特级教师,教授级高级教师
宋冬生　　合肥师范学院副教授,教育部"国培计划"专家库专家
邓　彤　　上海市黄浦区教育学院教研员,特级教师,教育部"国培计划"专家库专家
倪文尖　　华东师范大学副教授
童志斌　　浙江师范大学副教授
叶黎明　　杭州师范大学副教授
申宣成　　河南省基础教育教学研究室教研员
陈隆升　　台州学院副教授
周子房　　上海知明教育信息咨询有限公司教学总指导
杨文虎　　上海师范大学教授,博士生导师
谢利民　　上海师范大学学科教育研究所所长,教授,博士生导师
李海林　　上海新纪元双语学校校长,教育部"国培计划"专家库专家

郑桂华　上海师范大学教授，教育部"国培计划"专家库专家
吴忠豪　上海师范大学教授，教育部"国培计划"专家库专家
王荣生　上海师范大学教授，博士生导师，教育部"国培计划"专家库专家

课例研究工作坊执教教师和提供案例教师

钱梦龙　著名语文教学专家
郑桂华　上海师范大学教授
李海林　上海新纪元双语学校校长，教育部"国培计划"专家库专家
黄厚江　江苏省苏州中学教师，特级教师，教授级高级教师
曹勇军　江苏省南京市第十三中学教师，特级教师，教授级高级教师
马　骉　上海市虹口区教育学院副院长，特级教师
朱震国　上海市杨浦高级中学教师，特级教师
薛法根　江苏省吴江市盛泽实验学校校长，特级教师
王崧舟　杭州师范大学教授
岳乃红　江苏省扬州市维扬实验小学副校长，特级教师
蒋军晶　浙江省杭州市天长小学副校长，特级教师
茹茉莉　浙江省嵊州市城南小学校长，特级教师
周益民　江苏省南京市琅琊路小学教师，特级教师
邓　彤　上海市黄浦区教育学院教研员，特级教师
张广录　上海市浦东新区教育发展研究院教研员，高级教师
童志斌　浙江师范大学副教授
季　丰　浙江省富阳中学教师，高级教师
任富强　浙江省慈溪市慈中书院校长，特级教师
周子房　上海知明教育信息咨询有限公司教学总指导
申宣成　河南省基础教育教学研究室教研员
荣维东　西南大学副教授
郭家海　江苏省常州高级中学教师，特级教师
袁湛江　浙江省宁波市万里国际学校校长，特级教师

邓玉琳　广东省深圳市南山实验学校教师,高级教师
李金英　辽宁省鞍山市铁西区共同小学教师,高级教师
范景玲　河南省商丘市民权县程庄镇一中教师,中学一级教师
刘学勤　河南省商丘市民权县实验中学教师,高级教师

共同备课工作坊合作专家

王荣生　博士,上海师范大学教授
高　晶　博士,上海师范大学讲师
李冲锋　博士,中国浦东干部学院副教授,博士后
胡根林　博士,上海市浦东新区教育发展研究院教研员
陈隆升　博士,台州学院副教授
袁　彬　博士,南通大学副教授
于　龙　博士,上海师范大学副教授
李　重　博士,上海师范大学副教授
申宣成　博士,河南省基础教育教学研究室教研员
周子房　博士,上海知明教育信息咨询有限公司教学总指导
陆　平　博士,南通大学副教授
步　进　博士,江苏师范大学副教授
周　周　博士,贵州师范学院讲师
邓　彤　博士,上海市黄埔区教育学院教研员,特级教师
童志斌　博士,浙江师范大学副教授
孙慧玲　博士,上海市闵行区教科所教师,博士后
代顺丽　博士,闽南师范大学副教授,博士后
王从华　博士,赣南师范学院副教授,博士后

前　言

一年多前,"参与式语文教师培训资源"丛书启动,在第一次编务会,我就想好了丛书前言的第一句话:

这是值得你慢慢读的书,这是需要你用笔来读的书。

当我说出这一句话时,编务会的同伴们一致称好,因为这句话贴切地体现出这套"参与式语文教师培训资源"的特色。

这是值得你慢慢读的书

这是一套"语文教师培训资源"系列丛书,是在语文骨干教师培训实践中逐渐积累的优质课程资源。

从 2010 年起,"上海师范大学语文课程研究基地"承担教育部"国培计划"示范性集中培训项目,凭借强大的专业团队和积极投入的事业心,成为"国培计划"实施中语文学科的引领性标杆。

"上海师范大学语文课程研究基地"有四位教授入选"国培计划"专家库专家,2010—2013 年,承担的教育部"国培计划"示范性集中培训项目 30 个班,涵盖语文学科的所有子项目,培训了来自全国各地师范院校、教师进修学校、教研室和中小学的培训者和骨干教师 1500 多名。

"国培计划"2010 示范性集中培训项目
　　——中小学骨干教师研修项目(高中语文)50 人
　　——中小学骨干教师研修项目(小学语文)150 人

"国培计划"2011 示范性集中培训项目
　　——中小学骨干教师研修项目(高中语文)100 人
　　——中小学骨干教师研修项目(小学语文)100 人
　　——(云南省)中西部教师培训项目(初中语文)100 人

"国培计划"2012 示范性集中培训项目
　　——培训者团队研修项目(语文)50 人
　　——免费师范毕业生培训项目(语文)150 人
　　——中小学骨干教师研修项目(高中语文教研员)50 人
　　——中小学骨干教师研修项目(高中语文教师)50 人
　　——中小学骨干教师研修项目(初中语文)50 人
　　——中小学骨干教师研修项目(初中语文教研员)50 人
　　——中小学骨干教师研修项目(初中语文教师)50 人
　　——中小学骨干教师研修项目(小学语文教研员)100 人
　　——中小学骨干教师研修项目(小学语文教师)100 人

"国培计划"2013 示范性集中培训项目
　　——培训者团队研修项目(语文)50 人
　　——中小学骨干教师研修项目(高中语文教研员)50 人
　　——中小学骨干教师研修项目(高中语文优秀教师)50 人
　　——中小学骨干教师研修项目(初中语文教研员)50 人
　　——中小学骨干教师研修项目(小学语文教研员)50 人
　　——骨干教师高端研修项目(小学语文)108 人
　　——(重庆市)小学语文骨干教师异地研修培训项目 50 人

这套丛书,立足于"上海师范大学语文课程研究基地"培训专家近年的研究成果,取材于上海师范大学2010—2013年所承担的教育部"国培计划"示范性集中培训项目的系列培训课程。

该系列课程聚焦"新课程实施中语文教学的有效性"这一主题,针对"教学内容的合宜性"和"教学设计的有效性"这两个核心问题。研修课程由三个互补的"工作坊"组成:

```
            ┌─────────────────┐
            │   主题学习工作坊   │
            └─────────────────┘

┌─────────────────┐         ┌─────────────────┐
│   共同备课工作坊   │         │   课例研究工作坊   │
└─────────────────┘         └─────────────────┘
```

主题学习工作坊:体现专业引领。安排有教育研究者"专家报告",语文教育研究者"专家视角",语文课程与教学的博士和博士研究生"博士论坛",以及课堂的互动交流。

共同备课工作坊:合作专家、参与学校和研修学员共同开展教学研究活动。与一线语文教师共同备课的"沉浸式体验",教研员和优秀教师的"交流与分享",按"散文阅读教学"、"小说阅读教学"、"文言文和古诗文教学"、"写作教学"、"语文综合性学习"和"高中语文选修课教学"等专题展开。

课例研究工作坊:专家教师和实践探索者的"教学示例与研讨"。研究者与一线教师的多重对话:"从教学内容角度观课评教",侧重在教学内容的合宜性;"以学的活动为基点的课堂教学",侧重在教学设计的有效性。

上述三个工作坊,由"主题学习"引领,"共同备课"和"课例研究"为双翼,相辅相成。"课例研究工作坊"与"共同备课工作坊"呼应互补,平行进行(有个别分册因主题的缘故,只包括上述一或两个工作坊)。

2013年,征得授课专家的同意,我们着手编撰这一套"语文教师培训资源",把实施"国培计划"的课程录像、录音,转录成文字,并加以精选、整理,以供广大中小学语文教师共享。

丛书有如下8本：

《语文教师专业发展十四讲》　　执行主编　李　重　博士
《阅读教学教什么》　　　　　　执行主编　高　晶　博士
《散文教学教什么》　　　　　　执行主编　步　进　博士
《小说教学教什么》　　　　　　执行主编　李冲锋　博士
《实用文教学教什么》　　　　　执行主编　陈隆升　博士
《文言文教学教什么》　　　　　执行主编　童志斌　博士
《写作教学教什么》　　　　　　执行主编　邓　彤　博士
《语文综合性学习教什么》　　　执行主编　申宣成　博士

这是需要你用笔来读的书

这是一套"参与式语文教师培训资源"，你不仅是读这些文字、知道一些信息，你必须参与其中，就像是培训中的一员。

如何将培训现场的情境性元素，在纸质的书上加以体现？这是我们在编撰丛书时着重要解决的问题，也是这套丛书有别于其他同类书籍的一个亮点。

在这套书中，在不同板块，你会碰到不同的人，他们是不同的角色。

首先是授课专家。在"主题学习工作坊"，你会看到专家的授课实录。其中"专家报告"，编入《语文教师专业发展十四讲》；"专家视角"，就是每一分册的"主题学习工作坊"的学习内容。在"课例研究工作坊"，你会看到授课的专家教师以及他们的研究课实录，还有在教学现场及丛书编撰过程中提供教学案例的老师及他们在实践探索中形成的教学案例。

其次，你会遇到培训现场的老师，你的同行，或许是同事。他们聆听专家的讲座，观摩授课教师的研究课，他们思考着，边听边做笔记，他们发表自己的见解，提出自己的疑问，与专家交流互动。在"共同备课工作坊"，他们与合作专家一起，讨论一篇课文的教学内容，反思自己对语文教学的理解，交流和分享教学经验，也会流露在教学实践中遭遇的困难和疑惑。

在"共同备课工作坊"，你会见到一些备课合作专家，他们是上海师范大学和华东师范大学的博士，有四位还是博士后。在进入备课教室之前，备课专家组已经对课文做了充分的研讨，但他们清楚地知道自己的职责：备课合作专家，并不是比语文教师高明的人,他们只是在与语文教师共同备课时,提供一个可能有别于教师的视角,以启发参与备课的教师以新的眼光来对待备课的课文。备课合作专家所做的工作主要是两项:第一项,问"为什么呢?"通常备课伊始,教师们对一篇课文教什么,会有不同的经验和见解,但这些经验和见解很少经过反思。张老师说,应该教这个;李老师说,应该教那个。这时,备课合作专家就会行使职责,他会问,往往是追问:"为什么呢?"也就是专业的理据,在追问和进一步研讨中,促使教师反思自己的经验和见解。第二项,提议"这么看,行不行呢?"当备课的教师陷入"常规思维"时——往往是被不合适的教学习俗所钳制,或者当备课的教师们争执不下、陷入僵局时,备课合作专家就会基于他们事先对课文的研讨,提出思考和解决问题的思路,引导教师从一个新的方向、换一种新的眼光来看待这篇课文,去选择合宜的教学内容。

是的,你一定意识到了:共同备课,并不是追求一篇课文的"最佳设计"。事实上,在"国培计划"实施中的"共同备课",尤其第一次"共同备课工作坊",往往是一个半天过去,备课小组对这篇课文"教什么"、"怎么教"还没理出头绪来。"共同备课工作坊"的目的,是促使教师反思自己的经验,是希望教师尝试着运用"主题学习工作坊"所学的理论。因此,"共同备课"的成效,主要表现在备课教师经验的获得上:(1)哦,原来我这样做,是不对的!(2)哦,教学内容原来是这么来的!

显然,在"共同备课工作坊",如果你把自己当"旁观者",如果你只是被动地追随书中的文字,如果你读了以后只是知道了张老师说过什么、李老师说过什么,以及备课合作专家说了什么,那么,你将毫无所获,或不得要领,或买椟还珠。

你必须把自己当作备课小组中的一员:你应该事先熟悉课文并进行教学设计的尝试,或在看书时带上你的教案(如果你原来上过这篇课文的话);你要发表自己的见解,对别人的发言你要作出回应;当备课合作专家问"为什么呢?"你要回答问题;当备课合作专家说"这么看,行不行呢?"你要回味你这时的心理反应。

不但是"共同备课工作坊",在"主题学习工作坊",在"课例研究工作坊",如果你只是知道了某位专家说过什么,只是知道了某位授课教师的课是这样的,这就没有把握住要点,因而也不会有什么用。要点在于:专家这么说,对你、对你的教学,意味着什么?要点在于:授课教师这篇课文教这些,为什么呢?道理何在?或没有教那些(如果你过去恰好在教那些),为什么呢?道理何在?

语文教师是专业人员。什么是"专业人员"?专业人员就是依据专业知识行事的人。培训不是听某位专家一个讲座,听另一位专家一个讲座,看一个专家教师的课,看另一个专家教师的课;培训的目的不在这些。培训的目的,是发展自己的专业知识和专业能力。而这,需要参与培训的人去明白道理,去探寻学理,去改善自己的学科教学知识,从而改善教学,惠及学生。

显然,读这套书,你必须始终"在场",就像自己在培训现场。拿起笔,你将经历的,是学术性的阅读。

这对你可能有些难。于是,"参与式语文教师培训资源"最重要的人物出场了。

他就是你读的这本书的"执行主编"。在你拿起笔阅读的时候,他陪伴着你。他会告诉你,在听讲座之前、在观摩授课教师的课之前,在进入共同备课之前,你需要做什么;他会提醒你,在阅读过程中什么地方你应该停下来,想一想;他还会要求你,在听讲座、观摩课、共同备课,以及读完这些文字以后,你还需要做什么。

请你按照"执行主编"的提示,展开这套丛书的阅读。

因此,在展开书阅读之前,你有必要了解书的编排方式:

1. "主题学习工作坊"编排方式

【专家简介】

【热身活动】相当于预习作业。引导读者联系自己的教学实践,进入后续的学习。

【学习目标】指明通过这一主题报告的学习,教师能解决语文教学中的什么问题,谋求语文教学哪些方面的改善。

【讲座正文】用序号和小标题,使讲座正文更具条理。用双色,凸显讲座正文的重点内容,尤其是在讲座正文的学习中需要关注的地方。

【要点提炼】"要点提炼"用方框呈现。"要点提炼"起辅导员的功能:梳理讲座的内容条理,提炼正文中的关键语句。对正文中说得较为复杂的,予以归纳;理解正文需要某些背景的,介绍相应的背景资料;有些内容在正文中可能没有展开,加以解释和延展;有些地方讲座者未必直接点明结论,逻辑地引申出结论。

【反思】聚焦主题讲座的内容对改善语文教学的意义。相应设计反思活动，引导教师在反思的过程中，把讲座的内容与自己的教学实践勾联起来，思考如何改善语文教学。反思活动的设计，有三个要素：(1)明确反思的点；(2)提供反思的支架；(3)对反思的成果形式提出具体要求。

讲座正文	要点提炼	学习笔记《"我"的思考和反思》（提供样例供研修教师参考）
讲座正文	要点提炼	
讲座正文	要点提炼	

【要点评议】执行主编对主题报告的评议。执行主编相当于这场主题报告的评论员：指出报告的内容对改善语文教学的意义；必要时，围绕某一要点做较深入的讨论，或做进一步的解释。

【资源链接】提供进一步研究该主题的学习参考书目。

【后续学习活动】结合讲座的内容，联系教学实践，用"任务1—任务2—任务3"的形式，列出需要完成的作业，并提供支架和相关资料。

2. "共同备课工作坊"编排方式

【教学现状描述】(1)课文介绍;(2)评价性地描述这篇课文的教学现状;(3)解释为什么要选这篇文章进行共同备课,并指明通过这次共同备课着重要解决的问题(用正标题呈现出来)。

【热身活动】尽可能让读这本书的教师也能够进入这篇课文的备课状态。

【备课进程】叙述+实录。对共同备课的进程加以切割,使用小标题使其条理化。正文的紧要处,用专色加以突出。执行主编相当于备课过程的讲解员:描述备课的过程,解说现场的实况,用方框和云图帮助理解备课过程中所涉及的问题,以及参与备课教师的实践性知识反思和转变的表现。

【要点评议】执行主编对这次共同备课的评议。围绕共同备课所涉及的问题,凸显备课过程中需要教师明了的"学理":这篇课文的教学目标和教学内容应该是什么?为什么?或不应该是什么?道理何在?要点评议,也包括对共同备课的行为进行评议,分两个方面:(1)对合作专家的行为予以解释;(2)对参与备课教师的行为状态作出判断。

【反思】引导参与式阅读,随着共同备课的进程,指引教师反思自己的学科教学知识(PCK):在日常教学中自己是怎么备课的?这篇课文原来是如何教学的?教学目标和教学内容该如何确定?教学环节的依据什么?等等。

备课进程

要点评议

| 备课进程 | 要点评议 | 参与性意见和评论("我"的见解及启发)（提供样例供研修教师参考） |

| 备课进程 | 要点评议 | |

【问题研讨】聚焦在这类教学的道理。重点是教学目标的确定，教学内容的选择和教学环节的组织。

【后续学习活动】用"任务1—任务2—任务3"的形式：(1)提供一篇新的课文及该课文教学现状介绍。(2)建议研修教师(备课组)按共同备课样式备课讨论。(3)形成共同备课成果(教案)。(4)进行试教和研讨。(5)撰写备课反思。

3. "课例研究工作坊"编排方式

执教教师简介

【课例导读】(1)介绍课文，包括版本和年级；(2)介绍这类课文的教学现状，指出这类课文在教学中容易出现的问题；(3)指明通过课例学习，要解决什么问题。

【热身活动】相当于预习作业。引导读者联系自己的教学实践,进入后续的学习。

【教学实录/实施过程】用小标题梳理教学环节。正文中的重要部分,尤其是随后将要讨论的点,用专色凸显出来。执行主编相当于这堂课的观察员:解说这堂课的教学目标和教学内容;解释教学环节的意图和效果;指出教师指导的关键处和学生重要的回答;用方框和云图提示教师看明白这堂课的紧要处。云图,提醒听课教师的注意点。方框,是"要点提炼"。

【反思】反思是自己经验的打开。反思内容包括两部分:对照课例,对如何确定教学目标和教学内容的反思;对应该如何听评课的反思。

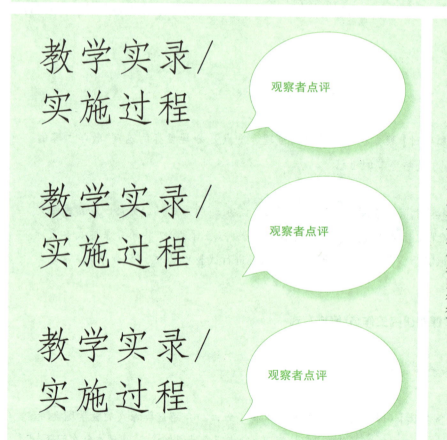

> 【要点评议】执行主编对这堂课的评议。指明这堂课所阐发的道理,这些道理教师在课例中未必能看出来。

> 【问题研讨】落到这一类教学上,重点是教学目标的确定,教学内容的选择和教学环节的组织。

> 【资源链接】按照学习的主题,提供进一步研究的资源目录。
> 【后续学习活动】结合课例学习,联系教学实践,用"任务1—任务2—任务3"的形式,列出需要完成的作业,并提供支架和相关资料。

"参与式语文教师培训资源"丛书,得到各方面的支持,在此一并表示感谢。

感谢上海师范大学领导和教育学院领导的支持。上海师范大学实施"国培计划"示范性集中培训项目,丛玉豪副校长任项目负责人,部门负责人是教育学院陈永明院长、夏惠贤院长、徐雄伟副院长。因为培训经费全部用于教学,才能使我们的培训保持较高水准。

感谢历年应允承担上海师范大学"国培计划"的授课专家、教学专家,是专家的智慧和才华,创造了这些优质课程资源。

感谢参与上海师范大学"国培计划"培训的1500多名老师。正是你们在培训中取得的成效、你们的肯定和鼓励,使我们看到了自己工作的价值,从而有信心编撰这套语文教师培训资源丛书。

感谢华东师范大学出版社。丛书启动伊始,王焰社长、高教分社翁春敏社长等领导就对这套丛书寄予厚望,积极筹划申报"'十二五'上海市重点图书"。吴海红编辑数次全程参与编委会的编写会议,对丛书的内容和版式提供了很好的建议。

感谢我们的团队。"上海师范大学语文课程研究基地",不仅是一所学校的一个研究机构,它聚集着一批有追求、有担当的志同道合的校内外同仁,其中有一群视语文课程与教学研究为安身立命的博士们。正是这一股生机勃勃的力量,使我们有资本去成就响当当的事业。

王荣生
2014年8月2日

目 录

主题学习工作坊 / 1

- 小说阅读和小说教学 / 3
- 小说理论与语文教学 / 35
- 小说解读与教学设计 / 70
- 小说教学教什么 / 89

共同备课工作坊 / 103

- 小说叙述技巧与教学内容确定
  ——《二十年后》共同备课 / 105
- 小说结构与教学内容确定
  ——《勇气》共同备课 / 135
- 阅读图式与教学内容确定
  ——《十八岁出门远行》共同备课 / 162
- 叙述视角与教学内容确定
  ——《桥边的老人》共同备课 / 187

课例研究工作坊 / 213

- 小说课文改编本的教学
    ——薛法根《三打白骨精》课堂教学研讨 / 215
- 小说技巧与教学技巧的结合
    ——马骉《河豚子》课堂教学研讨 / 233
- 长篇小说教学中的教局部与教全篇
    ——邓彤《老人与海》课堂教学研讨 / 253
- 小说手法与小说解读方法
    ——邓彤《十八岁出门远行》课堂教学研讨 / 273

主题学习
工作坊

小说阅读和小说教学

> **专家简介**

邓彤,语文特级教师,全国优秀教师,北京大学语文教育研究所特约研究员,全国中语会理事,全国中语会青年教师发展中心副主任,教育部"国培计划"专家。先后应聘担任上海师范大学中小学语文"国培计划"项目培训专家、华东师范大学网络学院中学语文"国培计划"项目培训专家、浙江省中学语文教师培训专家、安徽省中学语文教师培训专家。著有《邓彤讲语文》《红楼梦导读》等著作。

> **热身活动**

1. 请回顾目前小说教学的现状,写下你认为值得学习的经验和存在的问题。建议每个部分不少于3条。

小说教学值得学习的经验	小说教学存在的问题
1.	1.
2.	2.
3.	3.
4.	4.
5.	5.

2. 要解决小说教学存在的问题,应该采取的措施有哪些?

我的措施:

措施1:_____

措施2:_____

措施3:_____

……

3. 为什么要读小说?学生可能会问这样的问题,其他人也会问这一问题,你有没有思考过这一问题?你的回答是什么?

我的回答:

我们之所以读小说是因为:

_____
_____
_____
_____

学习目标

通过本专题的学习,你应该能够:

1. 理解小说阅读的价值,并以此为基础思考小说教学的内容。

2. 认识目前小说教学存在的问题,并思考改进的措施。

3. 理解小说阅读所需的合适的阅读方式,小说教学要以合适的小说阅读方式为基础。

讲座正文

今天我与各位老师交流的是"小说阅读和小说教学"这个主题。我准备讲下列四个问题:第一,我们为什么要读小说?第二,目前小说教学是什么样态?第三,什么是合适的小说阅读?第四,什么是合适的小说教学?下面,我依次和老师们交流一下我对于这些方面的看法。

一、我们为什么要读小说

为什么要读小说?这个问题好像不只是学生问、老师问,社会上很多人也在问。去年我儿子也问我这个问题。后来有一个编辑邀我写一篇稿子,就是专门回答中学生为什么要读小说这个问题的。在这里把我的一些认识说出来跟老师们交流交流。

【反思】
你是怎么认识小说阅读价值的?
我对小说阅读价值的认识是这样的:
_____
_____
_____

我们一个人能活多少岁啊?活一百年,已经算高寿了吧!活一百年,就整个人类历史来讲,其实也很渺小。人可悲之处在哪里呢?你只要这样活了,这一辈子也就只有这么一条人生的道路,你选择了这条路,就必定抛弃另外一条路。所以一个人一生只能有一种生活方式,那就是他这一生所走过的轨迹。他这一生怎么走?他的一生只有这么一种体验,就是按照他所选择的,他最后所形成的那种人生的轨迹,他只能感觉到这么一种人生。

小说是最接近人生的一种文本,我们读小说的价值在哪里呢? 只要是一部好小说,只要你认真读了,每读一本,或者一篇,实际上都是在经历一种特殊的人生。你读得越多,经历的人生就越丰富。这样来说,**读小说在某种程度上可以理解成它延长了我们人类有限的生命,它丰富了我们人生单一的生命。** 你读得越多,活的次数就越多,活的层级就越高。

【要点提炼】读小说的价值:延长有限的生命。

【要点提炼】小说用虚拟的方式丰富人生体验。

读小说在很大程度上让我们这种很平淡的人生、很短暂的人生一下子变得丰富了,一下子得到了延长。**小说本身就是最丰富、最具体、最真实的一种人生体现。它用虚拟的方式来丰富我们的人生体验。**

我们认真地体验一本好小说，就是以一种我们没有经历过的方式活了一次。**读小说让我们的生命丰富了、延长了、立体化了、多样化了。**

根据这样的理解，我们就知道小说教学到底该教些什么。根据这种对小说的理解，我们来看一看读小说的根本路径。

第一点，小说说了些什么？这个肯定要读出来，事实上我们一般人读小说，基本上就是在这个故事层面上读。第二点，小说这样的故事怎么说？就是叙述，那些非专业的阅读在这个方面基本是空白的。我们在中学里面要教学生读小说，可能在故事的层面做得比较多，在叙述的层面是有很大缺陷的。

【要点提炼】读小说不仅关注它说了什么，还要关注它怎么说的。

作为语文老师，要让学生从一个不高明的读者、比较低级的读者向成熟的读者、高级的读者发展。语文老师的作为主要应该在叙述角度、叙述层面。

如果读小说仅仅满足于读懂故事，就没有必要读小说了。 实际上很多的艺术种类都有故事，电影也有故事，戏剧也有故事，有的音乐也有故事，叙事诗也有故事。那么多的艺术种类都有故事，小说的故事和其他艺术种类的故事究竟有什么区别呢？小说中的故事到底该读些什么？该怎么读？

【观察者点评】让我们停下来想一想这几个问题！

【要点评议】

为什么要读小说？这是小说阅读和小说教学的前提性问题，也是基础性问题。它要解决的是小说阅读和小说教学的价值和意义问题。如果这个问题不解决，或者没有经过认真的思考，那么我们对小说阅读和小说教学的认识的深度就会受到影响。因此，邓老师首先谈的这个问题是十分重要的。

为什么读小说，这个问题是从一般阅读意义上提出的。其实，这个问题如果变成一个教学论的问题就是：语文教学"为什么教小说"、学生"为什么学小说"。

教师对这个问题的思考与理解,会影响到他的小说教学。比如,会影响到他的小说教学的价值取向:是为了读小说而读小说,为了教小说而教小说,为了考试而教小说,还是为了通过小说的阅读丰富自己和学生的人生体验。这些不同的价值取向是与"为什么读小说"、"为什么教小说"这样的问题密切联系在一起的。由此,又会影响到小说教学的内容选择,以及教学方法的选择等。

　　因此,作为语文教师有必要认真思考"为什么读小说"、"为什么教小说"这两个问题。

二、目前小说教学是什么样态

目前小说教学主要存在以下几个方面的样态。

(一)非语文的小说教学

　　第一点我称之为"非语文的小说教学"。在目前的课堂中,存在着这样的现象,我们在教小说,但是**教小说的方式,不要说不像教小说,甚至都不像教语文,这就是"非语文的小说教学"**。

　　比如有老师讲《智取生辰纲》花了一节课,讨论一个什么问题呢?杨志为什么丢失了生辰纲,然后老师、同学一起总结了八个原因:部下无人、权力受制、对手太强大、天意弄人、老天不作美、作者安排、内部矛盾等。一个个来讨论,最后看看杨志为什么丢了生辰纲。这种课例,它是"非语文"的。为什么这么说?这实际上是把小说作了一种社会学的解读,它是对社会现象的评释,它是在评一个人押送一批货物为什么没有成功。老师也可以从报纸、新闻上摘取这样一个案例,然后让大家对它进行评释,和讲这篇文章没有区别。

> 《智取生辰纲》,节选自《水浒传》,人教版9年级上学期教材。

　　这一课相当于是领导力研讨课,讨论一个领导组织、一个团队,怎么行动才不会失败?或者是生活常识教学,一个人在复杂的社会中怎么防范,才不会落入彀中。作为一篇小说,主要的不是我们从《智取生辰纲》里面吸取杨志的什么教训,这个故事更主要的是讲一个出身显赫的没落贵族子弟,有本领,他迫切想通过某一种方式来提升自己的社会地位,然后他处心积虑,想尽一切办法要做成一件大事,在这个过程中小心翼翼、战战兢兢,又焦虑,又憧憬,但是最后还是失败了。

我们可能更多地要从杨志的心态去体会他的心境、想法,以及做法。为什么这么说呢?那个教材后面有个题目非常好,即如果不从杨志的角度写生辰纲,而以吴用劫取生辰纲写,从吴用的角度来写这个故事,你看会怎么写?整个故事完全就要改了。

【要点提炼】小说的叙述角度与所要表达的意图之间有内在联系。叙述角度不同,所表达的内容也就不一样了。

因此,读《智取生辰纲》可能不适合去一个个地分析杨志为什么会丢生辰纲。我们认为这种分析实际上不是语文式的分析,它变成一个抢劫案案例分析,或者说是一个团队,最后没有团结一致,被别人攻破了的案例分析。这样的课就是"非语文的小说教学"。

老师们想想这样的课多不多?我想合适的课,应当是感受语言,感受杨志的感受。这两点如果做到了,可能会比较符合语文的特点。

例二是《失街亭》,节选自《三国演义》。老师要讨论街亭失守的主要原因是什么,要学生从里面找到一些依据。然后去讨论街亭失守谁的责任更大,到底是马谡本人责任大呢,还是诸葛亮用人不明责任大?最后,诸葛亮为什么要挥泪斩马谡?这种课例我们见得也很多吧!

这样的课跟《智取生辰纲》的课套路是一样的,都是就这个小说里面所讲的故事、现象去发表评论,都不是对小说的评论,而是对一个事件的评论。

【要点提炼】小说教学不能就故事论故事。

这样的小说类似于"战例分析反思报告会",我们现在看到好多电视剧里面,特别是我们共产党的部队,每一次打完仗,都要对这个战斗进行一个反思总结,哪个地方做对了,哪个地方做错了。这堂《失街亭》的课就是如此,街亭战役战后反思,整个过程不是在教学。在这个过程中,分析、推理、判断、评价等成分非常多,思辨的东西特别多。思辨不是读小说的方式,是用非读小说的方式来读小说,是对小说中事件的分析判断。我把这一类的课,统称为"非语文的小说教学"。

【反思】

思辨不是读小说的方式。读小说的方式应该是什么呢?(可多选)

A. 分析人情形象　　B. 概括故事情节　　C. 提炼小说主题
D. 想象故事发展　　E. 移情人物经历　　F. 感受人物命运

(二)非文学的小说教学

第二点是"非文学的小说教学"。这个似乎要进步一点,它有语文的味道,但是它不像文学。

比如说,有一位老师教《祝福》,把祥林嫂的悲剧描述为现代版的凶杀案。这种情况比较常见吧!记得当年,宁波象山的马长俊老师曾经也举过这么一个例子:让学生模拟公安人员办案,找出真相,祥林嫂什么时候死的?死因是什么?有关证据是否确凿等。他讲得特别生动,他也抨击了这种现象。

案例中这个老师这样做跟前面的有什么不同呢?他的的确确要学生在文章中找到了大量的细节,有一定的语文的味道。但是没有涉及小说的言语表达,不需要学生去体验文章中的那种感情,不需要调动学生的想象和情感。在很大程度上,他把小说教学变成一种筛选信息的阅读。

当然,筛选信息的阅读是语文阅读的一种能力,但是正如王荣生老师讲过的,这主要是用在实用文阅读。**对于小说这种文学类的作品,去找大量的信息并不适合。这是把文学作品的阅读处理成筛选信息的实用类文章的阅读。**这是第二种现象,即"非文学的小说教学"。

【反思】

筛选信息不是读小说的方式。读小说的方式应该是什么呢?

_____
_____
_____

(三) 非小说的小说教学

第三种现象我们称之为"非小说的小说教学",它甚至也很有文学的味道,但是不像读小说。

比如在《阿Q正传》里面有阿Q想女人的一段文字。他那天捏了小尼姑的脸,从此以后就觉得两指之间始终有一种滑腻腻的感觉,然后他就天天想入非非。之后,作者加了这么一句话:"中国的男人,本来大半都可以做圣贤,可惜全被女人毁掉了。商是妲己闹亡的;周是褒姒弄坏的;秦虽然史无明文,我们也假定他因为女人,大约未必十分错;而董卓可是的确给貂蝉害死了!"

我们有的老师在教这一段文字的时候,说我们要体会作者夹叙夹议的写法,前面是讲故事,突然来了一段议论,这就是夹叙夹议。夹叙夹议的手法,是典型的散文的手法。在小说中它不叫"夹叙夹议"。如果要作为纯正的小说的解读,应该怎么去理解这种方式?

实际上讲白了,这一段文字它主要不是什么夹叙夹议,而是作者在叙述故事的时候,叙述者自己跳出来了。叙述者跳出来之后会带来一种什么效果?他会暂时地把故事中断,然后让人从故事中出来,来清醒地回看这个故事。有人打个比方,这就像我们现代的戏剧表演,它经常告诉你"不要入戏啊!"这种方式把你从小说中拽出来,让你看到两样东西。第一是阿Q这个人的心理,第二是另外一个叙述者对阿Q的冷眼旁观下的评价。

【要点提炼】小说的解读要从叙述的角度来进行,套用其他文体的解读方式容易出问题。

当然,本身这个叙事的语言是调侃的,为什么要调侃?因为鲁迅的这篇小说《阿Q正传》,最初是登在报纸上的连载小说,连载小说要讲究趣味性、可读性、幽默性。把这些因素考虑进去,我们感受到的小说的味道才会十足,教夹叙夹议是不够的,虽然它也是一种文学的手法。

(四) 类型化的小说教学

第四种是"类型化的小说教学"。

《边城》是一篇非常典型的抒情意境模式的小说,或者说它是一篇非典型小说。为什么叫非典型小说呢?它有故事,但是没有连贯的情节;有人物,但是人物没有太明显的性格。作者讲故事,写人物,主要是为了营造一种意境,一种情调。

这篇小说是一篇抒情性的诗化小说,它的诗意氛围特别浓。我们很多老师凡是教小说，总是这么一套路子：人物、情节、环境、主题，所有的小说都按这四块教学。这样的小说教学就比较类型化，或者叫"模式化"，不应该这样教，不同的小说应该有不同的教法。

【要点评议】

不同的小说应该有不同的教法，这是切中要害的一句话。但这里不是强调小说教学要有多种教法，要变换着教法去教，而是强调不同的小说有不同的特征，小说教学要根据不同小说的特征来选择教法。这里其实蕴含着一种内容决定教法的思想。一定要看到这一点，这句话不是在就教法谈教法。

"不同的小说"，不仅仅是说"类型"的不同，更是强调"每一篇小说"的不同。每一篇小说都有自己的文本体式，都有自己区别于其他类型的小说、其他单篇小说的独特的地方与价值，而它的独特之处与独特价值正是我们要读这篇小说、教这篇小说的价值所在。如果每一篇小说都是在读同样的东西，都是在体验同样的价值，那么多读一篇，少读一篇，就没有什么区别了。恰恰是因为每一篇小说，都有其独特之处，所以才值得我们一篇一篇地阅读与学习。

小说教学，一定要找到每一篇小说的独特之处与独特价值，并据此进行教学。小说的文本体式决定了小说的教学内容，决定了小说的"不同的教法"。

小说教学中之所以出现按照人物、情节、环境、主题四要素模式化教学的一个重要原因，就是没有按照不同小说的特征去选择教学内容和教学方法。因此，把握住"不同的小说应该有不同的教法"对小说教学十分重要。

我们很多老师教《边城》，不去欣赏文本的意境，偏偏要去体会性格、人物，解读寡淡的情节，解释到后来，学生不理解小说美在哪。你们去看看，好多学生读《边城》都觉得没意思，为什么？老师教错了。你教的是这篇小说最不突出的一点，当然没有意

【要点提炼】教小说最突出的那些特点才有意思。

思了。

我们应把那种浓郁的《边城》的诗味,一个情窦初开的少女那种朦朦胧胧的感觉,让学生体会得到,那才美啊! 那么美的山水,那么美的风土人物,那么美的感情,互相融合起来了,产生一个诗意的世界。

类型化教学把很美的小说上得兴趣全无,枯燥乏味。听了好多堂《边城》的课,我感觉到从人物和情节入手,讲解《边城》显得非常类型化。曹文轩的《孤独之旅》也是这样,那也是很有诗意的一篇小说,如果你过分地从人物、性格和情节来讲会让学生觉得没有意思。

(五)其他类型的小说教学

还有各种各样的小说教学,因为太多了没法一一列举,我把它归类概括为其他。

1. 小说教学的"四大件"

就是刚才讲的传统小说教学"四大件":情节、人物、环境、主题。我不是说这些东西不能教,但是**如果所有的小说都用这"四大件"去教,那就很成问题**。时代、背景、作家介绍,这是我们小说教学的第一块;人物、情节分析,这是我们小说教学的第二块;概括主题思想,这是我们小说教学的第三块。我听了好多的小说教学课都是这样,已经成了一个公式了。假如我们老师哪天搞个教学改革,叫学生来给我们同学上一堂小说课,还是这个路子,为什么?因为他听到的语文老师讲小说全是这个套路。

2. 主题表述的格式化

在主题表述的时候格式化。这也是小说教学很常见的问题。有个特级教师,他告诉学生概括主题的几个公式:"通过什么揭露了什么"、"批判了什么"、"表现了什么"、"歌颂了什么"。一个是批判小说,一个是赞扬小说。他认为这两个路子就能概括所有的小说。"通过什么",这是要概括一下小说的主要情节内容。"歌颂了什么"、"批判了什么",这是这篇小说的主题,好像这样就读懂了。

如果一个学生读完一篇小说,你不告诉他揭露了什么,批判了什么,表现了什么,歌颂了什么,他就觉得没话可说。我们老师也会觉得没教什么,主题都没有讲,这个是很可怕的。为什么可怕?根据我们刚才对小说的理解,什么叫读小说?**读小说其实就是经历一段你不曾经历的人生**。那么是不是经历了这个人生之后,一定要概括出一个主题你才算没有白"活"?

3. 人物分析的论证化

人物分析的论证化。这个是非常常见的。听十堂小说课,大概总有六七堂分析人物是按照这个套路来的。这个人物是坚强的,请同学们找一找哪一个细节表现人物的坚强?哪一个动作体现了人物的悲伤?这种事多不多?这种解读小说的方式是什么方式?我称之为"给论点找论据"的方式。这个人很坚强,为什么坚强呢?文章三处讲了坚强,可见这个人很坚强,是不是一般用这个方式啊?读小说怎么可以这么读呢?那么多美好的小说,硬是让我们用这样机械的、僵化的方式把小说肢解得惨不忍睹、面目可憎。所以**人物分析论证化是一种妨碍小说解读的很不好的现象**。

以上我归纳出目前小说教学存在的一些现况、我认为不好的现象。当然很可能归纳得不全,归纳得也有错误,但是的的确确是我自己看课例、听老师的课,甚至反思自己以前的小说教学提炼出来的。如果说前面的几种都不合适,那么,什么样的小说阅读才算比较合适呢?

三、什么是合适的小说阅读

(一)什么是小说

要知道合适的小说阅读,首先得知道什么是小说。 文学理论是这么定义的:小说是用散文写成的,具有某种长度的虚构的一个故事。

注意,这个"散文"跟我们狭义的散文不一样,它是对应于"韵文"的。 首先它不是韵文,第二它有一定的长度,第三这个故事一定是虚构的。这是文学理论对小说的界定。

> 【要点提炼】小说界定的三要素:散文、一定长度、虚构。

我要选王安忆作例子。第一,王安忆本身是个作家,她自己有大量的小说作品;第二,王安忆现在就是复旦大学中文系教授,专门研究小说。这样一个人来界定小说,我觉得是可以接受的。王安忆对小说的界定不像是一个教授的界定,更像是一个作家的界定。她怎么界定的呢?**"小说是心灵的历史。"** 我很喜欢这个界定,这个界定跟我刚才所讲的为什么要读小说是相通的。

> 【要点提炼】读小说实际上就是走进作家的心灵。

作为"心灵的历史"的这个东西,我们到底该怎么读? 很显然,刚才论证的方式不合适吧!我们不可能去论证心灵。揭示主题的方式也不可能吧!既然小说是作家心灵的历史,我们读小说实际上就是走进作家的心灵。走进一个人的心灵应该用什么方式去走进？我觉得走进一个人心灵的方式就是读小说的方式，这是根据王安忆的说法。

【要点提炼】小说的本质特征是叙述、虚构，要从叙述、虚构的角度去读小说。

对小说大家有共识的看法是——小说是叙事，它的本质特征就是叙述、虚构。所以读小说，一定要从叙述、虚构的角度去读。

刚才讲的马谡为什么失街亭，杨志为什么丢了生辰纲，既没有从叙述的角度，也没有从虚构的角度，而把它当成一个真实的历史案例来分析，所以就完全违背了小说阅读。

一篇小说可以没有精彩的人物，也可以没有复杂的情节，但是不能没有叙述，叙述是小说中最关键的东西。我们读小说，首先要知道小说的灵魂是叙述。当然这个叙述是对虚构的叙述。叙述有两类，一类是实际的叙述，比如写新闻报道；还有一类就是虚构的叙述，小说属于虚构的叙述。

请提炼要点：

所有的作家都强调小说的虚构性。一个孩子从峡谷中跑出来大喊"狼来了"，背后真的有一只大灰狼，这个不是文学，这叫新闻报道。一个孩子大叫"狼来了"，背后没有狼，这才是文学，因为它是虚构的。我们一定要分清这一点，在这个虚构的背景上，我们可以演化出很多的东西。

请提炼要点：

那我们看虚构的价值在哪里？小说既然是虚构，所以它不提供现实的必然，它只呈现艺术的可能。小说的虚构不是为了让读者上当。骗子也是高明的虚构者，诈骗犯的虚构是为了让人上当。一个人编了一通谎言，编得对方泪流满面，非常感动，如果当成小说来读，这是很好的小说，但是如果他的目的是为了让对方上当，那就是谎言。而小说的虚构不是为了让读者上当，而是为了让读者有所收获。什么收获？它用虚构创造出一个虚拟的世界，然后让读者通过这个虚拟的世界去感受一种别样的人生，这就是小说的价值。

虚构的真正的目的,在于能够更好地表现出生活的真相。现实的经常显得很虚假(很多真正发生的事说起来别人觉得不可思议),而虚构的往往最真实。因为现实的东西发生会有很多偶然性,各种机缘、各种因素都可能改变。

请提炼要点:

【要点评议】

　　对小说本质的理解和对特征的把握是小说教学的一个基本前提。教小说,首先要搞清楚什么是小说,小说的特征是什么等问题。只有对小说的内涵理解到位了,对小说的特征把握准确了,才能够在教小说时把内容选择正确,才能够教"准"、教"对",进而教"好"。

　　从邓彤老师的讲座我们可以看出,作为一名语文特级教师,他不是一上来就关注小说教学的,而是首先关注小说教学的一些前提性问题:为什么读小说,什么是小说,小说的特征是什么等。前提性问题清楚了,后面的教学才能够在此基础上水到渠成地进行。由此推之,不论是哪种文体的教学,都要对这种文体本身有所学习,有准确的理解和把握,甚至有比较深入的研究,这样才能保证教学的准确、完善。

(二) 小说的主题

　　主题,这是我们的老话题了,我们教小说阅读特别喜欢概括主题。这是我们中国人从娘胎里就带出来的,为什么？这是我们传统文化的一种遗传。汉语表达就特别想强调意义,凡是叙事都要讲意义。我们文学传统之一就是重"道"。所有的中国文化都有这个共性,所以我们文人都有这个特点,因此读小说想概括主题很正常。

　　我们中国的叙事作者写一篇文章,一定也想有一个明确的意思,读者读文章也一定要读出明确的意思来,否则就觉得这不像文章。当年朦胧诗出现,大家反对的理由就是没有明确的意思,这叫什么文学？后来慢慢地宽松了,被理解了,也被接受了。

　　但是从总体上说,我们读小说还是想有一个主题,不然我们就觉得白读了。至于在这个过程中,你感受到什么都不重要。

我在读小说,这个小说里面很多东西让我感动、让我逃避、让我悲伤,让我的心情、感情得到一种宣泄,让很多东西变得美好,这难道不是收获吗?最后一定要有那么一种道德教化,你才觉得有收获吗?

请提炼要点:

所以**我们不反对概括主题,但是反对一定要概括主题,**这是我的经验,也不一定对。我们中国人读西方那种含糊的小说总感到不习惯,但是这种小说往往表现的是常态。正如我一开始所讲的,读小说就是感受人生,我们在人生中,在生活中经常会遇到好多说不清、道不明的东西,我心有戚戚,我怦然心动,我很感动、很难受、很悲伤,但是我实在是说不出来,这种情况多不多?太多了。我这一段经历,就是我人生中很宝贵的一段经历,我真的一定需要用一个明白的语言表达出来吗?

西方的这种小说,其实恰恰是小说的本质,而我们中国一定要有一个明确意思的小说,说不好听一点,这叫做图解式、概念式小说,叫思想的传声筒。这个我们不多讲。

对僵化的理解主题的方式我们习以为常。《祝福》肯定是批判封建礼教,《项链》是讲小资产阶级的虚荣心。在讲《祝福》的时候,我也讲礼教,但是我还多讲一点。"我走在街上,看见祥林嫂走过来",有这么一句话,"我"看见她向我走来的眼光,"我"就停下来了,预备她来讨钱。老师们不知道有没有注意这句话?我看了以后很受震动。我就跟学生商量或讨论,我说不知道我们同学有没有在街上遇见过乞丐啊!我不知道你们是怎么做的,说句不怕你们笑的话,看见一个乞丐向我走来,我第一反应是赶快躲开。我说你们怎么样?我们都不要装高尚。学生说:"我也是的。"

那么我们就想象,看见一个乞丐向我走来,我就站着等她来讨钱,这已经很好了。再往下看,然后我和她交流,乞丐问我每一句话我都得掂量,她为什么问我这句话,我要这样说对她会有什么妨碍呢?我如果这样说会不会伤害她?如果要伤害她,我赶快换一种方式说吧!我说,你不要讲对乞丐,请问你跟你父母有过这样的对话吗?

然后你再看看这个"我",你觉得这个"我"怎么样,学生讲太了不起了。我们的教学参考书还批判这个小说中的"我"是个小资产阶级,我想连"无产阶级伟大的战士"这个帽子给他都不过分。我们多少的所谓的"人物"做不到这个境界啊!

这个实际上就是一种体验人生。**你不要去搞那些主题，你让学生用人生的经验去感受这一段独特的人生。如果老是用僵化的主题式教学，最后学生对小说该怎么学习呢？最后学生学小说就是，把小说理解演化成背答案、背结论。**他不需要用他的感情、用他的经验去领会，他只要把老师告诉他的东西背下来，他认为他就读懂了小说。你想这样的东西除了考试还有什么用？难怪学生要问读小说有什么用，因为他真的从读小说里面没感到有什么用。为什么他没感到什么用？因为老师没教他有用的东西。我这个话也许不对，但是我的确有这种感受。

我举个例子，有人问歌德，你《浮士德》的主题思想是什么？歌德说，你怎么能问我呢？我怎么知道呢？连歌德自己都不知道他的主题思想是什么，我们语文老师竟然知道。

对小说有这么一句话：偶有说教，便成败笔。我们教小说是处处败笔。为什么？我们处处说教，净干这种事情。

那么，我们该怎么读主题？我觉得不要叫"主题"了。为什么？第一"主"是最关键的，其他的都是次要的；第二是"题"，它是理性化的，最好给它取一个名叫"意蕴"，这个"意蕴"也不是我取的，我是借用哲学里面的，黑格尔很喜欢用这个词。

他说"意蕴"是有内涵、有一种孕育的东西。黑格尔讲的"意蕴"是艺术作品外在的形态所体现出的内在的生气、情感、灵魂与精神，是你很难摸得透，但是又能感觉到，你又说不清的一种东西，这个东西就不好用"主题"来概括。

教小说最好的境界是让学生若有所思、若有所悟、怦然心动、潸然泪下，而又说不出来，我觉得这是最高境界。为什么这样？因为优秀的作品往往含有多层次的丰富的意蕴，既然是多层次的丰富的意蕴，你就很难用语言把它完全地表达出来。

【反思】

你同意邓老师所认为的教小说的最高境界的说法吗？你认为的教小说的最高境界是什么？

_____

_____

_____

我们经常把主题归结为一种思想认识,实际上是窄化了、简化了,或者是庸俗化了一个美好的艺术作品。假如一篇小说的思想内容完全可以用理性的、抽象的语言表达,那又何必去写小说呢?倒不如写论文。理性的、抽象的语言根本不能表达感情,构成意境,它不具备表达小说内容的功能。我们是不是经常用非小说的方式来解读小说?我们在讲到主题思想的时候,就是在强迫理性语言做它不能做的事情。理性的语言不能干的,我们硬要叫它干;小说不应该这么读的,我们偏要这么读。

在此,我再次引用王安忆的话,**小说是"心灵的历史"**,心灵的东西就不适合用概念来表述。小说忌判断,我们就不能够给它下一个定论,不能够把这个小说的思想用明确的话讲出来。在前几届国培班,我上过《十八岁出门远行》,上过小说《老人与海》,课后老师们跟我争论最大的是:你为什么不讲主题?因为我那时候没办法展开,我只是跟他们讲,小说的主题是不好讲的。他们不理解,认为这是我这堂课的败笔,这么丰富的硬汉精神,你居然都不讲?

> 【要点提炼】小说是把故事呈现给读者,而不是用小说家的思想去牵制读者的思想。

当然我有我的考虑,我正好借这个机会来比较详细地阐发。小说是把故事呈现给读者,而不是用小说家的思想去牵制读者的思想。思想外溢、慷慨陈词的小说总是让人感觉到小说家的肤浅。问题是有时候小说家不肤浅,我们语文老师肤浅。

(三)小说的话语系统

刚才只是讲内容、情节和主题,下面我重点讲一讲话语系统。我想讲两个:**一个是叙述语言,一个是视角和时间**。如果我们要分析一个小说的故事怎么讲?大概可以从这三点:叙述的语言、叙述的视点、叙述的时间。

1. 叙述的语言

叙述的语言我们刚才讲过了,《阿Q正传》中的那一段文字,实际上就是一种很典型的叙述语言,它是跳出了故事本身的,由叙述者发表评论。要研究的就是,为什么叙述者要突然插进这一段议论?

第一,我们首先要分析这一段语言本身的特征,它有一种强烈的调侃、揶揄意味。第二,它要把握阿Q的内心、他的心理,它要设置一个宏大的文化背景。你看,中国农村未庄的一个农民,和我们几千年来所有人的心态几乎是一样,是宏大的文化的背景。

第三,这是报纸连载的需要,还有鲁迅特有的叙述风格。 我们都知道鲁迅在写作的时候有一个很有名的特点叫做"顺带一枪"。这是鲁迅常用的,写杂文也用,比如《拿来主义》。比如说有一个人突然得了一个大宅子,不管他是偷来、抢来的,或者是做了女婿换来的,这句"做了女婿换来的"就是"顺带一枪"。

请提炼要点:

像这样的叙述语言我们都可以给学生讲一讲,一下子就让故事变成了两个层面,一个是演戏的人,一个是看戏的评论者,这是叙述语言的体味。

2. 叙述的视点

第二个是叙述的视点。 我 2000 年发表过一篇文章,分析《社戏》的视点。中学教材里面的《社戏》,我把它称为是"腰斩的",它只取了后半截。《社戏》的原文怎么讲的呢?就是讲"我"在北京戏院里看戏的两次经历,都觉得很郁闷,不带劲,灰色的。然后呢!再讲到"我"曾经看过很好的戏,就回忆早年的那一次。我们的教材把前面的在北京看戏的部分全部删掉了,直接就从"我"曾经看过很好的戏开始。这样只剩下后半节最有诗意的部分,实际上是对视点的一种漠视。如果把它保留下来会有什么感受呢?就是"我"的感受、"我"的回忆、"我"对往事的留恋都是有缘由的。有在眼前看戏感到特别郁闷、特别痛苦的前提。类似的事,我们编写教材经常干。比如说《套中人》,第一句话,"我"的同事什么什么,前面好多,讲得是什么?三个人在外面晚上聊天各自说自己的经历,其中有一个人谈到"我"的同事别里科夫可真是一个怪人。整个谈完了之后还有一个"尾巴",这个叙述者"我"和讲别

请提炼要点:

里科夫的这个人有一段对话。如果把这个头尾都连在一起,再来看看别里科夫,你就能发现它又多了一重意味,除了有别里科夫这个人的表演以外,还有另外几个观众在评价他、在看待他,一个立体的人生的画面就出来了。**首尾删掉以后,就把另外一只眼睛给屏蔽掉了,我们只看到了一个画面,从另外一个角度看到的画面,我们就不知道了。**

3. 叙述的时间

还要讲讲叙述的时间,**小说是讲故事的,故事总是有时间的,取消了时间就意味着取消了小说。** 小说对于时间的安排很有讲究。很多时候我总觉得我们教小说,几乎不

> 英国作家伊丽莎白·鲍温在《小说家的技巧》一文中说:"时间是小说的一个主要组成部分。我认为时间同故事和人物具有同等重要的价值。凡是我能想到的真正懂得,或者本能地懂得小说技巧的作家,很少有人不对时间因素加以戏剧性地运用的。"

太考虑时间因素,也就是倒叙、顺叙、插叙有一点时间因素。但是我们知道,在小说的叙述艺术里面,时间的安排相当重要,如果我们好好地抓住这一点,在教学过程中有很多东西可以分析。

我举一个例子,来解释时间在叙述中的差别。我们都知道姚明投篮从抢到球到投篮几秒钟时间,这个我们称之为事实上的时间,实际发生的时间,可是这样的时间在叙述故事中就被拉长了很多。我们看日本动画片《灌篮高手》,流川枫从抢到球到投进投篮,足足会演十几分钟。为什么实际上几秒钟的事情在叙述中会叙述到十几分钟?而有时候几十年一句话就带过去了,这就是小说叙述的差异。

我们来看看,感受流川枫是怎么抢球投篮的:终于流川枫进攻了,没有把球传给任何人,而是晃了一晃,做了个假动作,一步、两步、三步,好一个漂亮的三步上篮,就在这一刻,一秒、两秒、三秒,流川枫往上空飞身,四秒、五秒、六秒,他依然在空中飞身,就在七秒时突然停住了,右手高高举起,拇指紧紧抓住圆圆的篮球,注意就这一秒钟,它这么长了。这时全场再轰动,看到没有,不写流川枫了,全场轰动。有人露出了惊恐的神色;有人表现出欣喜、欣慰的惊喜;有个对方的高个子队员张着嘴巴,狠狠地骂道"可恶",还有个姑娘把嘴张得大大的,眼睛里浸着泪,高喊着"太棒了,太棒了"。

投篮在叙述中突然停止了,叙述别的事情了,"哐"的一声,流川枫终于把手里的篮球扣了下去,而这时篮球在他手里已经足足有了三分钟时间,这是叙述时间。这就是叙述的时间,真正抢到篮球到投进去时间是很短的。

这给我们什么启示?在小说中这种情况比比皆是。其实叙述时间有好多概念,我不再多讲,我找几个跟我们语文教学、小说阅读关系大的。

一种是等述。什么是等述呢?就是叙述的故事和实际的故事基本相等。比如说,一个人说了什么话,他说这句话,我写了这么一句。这种相等的叙述基本上是由人物的动作、对话构成的时间。对这种东西怎么欣赏?就是看它怎么展示、怎么呈现。《祝

> 【要点提炼】等述,即叙述的故事和实际的故事基本相等。

福》中,我和祥林嫂关于灵魂的对话,就是等述,不多讲。

一种是概述。概述是把很长的故事一句话概括掉。这种主要是对背景全貌的介绍。

一种是扩述。真正重要的是扩述。扩述实际上就是叙述的时间大于故事时间,就像慢镜头,把它拉长放慢。比如说,《孔乙己》中孔乙己最后一次用手移动着到了酒店。《阿Q正传》里面写阿Q那种革命的漫想等等。

【要点提炼】概述,是把很长的故事用简短的话概括掉。

请提炼要点:

要点1:

要点2:扩述的地方一定要细细品味。

扩述的地方一定要细细地加以品味。在教学的时候可以怎么做呢?本来扩述是很长的文字,我们可以把它概括成一句话,这么多的内容其实就是这一个意思,那么它为什么要讲这么多?这个多出来的东西到底是什么?引导学生去品味,你就会知道作者把它放慢了,把它放大了,把它细化了,这就有作者设置的很丰富的意味。

对于叙述时间,我想请老师们特别注意的一点就是,对于扩述,叙述时间远远大于故事时间的那个部分,一定要多加留心,好好地去品味。

【要点评议】

　　小说的解读,需要文学理论知识,特别是小说写作技巧方面知识的支撑。比如,这里提到的叙述语言、叙述视点、叙述时间等知识。这些知识是小说解读的工具。小说教学之所以在人物、情节、环境、主题四大范畴里转来转去转不出来,一个很重要的原因是缺乏丰富的、相应的解读小说的文学理论知识的支撑。不知道等述、概述、扩述等概念,没有这方面的知识,当然在小说教学中也就没有这种意识去发现其中的奥妙,更谈不上带领学生去品味其中的妙处了。走出小说教学困境的一条重要途径是,学习并掌握小说解读的理论和知识,并把它们运用到小说教学中去。因此,教师应该多阅读一些文学理论,特别是叙事学、小说解读等方面的书籍。

四、什么是合适的小说教学

最后,我想讲一下合适的小说教学。我们要根据小说特征进行教学设计。我们把小说概括为两大类:传统小说、现代小说。传统小说最大的特点是故事情节,主要表现的是人的外部、外在环境、外在事件。

现代小说分两类:一类是心理小说,一类是荒诞小说;还可以分成三类:情节类的小说、心理类的小说、荒诞类的小说。针对不同类型的小说,应该有不同的教学内容、教学方法。

【要点提炼】小说的类型不同,教学内容、方法不同。

(一)情节类小说怎么教

情节类的小说怎么教?重点是把握人物活动的愿望、障碍、行动,从这些方面去读情节。

【要点提炼】从愿望、障碍、行动方面解读小说情节。

举个《林教头风雪山神庙》的例子。《林教头风雪山神庙》最后林冲在山神庙里面,因为他的草料房被雪压倒了,他就跑到山神庙去一边喝酒一边休息。突然就听到草料场着火了,他正准备冲出去救火,听着外面有人说话,他赶过去趴在那儿不动。这是个细节。自己看管的草料场着了大火,他还不赶快出去救吗?他还能够静得下心来,躲在山神庙那里偷听?这就是一个人的高度警觉。在这样半夜三更,那边着起大火,为什么在这个荒郊野外会有人?他认为这三个人比草料场着火还要重要,所以他才会躲在山神庙里面偷听。就这一个情节,就值得推敲。

再看下面的。他没有出去,在山神庙里面听外面三个人在说话,有好多地方可以分析了。其中一个道:"这条计好吗?"这个人是谁?林冲是一听就能听出来,太熟悉了,为什么作者不讲?这就是作者的叙述,他故意不讲。

其实,这个人肯定是差拨,差拨是管理他的人。记得以前我在教学的时候,第一,让学生知道这个人是谁,这要根据文章来看;第二,要知道这条计为什么好?这个是情节的需要;第三,你还要知道说这个话的人,这时候是什么心态?他是一种什么样的语气?

很显然,这条计的确是好。为什么?第一,火烧草料场来害林冲,为什么好啊?"林冲太厉害了,我们三个根本不是他的对手,所以必须要智取,不能够强攻,所以用火烧死他。"第二,这还是个连环计,即使烧不死,怎么样?他也是落了个死罪,他看管草料场,结果让草料场失火,他本身是个罪犯,又渎职,他还不是死路一条。

所以，这样的一个人在讲这个话，带有一种卖弄、讨好。而且，这句话跟前文照应。前面讲陆虞候和富安来到这个地方，林冲知道以后，找了好几天都没找到，为什么？估计就在商量怎么办。商量好了，找个借口把他调到草料场去，这个都是计策的实现。一步步全是暗场处理，作者都没有叙述的，都是在这时候我们才知道。为什么要用这种暗场处理的方式？是为了一种悬念的需要。

【要点提炼】叙述是为了一种悬念的需要。

如果要是从差拨，或者是从陆虞候、富安的角度，直接讲出来就不吸引人了。所以，就"这条计好吗？"一句话可问的就很多。第一，这是谁说的话？第二，这条计好在哪里？第三，他说这句话的时候是种什么样的心态？第四，作者为什么要把林冲一下就听出来的人，作这么一种暗场处理？一句话，这全都是叙述手法的运用。讲什么，就这么一句话；怎么讲，有这么多可以挖掘的东西。

（二）心理类小说怎么教

我们讲心理特点是现代小说的一个重要特点。**荒诞小说的基本手法就是夸张变形、象征隐喻。**我曾经打过一个比方，就是这种荒诞化的小说，在某种程度上有点像我们中国大写意的书画，它就是觉得那种一笔一画的工笔描写，已经不足以表现自己的情感，只有变形，通过这种写意的方式才能表达自己的情感。

【要点提炼】荒诞小说的基本手法是夸张变形、象征隐喻。

现代小说心理化、荒诞化，要讲的东西太多。我只举一个比较典型的《荷花淀》的例子来说明。很多老师上这篇课文，把《荷花淀》中重要的东西漏掉了，我觉得很可惜，为什么呢？因为《荷花淀》这篇小说，跟《香雪》、《孤独之旅》，还有《边城》都是同一类型的，带有诗化形式的。**诗化的小说情节，人物是不太明显的，它的意境很美。**所以，在教这篇小说的时候，我就特别强调对它的意境的体会。像下面这一段文字，我就觉得特别有意境。

> 这女人编着席。不久在她的身子下面，就编成了一大片。她像坐在一片洁白的雪地上，也像坐在一片洁白的云彩上。

我们看看，编席子是一个劳动的场面，一个家庭妇女在编席子，你看看作者用什么样的比喻:"坐在一片洁白的雪地上"、"坐在一片洁白的云彩上"。坐在洁白的雪地上还像人,坐在洁白的云彩上变成仙女了。作者为什么用这种比喻啊?他已经完全把这个女的美化、神化、诗意化。

这样的诗意化,我们再往下看,这种周围的环境也是富有诗意的。

> 她有时望望淀里,淀里也是一片银白世界。水面笼起一层薄薄透明的雾,风吹过来,带着新鲜的荷叶荷花香。

我们都知道,荷叶、荷花的香是很轻微的,在那么个大淀里传过来,风吹过来,她隐隐感到那种荷叶的香味、荷花香,还能闻得到,说明什么?这时候她的心情非常愉悦、非常宁静。

然后我们就体会,她有时望望淀里,为什么望望淀里?(学员回答:等丈夫。)

等人、等丈夫。我们都知道等人一般是什么情况?等一个人,这个人久久不回来,一般而言是什么心态?是很焦灼的。这个女人焦灼吗?如果焦灼就不可能有这段景物描写。望望淀里,淀里是一片银白世界,水面有薄薄的雾,有新鲜的荷叶荷花香,非常愉悦,说明她一点不着急。望望淀里面,看看丈夫回来没有,丈夫没回来也就顺便欣赏美丽的荷塘月色。

为什么等人不着急?我们知道她的丈夫是本庄的党的负责人,经常外出开会,所以她对此早就习惯了。而每一次丈夫外出开会,她大概都是这么静静地等,而她知道丈夫一定回来,而且等着,静静地等待着一个所爱的人本身就是一种享受和幸福。所以,这个过程,有一种诗情画意,那么美好。这些东西,我们怎么能不体会呢?

小说有一些阅读的关键。我这边讲几个。

请提炼要点:

1. 对话特意的地方

对话特意的地方,语言的表达都要好好地去研究。我写了好几篇文章,是专门分析小说的对话。对话的作用有丰富情节、展开性格和表现情绪等。我想特意给老师们推荐欣赏对话的工具。这个工具实际上就是两个理论:一个叫对话合作原则,一个叫话轮的转化和控制。

第一，对话合作原则。 什么叫对话合作原则？它是说我们人和人的对话一般是合作的，问题和答案匹配，这是合作正常的。问题是小说中很多的对话，经常是违背合作原则，答非所问。注意了，如果我们在小说中发现人物对话答非所问，我们就知道这地方有问题。**所答非所问，为什么？这就值得讨论了。**

【反思】
　　违背对话合作原则，答非所问的地方值得探究。请你举出一两个例子来证明这一点。
　　_____
　　_____
　　_____
　　_____

　　第二，话轮的转化和控制。 什么叫话轮？就是我们的对话是连续的，它像个轮子不断地转，不断地前进。每一场对话就是一个圆圈，这个对话结束以后，肯定要进新的话题。注意了，从这个话题到那个话题的转换，在说话人中需要控制方——**控制整个说话进程的人，在这个文章里就是个主要的人物，别的人是被他牵扯的。**

【要点提炼】控制说话进程、话题转换的人是主要人物。

　　我以前专门用这个理论来分析高中教材里面的《诉肺腑》。林黛玉、贾宝玉、袭人、湘云，他们几个人在一起聊天。好几个人说话，谁先说，谁后说，谁转移话题，谁插了一句，把他们的话给中断，从这个过程中可以看出人物非常微妙的心理。你看到了没有？分析对话，实际上就是在生活中察言观色，很像我们听《沙家浜》里面的《智斗》那一段戏，很有意思。

　　我举一个《荷花淀》的对话，这是诗化的小说，再举一个《变色龙》的对话，那是讽刺小说，我们来看看有什么不同。

　　《荷花淀》里水生嫂在等丈夫，很晚丈夫才回来，女人抬头笑着问："今天怎么回来得这么晚？"意味着什么？平时回来得也晚，只不过今天回来得特别晚。今天特别晚就有原因，但是这个水生嫂不知道，"站起来要去端饭"。水生坐在台阶上说："吃过饭了，你不要去拿。"注意了,你不要把这句话很随意地放过去。水生嫂并没有告诉他去给他拿饭,但是水生知道她要去给自己拿饭。这说明什么?两个人非常默契。还有,水生没有直接回答"今天怎么回来得这么晚?"这个问题,而是说"吃过饭了,你不要去拿"。这就不符合对话合作原则。他在做什么?转移话题。

于是,"女人就又坐在席子上。她望着丈夫的脸,她看出他的脸有些红胀,说话也有些气喘。"注意,从水生的角度,为什么脸有些红胀,说话也有些气喘?我想可能不是身体的原因,水生这么个壮小伙,20来岁的人,划一条船过来还会脸胀,还会气喘?不可能!那是什么?肯定是心里有事。心里有什么事呢?水生是知道的,但是妻子不知道。

我们知道水生在区里开会,决定了全部要参加大部队,其他几个人都不敢回来和老婆说,叫他做代表。水生要去想了:我怎么说呢?说了妻子要又哭又闹,不同意怎么办?我要这么说,她要这么哭,我怎么办?我要这么说,她要那样闹,我怎么办?她要拉着我怎么办?估计这一路上慢慢地盘算,再怎么盘算,一直到家也没想出个法子来。

这样一来,坐在妻子对面,脸就红胀了,说话就气喘了,是不是这个道理?然后水生嫂问:"他们几个哩?"妻子这个问话是很正常的,你们一道去开会,你回来了,他们几个呢?妻子只是和丈夫随便聊一聊。你们看丈夫怎么回答?"还在区上。爹哩?"转移话题。你看半夜了,你们一道开会的,他们几个人还在区上,我们讲要根据对话合作原则,你接下来应该怎么讲?他们为什么还在区上?这才符合对话合作原则,不然和妻子合作什么。还在区上,结果不讲了,马上就"爹哩?"刚才老师们很敏感,转移话题的都是水生啊!女人说:"睡了。"再看,水生又问:"小华哩?"你看到没有,问了爹,再问儿子,干嘛?大概就不想让妻子扯到他们几个人上面去。本来妻子没感觉,没想法,这样一问就有感觉,有想法了。

我们看妻子怎么回答,"和他爷爷去收了半天虾篓,早就睡了。他们几个为什么还不回来?"这个时候夫妻两个人心里的交锋全都出来了,然后水生才说"明天我就到大部队上去了",瞒不过去了。如果这样分析一个对话,你会觉得诗情画意,夫妻间的那种感情都出来了。所以我们说对话赏析,真要赏析,确实觉得有味道,原来读小说这么有意思。

再看《变色龙》。我统计了《变色龙》全文2 400多字,对话有1 684字,70%的对话,要不要好好研究对话?这种对话怎么教?你们看,奥楚篾洛夫第一次问话,就是一连串的问话:"这儿出了什么事?""你在这儿干什么?你干吗竖起指头?""是谁在嚷嚷?"你们发现了吗,这个对话也明显不符合对话的交际原则、合作原则。为什么?我们知道问话一般是为什么?询问需要得到什么?是回答,但是他不需要回答,那我们就想这是为什么?

(学员回答:居高临下。)

对!居高临下,感觉很好,很有领导气质。很多领导问话不是为回答而问的,主要是通过问来体现自己的权威,他的目的不是为了得到一种答案。所以你看,"这儿出了什么事?""你在这儿干什么?你干吗竖起指头?""是谁在嚷嚷?"一连串的问,主要是一种身份,是一种腔调,一种气派,而不是有问题要问。这样的问话不是为了交际的需要,而是为了体现身份和权威,我们要知道这样的问话的用意。

再看,他有一段话是为了交际的,他跟那个将军家的厨师交流的过程中,知道这条狗真是将军哥哥家的狗后有一段话。我大概听了七八堂《变色龙》的课,从来没有听过老师赏析这一段对话。或许,觉得这段是废话,其实,体会一下很有意思。

"可了不得了,主啊!"干吗?将军的哥哥来了,他用什么语气来表达,"可了不得了,主啊!""他是惦记弟弟了。……可我还不知道呢!那么这是他老人家的狗?很高兴。……你把它带去吧。"注意了,这一句话是奉承将军哥哥的。

接下来,"这条小狗怪不错的。……挺伶俐。……它把这家伙的手指头咬一口!哈哈哈哈!"马上奉承那条狗。奉承狗之后你看看,直接要和狗对话,"咦,你干吗发抖?呜呜,……呜呜。……它生气了,小坏包,……好一条小狗。……"他要讨好这条狗。

你想想看,这是不是一个变色龙,在将军家里的厨师面前讨好将军哥哥,讨好将军哥哥家的那条狗,甚至在安慰那条小狗。把这些东西都捋一捋,就是人物的对话。

这段话不断地变化,对话的对象从将军家的人到将军家的狗,他想在短时间内面面俱到地讨好所有的对象。我发现奥楚篾洛夫高高在上、自我感觉很好的时候,他讲话是有威势,是连贯、流畅的;当他卑躬屈膝谄媚的时候,他的话语是破碎的、凌乱的,正好体现了他的内心。

我刚才分析了一个诗意的小说对话,也分析了一个讽刺性的小说对话,我们看看这样的分析,是不是很有意思。

2. 细节暗示的地方

还有一些细节的暗示,小说很奇怪的地方,有人叫"前景突出"。很怪的地方就是要我们引起注意的地方。

> 【反思】
> 　　小说中特意的地方、奇怪的地方值得探究赏析。请你举出一两个例子来证明这一点。然后再看一下邓老师是如何举例说明这一点的。
> 　　_____
> 　　_____
> 　　_____
> 　　_____

　　比如,《故乡》里面究竟是谁把碗碟藏起来了,是杨二嫂还是闰土?这个以前有好多讨论,我们初中老师肯定也经常教。有人分析,基本上就是闰土。如果是闰土藏的这个碗碟,从小说叙述的角度更有意义。

　　为什么这么说呢?从小说的情节暗示我们来分析一下就明白了。母亲对"我"说,不搬走的东西都送给闰土。有的人根据这个来强调,说闰土不会藏,问题是母亲讲这个话的时候,闰土不在场。我们看原文,母亲在讲这个话的时候,闰土已经到厨房去炒饭了,然后母亲告诉我,闰土很苦,我们搬家不要的东西都送给他吧!闰土自己不知道。

　　闰土到厨房炒饭,看见这么多碗,他可能就想:反正他们搬家这些碗也不好带走,干脆我就要,那问题人家给不给呢?不一定给,不清楚,又不好问人要。于是,他就拿了一些碗,藏在草灰里面,借口要草灰,草灰可以做肥料嘛!那个又不值钱,这个你总会给吧!结果呢?就把碗藏了,准备以后运草灰一起带走。不料,居然给杨二嫂发现了。杨二嫂为什么发现呢?估计也想要,就盯着他,就给她发现了,所以,这时候她很高兴。

　　这个情节我们推断出来倒不是主要的,我们为什么要搞这桩疑案?这就很有意思,为什么?想不到结尾后,我听到母亲谈到碗碟的事件,这个到底是谁藏的谁都不知道,我们推断可能是闰土藏的。然后他就感慨了:"我只觉得我四面有看不见的高墙,将我隔成孤身,使我非常气闷;那西瓜地上的银项圈的小英雄的影像,我本来十分清楚,现在却忽地模糊了,又使我非常的悲哀。"这句话好好体会。

我本来对闰土的印象就是西瓜地的小英雄,很漂亮,结果等到我看到现在真正的闰土,已经完全不像我印象中的那个小英雄。那么木讷,又喊我老爷,整个精神状态已经这么萎靡了。最后我发现由于生活所迫,他竟然做了这样的事情。鲁迅并没有责怪的意思,只会感觉到无穷的悲哀。

这样观测下来,究竟谁藏了碗碟,我们讲如果是闰土藏的,可能更符合作品的叙述意义。不知道老师们是不是这么想的。这个是我自己的一些解读,不一定准确。**这些特意的地方好好品味,有很多东西可以挖掘。**

3. 品味小说的语言

最后的语言品味,我就不多讲。汪曾祺说,语言不只是一种形式、一种手段,应该提高到内容的高度来认识。我以前经常跟老师们讲,语言就是情感,形式就是内容。汪曾祺也这么讲过,他说"语言不是外部的东西,是和思想内容同时存在,不可剥离的;语言不可以像橘子皮一样剥下来扔掉,世界上没有没有语言的思想,也没有没有思想的语言,语言是小说的本体,不是附加的,不是可有可无的"。这一句话我希望我们老师一定要把它当作圣经一样对待,这是小说家对语言的评价。

【要点提炼】语言就是情感,形式就是内容。

从这个角度讲,小说就是用语言来讲故事,这个语言有具体化的语言,有抽象化的语言。

什么叫具体化的语言呢?就是有一些作家很喜欢用地方性、风土性、时代感很强的语言来表达,但是这种语言一般是比较低级的语言。

还有一种抽象化的语言,就是用最基本的词汇,即非常平白、朴实、简单的语言来勾勒,来塑造,我们有时候称之为"白描"。为什么白描的功夫最高就是这个道理。我们如果教学生读小说,一定要教学生理解这种白描式的抽象化的语言,不然我们的小说就没有读到位,没有读到家。它是难度最大,也是境界最高的一种语言方式。

举一个《阿Q正传》里面的例子。我们刚才讲到一个视点,其中也有语言,从阿Q的角度来讲语言。"造反?有趣。来了一阵白盔白甲的革命党,都拿着板刀、钢鞭、炸弹、洋炮、三尖两刃刀、钩镰枪。"老师们注意了,这是纯粹的阿Q的语言。

为什么要用这种语言?我们就要分析了,"白盔白甲的革命党",这是他们当时的人误解了革命党的宗旨,认为是反清复明,穿着崇祯皇帝素装。从这句话我们看出阿

Q等人对革命党的认识。然后再看革命党拿的家伙、拿的武器是什么,"板刀、钢鞭、炸弹、洋炮,三尖两刃刀、钩镰枪",这里既有现代化武器,也有冷兵器。这里的冷兵器估计就是阿Q等人看戏时熟知那些好汉们拿的家伙,他把它组织进去了。然后炸弹、洋炮,这是他现在了解的,把它们组合起来。他的认知就是原有的经验和现代新经验的组合,产生出一个崭新的革命党人的那种图像。

然后走过土谷祠,叫道"阿Q,同去,同去"。他为什么会幻想着革命党人叫他"阿Q,同去,同去"呢?因为他在城里当小偷就是这样的经历,他当时在未庄混不下去了,在庙里面偷了两个萝卜进城,进城以后不是偷了很多东西嘛!估计是他到城里很落魄,后来遇到了一帮小偷,我们去,去不去?同去,同去,然后就发了一笔小财。现在革命党来了,他也幻想,这些革命党人会不会像城里那帮窃贼,也叫"阿Q,同去,同去"呢?他把他在城里偷窃的经验和要加入革命党的那种向往,又巧妙地结合到一起去了。这就是当时的农民对革命的一种心理表现。我们想,不通过语言分析能体会得到吗?

有的小说具有时代的风味,其实这种小说味道不太足。但是我们很多老师很感兴趣,上课老是盯着这些。比如王朔的小说,我们都觉得很有趣,很有味道,很幽默,是葛优式的语言。比如说,有这么一篇小说,讲一个女孩子找了一个美籍华人老头,别人就笑话她,她说"人老重感情,桑叶红于二月花",这个"桑叶红于二月花"就是诗词的转化,看起来很幽默、很俏皮。王朔经常就干这些,讽刺别人穿新衣服,花枝招展的分外妖娆吗?把我们伟大领袖的词转化了一下。事到临头发展关系,要抓紧时间,要赶快发展我们人脉,比如我要买票,没票,赶快跟那个售票员打打关系,他称之为"火线套瓷"。"火线套瓷"是从"火线入党"发展过来的,也就是王朔这种作家很喜欢把时下流行的语言和他的作品语言整合在一起,这种语言有味道,但是往往不长久,也不是大家作品。我们在读小说的时候,可能不应该太过关注这些。倒是应该关注哪些呢?

我们来举阿城的《棋王》这个例子。现在的小说研究界对阿城的语言功力非常佩服,认为《棋王》这篇小说可以作为现代小说的一个经典。他这篇小说没有任何一个怪词,没有任何一个偏僻的词,都是常用字,常用得不得了,甚至没有形容词。他们评价阿城的小说,就是用动词、名词结合的一个小说的骨架,但是这个骨架给你产生非常丰富的联想。

比如说,他说这个车站是乱得不能再乱,成千上万的人都说话,他没有任何形容,就乱,因为这个棋王王一生是个特别爱好下棋的人,在车上找到"我",找"我"下棋。"我"好不容易跟他下了一盘,太乱,"我"实在静不下心,说"我不下了"。一听到这句话,王一生身子软下去,不再说话了。你看这个人,本来下棋全身是板着的,一听说"我不下了",软下去了。就是这个"软"字,如果我们在教学生的时候,让学生体会,本来下棋整个人是紧绷的,突然"软"下去是什么感觉?多好。比如讲王一生这个人智力不太正常,他只有两大爱好,第一是爱好下棋;第二是好吃。好棋好吃,注意了,这时候他的两大爱好就会发生冲突,也有情节。老师们看,坐在车上,他正在火车上专心下棋,就听到有人的饭盒叮叮当当响,一方面爱下棋,一方面他又好吃。正在下棋的时候饭盒响了,这就有了障碍。

我们看他怎么克服障碍?用了一个字,他的嘴巴紧紧"收"着,我们体会这个词,这种克服障碍是很有毅力的。他特别好吃,又那么爱下棋,当两种爱好冲突的时候怎么办,嘴巴紧紧"收"着,克制、毅力。就这么一个词,但是里面有非常丰富的内涵。

后来,"我"邀请他下棋的时候,你看,他一下子高兴起来"紧一紧手"。我们会觉得这个词亏他想得出来,有人要找他下棋,他立刻高兴。于是"紧一紧手",他这些地方都是值得学习的地方。

抽象化的语言,一切风格化、个性化的语言都由它派生,它是小说世界中真正的建筑材料,小说语言的最高境界就是像这样的语言。

【反思】
　　邓老师说:白描难度最大,也是境界最高的一种语言方式。抽象化的语言是小说语言的最高境界。你同意这种观点吗?如果不同意,你认为小说中难度最大的语言方式是什么?

_____
_____
_____
_____

主题学习工作坊

资源链接

1. 爱·摩·福斯特. 小说面面观[M]. 冯涛, 译. 北京: 人民文学出版社, 2009.
2. 布鲁克斯, 沃伦. 小说鉴赏[M]. 主万, 冯亦代, 等, 译. 北京: 世界图书出版社, 2008.
3. 曹文轩. 小说门[M]. 北京: 作家出版社, 2002.
4. 刘俐俐. 外国经典短篇小说文本分析[M]. 北京: 北京大学出版社, 2004.
5. 刘俐俐. 中国现代经典短篇小说文本分析[M]. 北京: 北京大学出版社, 2006.

后续学习活动

任务 1: 读完本讲座, 完成如下表格。

1. 存在问题的小说教学主要表现为	1. 2. 3. 4. 5.
2. 情节类的小说重点是把握人物活动的	1. 2. 3.
3. 小说有一些阅读的关键	1. 2. 3.
4. 欣赏对话的工具, 就是两个理论	1. 2.

任务2:邓彤教师谈了他对"为什么要读小说"的理解,你认同吗?请思考并写下你对"为什么要读小说"、"为什么要教小说"的理解。

为什么要读小说	为什么教小说

任务3:运用本次讲座所学习的知识,反思自己以往的教学设计,看是否存在讲座中所提到的五种小说教学的问题。

讲座中提到的问题	我的教学或设计
1.	
2.	
3.	
4.	
5.	

任务4:学习完本讲座后,你认为改变小学教学存在问题的措施有哪些?

我的措施:

措施1:_____

措施2：_____

措施3：_____

任务5：对照"热身活动"时，你提出的小说教学问题的改进措施，看一下两者之间有哪些不同。

小说理论与语文教学

专家简介

杨文虎，1950年生于上海。中国文艺理论学会理事，上海作家协会会员，上海师范大学教授、博士生导师。主要著作《艺术思维和创作的发生》《文学：从元素到观念》等。

热身活动

阅读本专题之前，请你先思考下面几个问题。
1. 中西方的小说经历了怎样的发展历程？请列出要点。

发展阶段	中国小说发展历程	西方小说发展历程

2. 小说发展的历史、小说理论与小说教学有什么关系？如何运用小说史知识和小说理论知识促进小说教学？请列出几点想法。

小说发展历史与小说教学的关系	小说理论与小说教学的关系

3. 小说具有哪些特征？
   A. _____
   B. _____
   C. _____
   D. _____

学习目标

通过本专题的学习，你应该能够：

1. 了解中西方小说发展的简要历史，能够根据小说历史所呈现的小说特点对不同历史时期的小说进行分析与教学。

2. 掌握小说的特征，能够以此指导小说教学。

3. 能够把小说理论与小说教学勾连起来，自觉运用小说理论中的相关知识进行小说教学。

4. 逐渐形成对小说史和小说理论的兴趣，能够主动阅读小说史和小说理论著作。

5. 能够自觉运用小说理论知识进行小说文本解读和小说教学。

> 讲座正文

一、中西方小说的发展

关于小说的情况,我想先简单地讲一下小说的发展,通过小说发展来阐明一些问题。有些是我们国内学术界研究的成果,有的是自己的一些理解心得。

(一)中国小说的发展

中国小说从文学史的角度来讲发展不算早,相比西方的小说传统我们在这方面并不比他们早。可以这样讲,我们现在看到的"小说"这个词是在汉朝时候出现的,而汉朝时候的小说并不是我们今天的小说,汉朝的小说实际上是直接"谈巷"。小说家搜集民间流传的街头巷尾的故事作为了解民情、民心的窗口,供统治者制定政策用。后来,小说从街头巷尾的东西逐渐地向我们今天所理解的小说发展。

中国最早的小说是魏晋南北朝的笔记小说,是最早的记录一些怪人、怪事、怪情的笔记。 然后就出现了记人小说,就是记录一些奇人、怪人的言行小说。大家可以看一下志怪小说,多是一些民间街头巷尾的东西。看到一条大白狗戴着人的帽子,没有

> 【要点提炼】志怪小说是中国最早的小说,是笔记体小说。

尾巴,哎,大家觉得很奇怪,看见就笑,把它记下来,这就是笔记。有一只老母鸡变化成为雄鸡了,哎,大家觉得很奇怪,把它记下来了,这也是一个笔记小说。志怪小说记的都是一些怪人、怪事。把离离奇奇的东西来记下来,这就是中国最早的笔记小说。因为是记怪事的,所以是"志怪"。"志"就是"记"的意思。

> 原文:"胜公荣者,不可不与饮;不如公荣者,亦不可不与饮;是公荣辈者,又不可不与饮。故终日共饮而醉。"——《世说新语·任诞》

后来,出现了志人小说。**中国最早的一部志人小说是《世说新语》**,很多就出现在了我们中学的教材里面。有人喝酒,喝得非常厉害。比如有一个叫刘公荣的,这个人特别喜欢喝酒,什么场合都喝酒,人家讥笑他,他说:胜我的人不得不与我饮酒,不如我的人,也不得不与我饮酒。像我一样的人更不得不与我饮酒,所以我终日饮酒。

有一条讲的是阮籍求为步兵校尉。他为什么要

> 原文：步兵校尉缺，厨中有贮酒数斛，阮籍乃求为步兵校尉。——《世说新语·任诞》

去做这个官呢？其实那个时代的人对做事并不情愿，大家讲究的是散放，讲究的是自由。他听说衙门里藏着很多酒，而他喜欢喝酒，因此要求去做这个官。也就是说，他做官不是为了国家的军队建设，不是为了增强国家的军事实力，而是因为衙门里有很多酒，喜欢喝酒所以去做这个官。

刘伶喝酒更厉害，发酒疯，脱光衣服。人家见了笑他，他说：你笑什么呢？我以天地为房屋，以房屋为内衣内裤，诸位先生干嘛进入到我的内裤当中来呢？就是说你看不惯，干嘛进来？

> 原文：刘伶恒纵酒放达，或脱衣裸形在屋中。人见讥之，伶曰："我以天地为栋宇，屋室为裈衣，诸君为何入我裈中？"——《世说新语·任诞》

像这一类的记录其实都是当时的一些真人真事，这些人都是高人、奇人，记这些人的事情就变成了志人小说。 大家有时间可以看《世说新语》。它分门别类记各方面的言行。这样看来，它跟现在的小说差别大不大？还是比较大的，是吧？基本上记人的一件事、两件事，从这些事中看出这些人的性格，但故事是不完整的，只有只言片语，但这是中国小说的开端。

【要点提炼】志怪志人小说是中国小说的第一阶段。

中国小说的第二个阶段是唐人传奇。 唐朝是中国封建社会的巅峰，最繁华、最发达的时代。小说到这个时代也有了比较大的变化。从名称上，这时期我们不再叫它志怪志人了，而是叫它"传奇"。

经考证，唐人称小说为传奇，开始于著名诗人元稹。 他有一个著名的小说作品：《莺莺传》，原名叫《传奇》，后来宋代收入到《太平广记》里改成《莺莺传》。《莺莺传》就是大名鼎鼎的《西厢记》的前身，故事的出处。裴铏所著的

唐人传奇作品
早期：张鷟《游仙窟》、《古镜记》、陈玄祐《离魂记》。
盛期：沈既济《枕中记》、李公佐《南柯太守传》、李朝威《柳毅传》、白行简《李娃传》、蒋防《霍小玉传》。
后期：裴铏《昆仑奴》、《虬髯客传》。

小说集也把它叫"传奇"，所以我们在中国文学史上就把唐人的小说叫"传奇小说"，简称"传奇"。传奇在中国文学史上还有另外一个含义，就是宋代戏曲当中的题材，还有明代的一种戏曲，叫"南戏"，也叫"传奇"。所以**"传奇"有两个含义：一个是指小说，一个是指戏曲**。我们这里讲小说，所以唐人小说在这个阶段叫"传奇"。

传奇小说和志人志怪小说有什么变化？首先看一下它的篇幅。志怪志人用今天的印刷体来印刷两三行字，长的不过六七行、八九行字。但你看一下《莺莺传》，它的篇幅已经比较长了，更主要的是它已经有了比较完整的故事。它不再仅仅是一个人的言行片段，它有了故事的基本框架，有了故事完整的线索。也就是说这个故事怎么开始的，当中发展得怎么样，这个故事又是怎么进行的，小说所说的一些最基本要素在传奇里都已经开始具备。这应该说是中国小说一个比较大的变化。

> 【要点提炼】传奇小说篇幅较长，故事完整。

中国小说的第三阶段是宋代话本。宋代的话本是那个时代一种小说的形态。为什么叫话本？对，有些老师知道，它实际上是当时说书人的底本，当时"说书"叫"说话"，也就是我们今天的"说书"，或者是叫"评书"，宋代人把这个叫"说话"，说话人就是今天的说书人。有的说书比较短，可能就是凭说书人的脑子记忆，然后到说书表演的时候就把这个讲出来，这样就可以了；但是有的故事比较长，光靠心记可能要遗忘，所以就需要记录下来，记在纸张上，然后说书的时候放在自己的眼前，忘的时候可以看一看，提示自己，这个就叫"话本"。

话本是用来表演的，表演是要卖钱的，不是免费的。有记载说，那时候小孩子在家里胡闹，大人嫌吵，给他几个钱打发他到街上听说话去，投了钱就可以进去听。很多人在那里听说话，说到精彩的地方大家跟着笑，说到悲伤的地方大家跟着掉眼泪。当时有记载讲三国故事的，讲到曹操失败了，大家拍手笑；讲到刘备胜利了，大家就高兴；讲到关羽失败了，死了，大家就悲伤。

要表演，要换钱，当然这个故事也不能太短，太短人家觉得不值，拿了几个钱就听一会儿，然后这个故事就渐渐变长了。故事越长，越需要记下来，以免忘记。所以**在艺人的手下小说发展得越来越丰富，越来越具体，篇幅越来越大，同时话本的记录也就越来越成规模。**今天我们还可以看到流传下来的一些话本底稿。

【课堂PPT】

清平山堂话本——快嘴李翠莲记

……话说本地有一王妈妈,与二边说合,门当户对,结为姻眷,选择吉日良时娶亲。三日前,李员外与妈妈论议,道:"女儿诸般好了,只是口快,我和你放心不下。打紧她公公难理会,不比等闲的,婆婆又兜答,人家又大,伯伯、姆姆,手下许多人,如何是好?"妈妈道:"我和你也须分付她一场。"只见翠莲走到爹妈面前,观见二亲满面忧愁,双眉不展,就道:

"爷是天,娘是地,今朝与儿成婚配。男成双,女成对,大家欢喜要吉利。人人说道好女婿,有财有宝又豪贵;又聪明,又伶俐,双六、象棋六艺;吟得诗,做得对,经商买卖诸般会。这门女婿要如何?愁得苦水儿滴滴地。"

员外与妈妈听翠莲说罢,大怒曰:"因为你口快如刀,怕到人家多言多语,失了礼节,公婆人人不喜欢,被人笑耻,在此不乐。叫你出来,分付你少作声,颠倒说出一篇来,这个苦恼的好!"

这是一篇比较短的话本片段,就是《快嘴李翠莲记》。大家可以看一下片段,讲的是一个伶牙俐齿女孩的故事,出口成章,碰到什么马上来一段顺口溜,小的时候父亲、母亲也为她这点担忧,觉得女孩子嘴这么伶俐干什么,但她始终不改,出嫁了她仍然如此,碰到什么事情都心直口快,马上讲出来,而且用顺口溜的方式。这里能看到什么呢?可以看到故事比较完整了,篇幅比较长了,另外它还很注意人物性格特点。

唐传奇注意故事的完整性,但实际上人物性格并不是很突出。**到了宋代,话本故事更完整,同时开始注重人物个性的刻画**。从《快嘴李翠莲记》可以看出这一点来。

今天大家熟知的一些古代小说,包括后来成熟的长篇小说其实有很多是在宋人话本时代形成的,像《三国演义》就是在宋人话本基础上发展起来的。但宋人的话本可能没有这么大的规模,它可能还是以一个人物为主,比如说刘备,就讲刘备的故事,说曹操就讲曹操的故事。**到了明清,中国小说到达了古代的顶峰,一般称之为中国小说的成熟阶段**。

明清小说也可以分成两大类:一个是长篇,一个是短篇。小说又有语言上的区别,传统的小说基本上还是以文言为主,当然话本用了古代白话。文言小说同样如此,以文言为主的小说基本上是以蒲松龄的《聊斋志异》为代表的。他继承记怪人、怪事的路子,所以写了很多狸妖、狐仙之类的故事。志异和志怪是一样的意思。中国古代的文言短篇小说当中《聊斋志异》代表着一个高峰。

纪晓岚近年来在电视剧里是常客。当然真实的纪晓岚不是里面那样的,电视剧里面是戏说的。纪晓岚是一个文豪,知识非常广博,文采非常好,同时在文学方面几乎无所不通。他看见蒲松龄的小说很有影响,但不服气,说这个小说写得不真实。比如说蒲松龄的小说里说夫妻两个晚上在床头讲悄悄话。纪晓岚就嘲笑,人家夫妻床头讲悄悄话你怎么知道的啊?你又没听过。他就想写一部完全真实的,就写了《阅微草堂笔记》。他认为要写真的,没有像蒲松龄一样虚构的东西,其实是他对小说性质的误解。小说是可以虚构的,也必须是虚构的。纪晓岚按真实性来要求小说,结果他的作品影响反而远远不如蒲松龄。但在文言笔记小说里面纪晓岚这部书还算是比较有影响的。

【观察者点评】作者写作时是全知视角,自然全知道。小说是虚构,不同于真实生活。

《聊斋志异》的格式也是跟志怪的《搜神记》差不多,篇幅不长。当然有的故事已经比较长了。但《聊斋志异》里大量是一些短小的故事。你看《快刀》这一则,有一个刽子手,他的刀特别锋利,以至于杀人的时候特别利落。一个被抓住的强盗要被杀头了,罪犯求什么呢?只求快刀斩断,免得延长痛苦。刽子手答应了。头掉下来了,掉得很快,最后一句话:好快刀。

蒲松龄写了大量狐仙的故事,当然这些狐仙故事并不是像有些鬼怪那样恐怖、丑陋,大多数是非常美丽、善良、多愁的狐仙。《聊斋志异》延续了中国古代浪漫主义爱情小说的传统。

"三言二拍"是明代五本著名传奇短篇小说集及拟话本集的合称。"三言"是冯梦龙所著《喻世明言》、《警世通言》、《醒世恒言》的合称。"二拍"是凌濛初所著拟话本小说集《初刻拍案惊奇》、《二刻拍案惊奇》的合称。

这是文言小说,用白话来写的小说我们称之为"白话章回小说",主要是体现在短篇和长篇。短篇的"三言二拍",它里面每一回就是一个独立的故事。《红楼梦》是章回小说。白话小说的成就主要体现在长篇小说,如《金瓶梅》、《三国演义》、《水浒传》、《西游记》、《红楼梦》等,这些大家都熟悉。

这些作品有的是在民间传统基础上经过

> 六大奇书，是"四大名著"《三国演义》《水浒传》《西游记》《红楼梦》，加上《金瓶梅》和《儒林外史》。

后来人的整合、加工、发展形成的，比如说像《三国演义》《水浒传》；但有的是文人、作者独立创作出来的，像《红楼梦》《金瓶梅》，这些都达到了很高的小说艺术水准。所以有中国古代的"四大名著"、"六大奇书"等说法。以上是对中国封建社会小说发展做的简单回顾。

【反思】
熟悉中国小说发展的历史对语文教学意味着什么呢？
第一，不同时期的小说有不同的特点，教学某一时期的小说时，要考虑这一时期小说的特点。
第二，_____
_____
_____
_____

（二）西方小说发展

西方小说也有一个发展过程史。**大多数的西方人把他们的小说传统追溯到古希腊，里面有希腊民族早期的传说、神话，他们把这个理解为自己民族的历史，所以叫史诗。** 在我们今天看来里面有着许许多多的传说故事。比如说像《伊利亚特》，其实就是写了希腊人历史上的一场战争——特洛伊之战。这个战争以前一直被以为是一个传说，没有真正地发生过，但希腊古人把它当成一个传说流传下来。不过经过19世纪末西方考古学者的发掘，他们发现这场战争可能真的发生过。一个德国商人对考古很有兴趣，出了钱到传说当中的战场发生地去挖掘，果然挖出了大量的骨灰罐，这就意味这里死过很多人，如果不是战争，不可能在一个地方集中埋葬这么多人，因此这里被断定是特洛伊之战的古战场。这场真正发生过的战争并不完全如伊利亚特里所讲的是因为特洛伊城的王子诱拐了希腊人的美女海伦而引起的种族式冲突。这是传说，在事实的流传过程当中加上了大量的传说、想象，乃至神话的成分。作为一个史诗可能有真的东西，但也有虚构的东西，这我们不去说它。有人把小说传统一直延伸到这个源头。

然后就到了漫长**中世纪的文学阶段，出现了所谓骑士小说**。骑士文学讲奇事、冒险、征战的故事,都有一个模式化的手法。大体上是这样讲故事的:某一个英勇的骑士为了建立自己的丰功伟绩,通常为心中的美人来建功立业,不愿意待在自己家里老死,骑上马,带着箭,他就出发了,带着仆人,一路上遇到各式各样的事情,都要奋勇地战斗、解决问题,最后凯旋,把自己的战利品向自己的美人奉献,从而获得美人的欢心。

我们今天如果要看这样的骑士文学,大概很难了,因为这些东西早就烟消云散。但可以看模仿这种古代骑士小说写的作品,如《堂·吉诃德》,其实它是模仿骑士小说写的小说,当然这个小说里骑士已经是没落的、过去的事物了。小说对此运用了调侃的手法来写,写他明明不是骑士,要装作骑士,明明不是战马,要当战马。

> 《堂·吉诃德》是西班牙作家塞万提斯于1605年和1615年分两部分出版的反骑士小说。

西方小说过了中世纪,进入到近代就发展得非常快了,文艺复兴出现了著名的短篇小说集《十日谈》,还出现了英国的《坎特伯雷故事集》,这是西方近代小说的源头。

> 《十日谈》是意大利文艺复兴运动的杰出代表乔万尼·薄伽丘的著作,是欧洲文学史上第一部现实主义巨著。

> 英国杰弗雷·乔叟的作品《坎特伯雷故事集》是一部诗体短篇小说集。

进入 18、19 世纪,西方小说进入了它的高潮,尤其是 19 世纪。 我们今天读的西方古典小说大部分是 19 世纪的作品。文明发达的国家出现了很多小说家和作品,包括俄罗斯都出现了很多大作家,大作家绝大多数是写小说的。高尔基曾经把这样的时代叫做"群星灿烂的时代"。每个国家都出现了大量的小说人物。这就是 19 世纪的小说盛况。

进入 20 世纪西方小说出现了反传统的小说,新小说、先锋派小说纷纷出来。 这使我们对小说的观念、对小说的认识也产生了很大的变化。今天我们对小说的理解其实跟 20 世纪西方小说的发展有关。这是对于西方小说历史的一个简单回顾。

【要点评议】

了解小说发展的历史,对小说教学有什么意义?

小说教学要抓住小说的特征,既包括小说的具体的文本特征,也包括小说的文体时代特征,即一个时代所具有的小说的特征。通过上述小说发展史我们可以清晰地看到,小说在不同发展阶段所具有的鲜明的文体时代特征,当教学某一时代的小说作品时,我们要考虑这一时代小说的这些特征。所以,了解小说发展史,对准确把握不同时代的小说,以及不同时代小说的教学是具有指导意义的。

二、对小说特征的理解

接下来,我们讲一讲对小说特征的理解。对小说特征的理解,我刚才讲了西方小说19世纪和20世纪出现了一个很大的变化,在传统上产生了翻天覆地的变化。要想讲整个小说有什么样的特征是相当困难的。因为19世纪的小说、19世纪以前的小说跟19世纪以后的小说特征是不一样的。讲小说基本特征要对不同时代的小说做些分别。我看了一下语文教材里的作品基本上选的是传统小说,所以我们还是以传统小说为主要对象来分析一下小说的特征。

(一)故事是小说最基本的层面

传统小说的特征,第一个基本特征,或者说最重要的,但也是最起码的一个要求就是故事。故事是小说的基本层面。志人志怪基本上没故事的,只有人生片段,所以严格来讲志人志怪还算不上小说,只是小说的前身,真正的小说必须要有故事,要有相对完整的——有开头、有发展、有高潮、有结局的一个故事。有了故事,小说基本成型。哪怕这个故事比较简单。

什么是故事,看一下英国小说家福斯特对故事的定义。

【课堂PPT】

我们可以给故事下个定义:故事是一些按时间顺序排列的事件的叙述——早餐后中餐,星期一后星期二,死亡后腐烂等等……故事虽是最低下和最简陋的文学机体,却是小说这种非常复杂机体中的最高要素。

——福斯特《小说面面观》

一方面说故事是最低下、最简陋的文学机体,一方面说故事是小说中最高的要素,怎么样来理解这句矛盾的话?在小说当中故事其实是最简单的东西。之所以说故事很简单,是因为就连很小的孩子都会讲故事,把一些事连贯起来就算是故事。羊妈妈要出去了,小羊一个人在家里,一会儿大灰狼来了,大灰狼要吃小羊,羊妈妈回来了,大灰狼逃走了。很小的小孩子就会讲这样的故事,所以说故事是最简单的、最简陋的。

但为什么又说是小说机体的最高要素呢?最高要素是说小说里必须要有这个东西,没有这个东西很难构成小说。小说基本的骨架没有了,小说也就搭不起来。小说都离不开故事这个最基本的要素。因此,故事是小说最基本的、最离不开的因素。

讲到故事,有人可能经常会跟另外一个词连起来说:情节。情节和故事是什么关系?我来说一说情节和故事的区别。

先说一说故事的特点。故事是把一些事叙述出来,按照时间线索去叙述,不强调事与事之间、事情内部的因果关系,而只是体现为一种时间上的顺序关系,也就是说故事是按照时间顺序来进行的一种叙事。如果知道了故事的这种特征,要理解情节就容易了。

【要点提炼】故事体现为时间上的顺序关系。

我举一个简单的例子,假如这样来叙事:国王死了,然后王后也死了。这就是故事。这是时间上的顺序关系。

【要点提炼】情节突出叙事中的因果关系。

情节呢?情节是叙事作品中人物的各种行动过程,它是由一组展示人物性格、揭示人物关系和环境特点的具体事件构成的。情节突出的是叙事中的因果关系,也就是说它强调的是叙事当中一些叙事性要素之间的因果性联系。强调因果的时候,它就变成了情节,故事变情节我们也可以用这样的例子来说:国王死了,王后因为伤心过度也死了。这就是情节了,因为在这个叙事当中就有了一种因果关系。

因果关系比时间关系表现得更多样,所以我们也可以看到它可以变化成这样的说法:王后死了,原因不明,后来才发现王后是因为国王的死伤心而死的。也就是说情节突出了它的因果完成,而因果关系叙事的方法可以更多样化,一般故事的叙事突出的是时间因素,所以变化不大,但强调因果的时候,

【要点提炼】故事突出时间因素,变化不大;情节突出因果关系,叙事方法多样。

主题学习工作坊

它的叙事方法就多样了。

我们以前故事和情节一般是不分的。但西方现代理论开始把故事与情节区分开来了。他们都是叙事,但故事突出的是时间关系,情节突出的是因果关系。这样的分别对我们理解研究小说有些什么意义呢?通过研究我们发现,传统小说往往故事性的成分比较多,不是说它没有情节性的因素,而现代小说情节性的因素比较多。

这大概也是像当小孩子长大了以后他就会讲情节了,因为他会突出,或者是强调前后之前的因果关系。一个民族的小说发展也有这样的趋势。一个民族早期的小说往往故事性的成分比较突出,也就是说有先后关系,事与事之间有时候不具备因果关系,但随着小说的发展,小说变得越来越复杂,这时候因果关系就加以突出了,因此基本上以情节为主。

有没有纯粹的情节故事,纯粹的情节作品?这是很少的。一般情况下,一个小说的故事与情节都有,只不过故事、情节的比例不一样。如果你真要说完全是故事,没有情节的作品,那就是小孩讲的故事。如果说里面只有情节,没有故事的话,那是很难的,它总要有时间性的东西体现在里面。所以,我们可以根据故事与情节的比例来大致了解传统小说跟现代小说的时代区分。

通过这样的比较我们就知道了,情节实际上是什么,它突出了因果关系。突出因果关系可以表现出一些什么东西呢?可以表现的东西就比故事多了。近代以来小说之所以越来越发达,是因为可以通过情节来表现人物的各种行动过程,也就是说通过活动它可以揭示人物的性格,展示人物之间的关系,体现人物生活的环境、特点,等等。这些都是近代以来小说所很重视的一些要素。这也就是随着小说的发展,情节会渐渐地超过故事,渐渐地占据更重要的地位,因为情节可以表达得更多。这就是小说的第一个特点,故事是小说最基本的层面。

【要点评议】

明白了故事和情节,对我们的小说教学有什么意义?

小说教学中,我们经常让学生复述故事。我们要想一下,到底是要让学生讲故事,还是要让他关注情节?讲故事只是把事情的发生发展的经过讲清晰就可以了,但讲情节则看他讲的因果关系是否清楚。想一下,我们以前让学生复述故事时,可曾关注过他所复述的情节是否符合小说的因果关系。

（二）塑造人物、刻画性格是小说叙事的中心

小说的第二个特征，是塑造人物，刻画性格。 19 世纪以来，中外小说中塑造人物、刻画性格是小说叙事的中心。我们在明清小说里就已经可以看到小说作品中的人物性格已经塑造得相当鲜明了，像《水浒传》《三国演义》《红楼梦》《金瓶梅》里面一些重要人物都栩栩如生，让人过目难忘。

西方对小说的研究，从 19 世纪就已经开始自觉地强调小说要以刻画人物、塑造性格为它最重要的任务。**所谓刻画人物、塑造性格，其实是同一件事，通过描写富有个性的人物性格来塑造小说的人物形象。** 如果光是写了一个人物，而没有个性，这不算是成功的。你写了人物形象，同时又突出了他性格的特征，让人看到你笔下的人物是一个有着非常鲜明特征的一种人物，让人难忘，这才算是小说当中的成功人物。因为西方小说对这一点很强调，所以这一点做得非常出色，这就是为什么 19 世纪的小说被称为"性格小说"。强调它是性格小说，就是因为塑造了人物的独特性格。

> 【要点提炼】通过描写人物性格来塑造人物形象。

在一些最有名的成功作品里，人物的性格都是极其有个性的， 有些小说人物大家很熟悉了，我们也不用多举例子。像《水浒传》当中的英雄好汉，每一个人都塑造出栩栩如生的性格。只要一听到这个人物说的话，你就知道是谁说的，他就是谁。因为在这个小说里面不论鲁智深，还是林冲，每个人讲话都是不一样的，每个人讲话的腔调，每个人的用语、口气都有自己的特点，这叫"声口如闻"，看了小说里的文字就像这个人当面跟你说话一样，非常鲜明。这是通过语言来塑造人物性格的成功体现。西方一些著名小说同样如此。像著名的《安娜·卡列尼娜》，通过人物性格的刻画把人物写得非常有个性，让你过目难忘。

> 【要点提炼】声口如闻，通过语言塑造人物性格。

1. 个性成为现代小说的重要因素

个性成为现代小说非常重要的一个因素。 为什么？这里面想讲一讲我对性格的一种理解。这实际上跟我们人类对人自身认识的发展分不开，也就是说小说当中对性格的刻画实际上是人类对人性认识深化的产物。

【要点评议】

既然小说以刻画人物性格为主要任务,那么小说教学就应该以读懂人物性格为主要任务。

人物性格不等同于人物形象。性格是人物形象的构成因素,人物形象包含了人物性格。人物形象不仅包括人物性格,还包括了人物的外形、举止言行等。我们的教学中,存在一种现象是以人物性格代表人物形象,这其实是不完整的。

为了说明这一点,我简单地回顾一下历史作品当中形象和人物的发展历程。人类最早的艺术,或者说人们最早开始描绘形象其实并不是一开始就表现人。

比如,我们看到西方最早的绘画是在西班牙山洞岩石上的壁画,据考证距今有1万年以上的历史。山洞里面最大一块洞顶上的图画画的是什么?是动物,是牛。画了许许多多的牛,这些牛都是密密集集地聚在一起。在这个洞里面其他地方也发现了许许多多的壁画,画的也大都是牛。

后来,在欧洲其他一些山洞里面陆续地也发现了洞穴壁画,比如法国发现了很多鹿的壁画。对于这些画是不是就是原始人的艺术,学术界说法不一,很多人说当时还没有艺术,肯定不是当成艺术欣赏来画的,那时候的人没有这样的闲情逸致,不可能有这样潇洒的心态。因为那个时代的生产水平极其低下,那时候也没有真正的生产,都是靠打野兽生活,也就是兽猎时代。那时候主要是以捕猎野牛、野鹿获得生活资料。

原始的画只画这些动物,那是因为这些动物关系到他们的生存,关系到他们的生命延续,如果打不到野牛、野鹿就会饿,就会死亡,就会灭绝。所以牛啊,鹿啊,对他们来说是至关重要的生命来源。估计画这些东西的目的可能是出于某种最迫切的生存动机,可能原始人认为画这些野牛、野鹿有助于他们捕猎到这些动物。简单地讲,就是原始人都实行巫术,他们相信把一个动物的形象画下来就可以控制这种动物。对这点也能在洞穴壁画上找到些证据。

【要点提炼】原始画只画动物,不画人。

有些野牛身上,有的时候在一些要害部位画一个箭头,明显地可看出有的地方已经凹下去了。之所以画这个箭头是想说杀死这个动物,希望可以把画中的野牛打死,这可能出于一种巫术的认识。巫术认识认为只要控制了这个动物的形象,你就有可能真正地控制这个动物本身。这种观念在原始人中是普遍的,在后来的文明人中也没有完全消失,今天不是还有巫术嘛。恨什么人,把这个小人买来,在他身上写上他的名字,然后把针插上去,据说可以让这个人倒霉。《红楼梦》里就有这样的描写。做一个布人,写上王熙凤的名字,插一个针,过不了几天王熙凤发疯,如果不是和尚破了法术,她可能就会死去。这就是巫术。这可以说是人类最早通过形象来表达某一种愿望的阶段,这个阶段根本不画人。

快进入文明门槛的人类社会,画的形象开始出现了人的因素,这就是西方和东方都有的半人半兽形象,如中国的伏羲女娲的半身蛇尾像。我们都把它当成神话,说那个时代的人相信人是人和兽的合体,今天可以理解都是人创造的形象,可能那时候人

【要点提炼】文明将临时期,半人半兽形象出现。

创造出来的形象对人的认识还是处在不能摆脱对野兽认识的阶段上。所谓半人半兽其实就是半神。最早神话里面的形象就是这一类形象。这种形象暗示着我们在形象当中已经有着对人的认识,已经有着些对人的刻画。这时候开始出现人物创造形象中的标志。

【要点提炼】神话时代,神以人的面目出现。

半人半兽以后进入到一个比较发达的神话时代,这个时候神就完全以人的面目出现。比如在西方神话当中上帝造人,这里的上帝是一个神。可是在形象当中看到是人的形象。也就是说他其实体现

的是神性,但神性已经透过人的外形来表现了。这意味着人对自己的认识比前阶段又有了一个新的进展。这种看起来并不是很自觉的过程,实际上体现人对人性认识的缓慢变化。

后来,人类真正地进入现代文明。早期的文明人在塑造形象当中出现的人物还带着神性的痕迹。他们已经塑造人了,但他们其实都有着神遗留下来的东西,他们都是超凡的人,不像普通的人。随便举例子,像《三国演义》当中,从身份上来讲,他所刻画的人物肯定是人,不是神了,也就是说他们都是作为凡人来被写的。可是,他们身上有的特性都不是凡人所能有的。像张飞把对方的将领镇破胆倒下马来死掉,都是神性

【要点提炼】早期文明小说中的人具有神性,英雄小说是其体现。

主题学习工作坊 49

的表现。也就是说尽管开始表现人了，但其实它还是摆脱不了神的性质。所以我们把他叫做非凡的人，或者是把他叫英雄。英雄其实是以人的形象出现，但带着神性的一种形象，这是人的形象在早期文明当中的体现。在小说当中最早写的人物往往就是这一类人，中西方都有这样的特点，时间上可能有些不一样。作为早期的小说，或者是早期的叙事作品都有这个特点。

像亚里士多德早期主要是探讨戏剧，当时戏剧比较发达，小说还没有这么发达。戏剧跟小说都属于叙事文学，从塑造人物形象上来讲有一致性。亚里士多德塑造的是所谓比一般人要好的人。只有比一般人要好的人才可以成为主角。比一般人要好的人才是英雄豪杰。英雄豪杰是指在国家民族的生活中占据着重要地位，并发挥着巨大作用的那些人。由于这种人最后遭到灭亡，所以亚里士多德认为这种人才会引起我们悲哀，才会引起我们的震惊，这样起到了悲剧的效果。

【要点提炼】18世纪开始摆脱神性英雄时代，开始真正关注生活中的普通人。

什么时候开始塑造一般的人了？西方到18世纪。18世纪人对人的认识开始摆脱了神性英雄时代的光明笼罩，开始真正地去看待生活中的普通人。这里看的是两幅画，一幅是西方18世纪的画，一幅是中国明代唐伯虎的画，画的都是普通人，而且是普通人中特别普通的人。一个是厨娘准备早餐，一个就是普通的女孩子。这样的形象在这之前在绘画和小说艺术当中一般是没有的。在18世纪，或者是中国类似的时代，普通人开始进入艺术领域。这里看的是绘画，其实小说也是如此，你去看一下，有的是卖牛的，有的是做妓女的，有的是做小商贩的，有的是种田的。在以前的作品里不会出现这样的人物。所以西方也把这个叫做 小说的现实主义时代的到来。

19世纪以后的小说基本上都是以日常生活中的普通人物为小说的主要描写对象，也就是说， 19世纪以后小说中塑造的主要形象都是普通人了。这是19世纪现实主义小说最注重的追求。由于这样的追求，后面的小说基本上以刻画普通人物为主。

在俄罗斯19世纪小说里面可以看到他们写的是普通人中最弱势的人。这在俄罗斯文学史上也有专门的名称叫"小人物小说"。俄罗斯文学中最早写这种形象的小说家是果戈理。以前的语文教材有他的一篇小说《外套》，塑造的是一个官僚机关里最低等的公务员，就是写收发文件的可怜人的生活，可怜到什么程度？可怜到要积累多少年的收入才可以做一件外套。在俄罗斯那个地方不穿厚厚的外套是没办法活的，太冷了,外套就是我们讲的大衣。一天他终于穿上了省吃俭用几年才做的外套去上班,感觉非常暖和,很兴奋。可惜下班回家路上这件新衣服被强盗抢走了,他又伤心,又受冻,回到家里一病不起,死了。这就是小说。这种可怜的小人物成为了俄罗斯后来很长一段时间里的主要描写对象,形成了所谓小人物传统。

如果要讲现代小说在刻画人物上有什么变化,已经写到日常生活的小人物了,再要现实主义,要再写更普通的平凡形象还可以怎么写呢?所以西方人觉得再要写也很难继续了,从神话写到英雄,从英雄写到普通人,从普通人写到可怜人,小人物就是可怜人,可怜的普通人。但西方现代小说还在继续探索。他们写一种人物,西方人叫"反英雄"。其实我觉得这个"反英雄"不是太恰当,因为在英语当中"英雄"和"主角"是同一个词,我觉得应该翻译成"反主角"。反主角人物是什么人物呢?在现代小说中普通人物是生活中像你我他一样的人,没有什么神性,也没有什么英雄壮举,就是过着普普通通日常生活的人。但出现在作品中的普通人,毕竟他还是作品的主人公。所谓作品的主人公是指在小说发展过程中这个人物起着主导作用,发挥着最重要人物的角色。作品中的其他人、其他事,都是由他的行动决定来去发展的,走向故事结局的。因此在作品里面他是占据着主角的地位。

【反思】
　　小说要读主人公,而不是读人物。主人公与人物有时不重合。主人公是起主导作用,推动故事发展的人。是这样的吗?《祝福》中祥林嫂是起主导作用、推动故事发展的人吗?她是主人公吗?如何来确定并解读小说的主人公呢?

_____

_____

_____

_____

西方真正的一些现代小说,20世纪的现代派小说要写的人不能主宰自己的命运,更不用说主宰人家的命运了,他是恰恰被环境支配,被环境控制,被他人屠宰的人。从作品中人物关系上来讲,他都是处于被支配的、被排斥、被边缘化的人。所以他们把这种人叫做**反英雄**,这是比普通人还要更进一步的现代小说的体现。

我讲一讲人物的形象发展过程,实际上体现的是小说对人性认识的变化。小说开始只追求去写神,去写非凡的英雄,直到近代才开始去追求写普通人,写普通人的生活。这实际上体现的是人们认为真正的人性是体现在这种普通人的身上,而不是体现在少数人的身上。**小说形象的变化实际上是小说对人性认识变化的结果。**

2. 人物形象和性格刻画

下面讲人物形象和性格刻画的关系。**人物形象写得好不好其实跟性格刻画成功不成功直接相关**。这一点在中国小说的早期阶段人们还没有自觉意识的情况下其实已经体现出来了。你看在《世说新语》当中有这样一则小故事。有个人叫王蓝田,性子急,怎么急呢?他去吃剥了壳的鸡蛋,用筷子夹起来,结果又不进去,便大怒!这个鸡蛋掉在地上滴溜溜转,并没有碎,他更气不打一处来,就用鞋去踩它。想不到这个鸡蛋太滑了,一踩又滑掉了,这样他更气了,从地上抓起来就放到口中,然后嚼了一通以后再吐掉。这个事情好像很夸张,但这样一写这个人就写活了,性格特征就突出来了。

> 王蓝田性急。尝食鸡子,以箸刺之,不得,便大怒,举以掷地。鸡子于地圆转未止,仍下地以屐齿碾之,又不得,瞋甚,复于地取内口中,啮破即吐之。王右军闻而大笑曰:"使安期有此性,犹当无一豪可论,况蓝田邪?"——《世说新语·忿狷》

19世纪的小说非常自觉地追求用性格来刻画人物形象。所以小说里的人物形象和性格刻画不能分开来讲。**没有小说的性格刻画就没有人物的形象,或者说没有成功的人物形象**。鲁迅小说当中的一些人物之所以给我们留下深刻的印象,像孔乙己、祥林嫂、阿Q,都是因为作了性格刻画。

(1) 静态性格与动态性格

讲到性格,现代小说理论又做了一个区分。性格在作品当中可以分成静态和动态两类。**静态性格是指在表现过程当中人物的性格特征是不变的,也就是说从出场到作品结束都是一种性格**。但有的**小说中人物性格会变化,出场时候的性格和作品结束时候性格已经不一样了,甚至完全不同,我们常常把这样的性格叫做动态性格**。

> 【要点提炼】人物性格一成不变是静态性格。人物性格发展变化,是动态性格。

在同一部小说当中有的人物性格是不变的,但有的人物性格是变的。也就是说静态、动态是性格刻画的两种类型，小说当中这两种性格都需要。一般情况下近代以来人们往往比较推崇塑造了成功的动态性格人物形象，一些最优秀的作品里面人物形象一般是动态性格。

比如说像《红楼梦》里面贾宝玉的性格在出场和结束时候有很大的变化。早期是贵族出生的花花公子，喜欢惹女孩子，生活在女孩子堆中，混世魔王，最后他对这个家庭彻底绝望，爱情也破灭，所以最终他认清了这一切都只不过是虚幻的一场梦，在绝望下离家出走。

再比如说《水浒传》的人物性格有变化的，也有不变的。动态性格的是林冲，林冲小说出场的时候有一身好武艺，但性格是逆来顺受，自己老婆被人家调戏，拿起拳头要打了，但看清人家的脸拳头就放下了，步步退让，逼上梁山，从此之后英雄豪杰的性格暴露出来，血性汉子的性情体现出来了，所以这个小说的人物性格出现了很大变化，这是一个动态性格。但小说当中像李逵就没有什么变化，出场是这样的人，一直到死也是这样的人。这就是两种性格类型。

（2）扁平人物与圆形人物

人物类型还有扁平人物和圆形人物之分。这个区别是英国小说家福斯特所做的。所谓的扁平人物，就是指作品当中性格特征比较单一的人物形象，也就是说他只有一种性格，或者说他只有一个性格特点。像刚才讲的静态李逵，这就是所谓的扁平人物，他只有一个特征：莽撞。但有的人物形象很难用一个特征来概括他的性格，他具有性格多变性，福斯特把这样的人叫做圆形人物。

【要点提炼】扁平人物性格单一，圆形人物性格多样或多变。

比如说像哈姆雷特，《哈姆雷特》是戏剧不是小说，哈姆雷特就是一个圆形人物，在他身上有各式各样的特点，可以说他优柔寡断，也可以说他英雄果断，可以说他多愁善感，也可以说他冷酷无情。一个人身上表现出似乎完全不同的性格特征，有的甚至是截然相反的性格特征，这种人物形象就显得比较立体。

中外文学史上对圆形人物评价比较高，因为它的内涵表现得更丰富，而且塑造这样的人物更困难，技术上的难度更高，所以说代表的成就也更高。中国传统文学作品除了少数几部名著在这方面做得比较好，一般的许多小说塑造基本上是扁平人物，所以成就不大。

在20世纪80年代，当时的中国社会科学院研究员、中国文学研究所所长刘再复就有感于这一点,专门写了一本书:《性格组合论》,从性格二重组合分析出中国传统小说圆形人物缺少,扁平人物太多,塑造性格太简单,强调要把不同性格作为对立的要素统一在一个人身上,通过这样的形象来塑造像西方优秀小说中那些具有复杂性格特征的形象。

德国卡夫卡的小说,小说人物连名字也没有,或者就用了一个"K"来称呼他,他生活的年代,小说故意把它隐去,说不准他生活在一个什么样年代的人,甚至连他是哪一个地区,哪一个国家都故意淡化掉。像这样的人物形象实际上就是带有某种非具体性的特征,从而使这样的小说人物具有一种类似于寓言的色彩。看过卡夫卡的作品应该都了解。

有的时候卡夫卡把人物写成了动物,比如说《变形记》里主人公一开始就变成了大甲虫。他发现动不了身了,发现肚子变成了昆虫的肚子,这才发现变成了一个大甲虫,变形了。这都是一种违反时空规定性的,故意不让你知道他作为现实人的景象。

还有一些作品,作者把具体的时间、空间尽量地虚化、淡化,从而把人物变成什么时空都可以理解的人。有的小说就采取这样的写法。比如说当代意大利著名小说家卡尔维若,他写很多小说就有这样的色彩。他的小说都很短,所以经常放到微型小说来讲。有一篇小说《黑羊》,不知道大家看过没有。我可以简单复述一下小说的基本内容。有一个国家,这个国家的人白天在家里睡觉,晚上去偷人家的东西,他偷人家的东西,人家来偷他家的东西,每家都是这样,所以大家相安无事地过下来。这个国家就是这样一代代地过下来。但某一天来了一个外乡人,把这个状况打破了。到了晚上应该出门去偷窃,并让人家来偷窃的时候,他不出去偷,他坐在家里抽烟、看书。到他家来偷的那个人就偷不到东西了,而那个小偷家里又被人家偷掉了。结果这个国家的平衡就被打破了。过了几天发现这个情况越来越严重,有的人老是被偷,但又老偷不到东西,他家里就没东西了。原来这个国家很平衡,大家差不多,这样以后就出现了变化,所以他们觉得这样不能继续下去。经过商量以后,他们派了代表去找这个外乡人说:你这样不行,既然来到我们这个国家,就必须要按照我们规矩来行事。那个人觉得既然来了,破坏人家规矩不太好。到了晚上他也出去,但他不会偷,所以到了外面还是不偷人家的,只是在外面抽烟、散步,等人家偷完了才回到自己家里。这样一来他家里什么都没有了,几次下来全部偷光了。他的变化不大,但这个国家的情况从此就改观了,有的人因为老是偷人家的东西,而自己家里没人偷,他就富起来了。他就有了比人家多的财富,不像过去一样很坦然地被人家偷,被人家偷不甘心,就想办法保护自己的财产,用自己的财产来雇人保护自己的财产,所以就出现了贫富,出现了阶级,这个小说的人物也没有,就是贼,就是外乡人。但它影射着某一种深刻的社会现象,它跟茅盾、巴金、鲁迅小说里看到的形象是不一样的。这是关于小说第二特征里面的一些内容。

(三)变化无穷的叙事方式是小说的主要表现手法

下面再讲讲小说的第三个特征:变化无穷的叙事方式是小说的主要表现手法。这里实际上是讲现代小说中的技巧形式。因为小说是一种叙事艺术,一般都用叙事方式来包含小说的形式、小说的技巧。以前形式、技巧都被认为是表现内容的手段,它是用来包装内容的,因此它服从于内容需要,在小说当中第一位重要的是内容,技巧形式是第二位的,不过现代小说理论的看法已经改变了。

现代小说理论强调技巧形式绝对不是包装内容的一个外壳,不仅仅是表现主题的手段,**现代小说理论认为技巧形式是小说的本体,没有技巧就没有小说**。这里我们强调叙事方式是小说的主要表现手段,我们还没有提到小说的本体。技巧形式强调小说的本体,强调只要有技巧,有好的形式,那就是好的小说,这从传统观点来看比较极端。

> 【要点评议】
>
> 小说的形式、技巧本身是小说的构成,也是教学的重要内容。这一点我们以前关注不够,在教学时也就很少涉及。既然形式、技巧是小说的本体,那么小说的学习也应该把它作为学习对象。小说教学中,应该把形式、技巧作为小说教学的重要内容。每篇小说的形式、技巧都有其独特之处,这些独具特色的形式、技巧就成为小说具体篇目教学的内容。

叙事技巧在小说当中的重要性其实是不能低估的,这种不能低估从两个方面来讲。

第一,没有好的形式和技巧小说就不会打动人,不会让人喜欢,更不会让人佩服。有人曾经问:什么是好的小说?我的回答是:至少要让人喜欢,让人佩服,让人感动。让人喜欢人家才会来读,让人佩服人家才会来学,让人感动人家才会从中有收获。怎么样才能够做到让人喜欢、佩服、感动,很重要的是技巧性问题。如果小说写得让人家不要读了,这小说再怎么样也好不到哪里去。

第二，技巧形式并不仅仅是包装内容的外壳。 像法国大作家萨特所讲，一个作家采用什么样的技巧其实和他的哲学观有关，跟他对世界、对人生的认识分不开。

1. 叙述角度切换

我们来看一看小说常见的几种技巧。今天许多小说都在叙事的角度上使用了不少技巧。这里我先讲一种所谓叙事角度的切换。什么是叙事角度？其实就是我们常见小说当中用人称体现出来的视角：第一人称、第二人称、第三人称。我们常见的是第三人称和第一人称的作品。当然现在也有一些作品用了第二人称来叙事。不知道你们有没有看过第二人称小说，第二人称是用"你"来说的，写"你"怎么样、"你"怎么样。刚开始读这个小说觉得很怪，读了以后也有一种别样的感受。现在来看一下叙事角度的切换技巧。**所谓叙事角度切换，就是不同的类型之间进行转换。**

（1）同一叙述角度的不同类型之间的切换

这种情况如在第三人称的类型当中进行转换：第三人称的全知型和有限型、客观型视角的切换。第三人称叙事角度有三种类型。

第一种是全知型视角。 全知型视角，就是常见小说当中用第三人称来叙事，叙事者在作品外面，但作品里面所有的人、所有的事，包括所有人内心的秘密叙事者都知道。所以小说里面经常会出现把人的内心在想什么，他暗中在思考什么写出来。这种就是第三人称的全知型叙事角度。西方人把这种叙事角度叫上帝的全能型叙事角度。因为真正在生活当中能够做到知道每个人想什么，那就是上帝了。

第二种是有限全知型视角。 近代小说开始出现了一种跟全知不一样的叙事类型，叫有限的全知型视角。**有限就是不再对作品里面所有人的心中秘密都了解，只能看到这个人外部的一些言行，把它表现出来，人物内心怎么想的并不知道。一部分人只知道他的内心所在，一部分人只看到他的外在表现，这种叫有限的全知全能型。**

第三种是客观型视角。 客观型的第三人称，就像前面放的摄像机，叙事者就像摄像机，但"我"内心怎么想的，"我"心中发生的变化他是看不到的。有一种第三人称叙事就像摄像机的作用，对人物内在的东西他一点都不知道，甚至一点不猜想、评价人物内在怎么样。这就做到所谓纯客观型的第三人称叙事，这只出现在现代作品当中。我简单说一说为什么会出现有限的，或者是客观型的第三人称叙事角度。这是跟我们人对自身局限性的认识越来越分不开的。

【要点提炼】有限叙事视角与人对自身局限性的认识密不可分。

现代人通过对自己的哲学思考知道我们人都是有局限性的,我们人绝对不是上帝,只有上帝才是全能的,而人不是上帝,我们都受到许多束缚,有很多局限。我们对许多事物也不能做到像上帝一样全知,都了解、都能认识。所以出于对人的局限性认识,作家在叙事的时候也要把这种局限性体现出来,所以发明了第三人称叙事,这本身就是一种哲学观的体现,人只能够认识自己能够认识的东西,人有很多东西不能认识。所以它体现了这样一种哲学观的变化。作为技巧在同一个作品里面体现出这样一种全知型的——非全知型的,客观型——非客观型的变化,这就变成了一种技巧。

比如,在列夫·托尔斯泰的名著《安娜·卡列尼娜》里出现了第三人称的转化。小说写了两条线索。对一对夫妇,小说家叙事的时候是全知型的叙事,对他们做什么,内心出现了什么变化,叙事者了如指掌,就像上帝一样看得清清楚楚。但是写到小说的另外一条线,写另一对爱人,就采取有限的全知型视角了。你们如果仔细看一下就会发现,这个叙事者只写了安娜和沃伦斯基做出来的行为和说出来的话,对内心起了什么变化就不像前面那一对夫妻了,尤其写沃伦斯基只从外面表现来写。沃伦斯基看到安娜一下子惊呆了,爱上她了,内心怎么样,出现什么变化,他没交代,只是让读者看到他一见钟情。然后安娜住到他的庄园里,他逐渐对安娜表现出厌烦,不再整天陪着安娜在庄园里,只是想办法回到彼得堡上流社会圈子里。他出于什么动机有这样的举动,小说没讲,所以安娜也不知道。这里采取一种非全知型,有限全知型视角。小说就是一会儿全知,一会儿非全知来把小说人物安排得错落有致,有变化。我们被这种变化牵引着,只能去猜,这样就有趣味了。以前觉得内容吸引我们,其实它的形式在支配着我们的注意力。

【要点提炼】小说的形式支配着我们的注意力。

至于写到作品当中列文和安娜关系时候,差不多呈客观型来写了。列文和安娜在长篇小说里只有两次碰头。一次是小说开始部分,在举行晚会,本来在这个晚会上列文要求婚的,但列文看到了安娜,风情万种的美女安娜,改变了计划,不再求婚,为什么列文看到安娜不求婚,这时候作家不用全知写法,作家不写内心出现什么变化了,前面不是什么都知道吗?但到这时候反而不写内心怎么变化。这是一点小小的变化,反而让读者感到奇怪,对他的行为可以猜想,为什么要求婚突然之间又不求了。

> 【要点提炼】列夫·托尔斯泰《安娜·卡列尼娜》中的视角：列文和吉蒂——全知型；安娜和沃伦斯基——有限全知型；列文和安娜——纯客观型。

第二次他们两个人见面，是安娜在沃伦斯基的庄园里面不甘寂寞，出去找自己的好朋友聊天，路过列文的庄园，列文在农田里干活，两个人远远打了照面，都没打招呼，互相都看到了。这是纯客观的写法，没写他们俩内心有什么波动，肯定有想法，但没写。一笔带过，很客观地写了。所以整个小说看到视角的变化始终在进行，一会儿是全知的，一会儿是非全知的，一会儿是客观的。这是在同一种叙事角度之间的情况，同一种角度内部的不同类型叙事的变化。

(2) 不同叙述角度之间切换

不同叙事角度之间也可以切换，简单地讲就是有的作品里面一会儿用第三人称，一会儿用第一人称。

第一种情况是第三人称和第一人称切换。世界上最有影响的对第三人称、第一人称切换的是美国作家索尔·贝娄（Saul Bellow）的《赫索格》（Herzog，1964）。我截取一段大家看一下。

【课堂PPT】
现在，赫索格得想一想阿斯弗特怪诞的地方了，可能是我影响了他。我的感情易于冲动的毛病传给他了……

你最好去做个结核菌素注射试验。我没想到你会……写到这里，他停住了。餐车列车员摇铃通知午饭时间到了，但赫索格没有时间去吃饭，他正准备开始写一封信。

亲爱的贝什克夫斯基教授，谢谢你给我在华沙时的款待。由于我的健康关系，你一定对我们那次会晤感到很不满意。当他想方设法找话跟我谈时，我却坐在他的房间里，用《卢社论坛报》折着纸猫、纸船玩，看到我这种举动，他一定十分惊讶。贝什克夫斯基教授长得又高又大，穿着淡黄色花呢猎装、灯笼裤、诺福克产的夹克衫……我一定是在想念孩子了……我希望你会原谅我。我最近有机会拜读了你的有关美军占领西德的文章。里面的许多事实，非常令人不快……

《赫索格》作品的主人公是一个知识分子。这里宋体字是第三人称,斜体字是第一人称。斜体字是作品中赫科索格写的信中的话。不停地写信。整部作品就是第一人称、第三人称、第一人称、第三人称交替进行的。

以前课本里有一篇契科夫的短篇小说《凡卡》,其实也是一种人称切换,一会儿是信中的话,一会儿是信外的描写。如果全部用第一人称,或者是全部用第三人称,就是太平淡无奇的东西,看起来没味道,现在这小说用这样的人称变化,就显得丰富多彩,显得有意味了。

第二种情况是三种人称交互切换。 比如说我国作家张承志的长篇小说《北方的河》,"我""你""他",全部出现了,一会儿是第一人称,一会儿是第二人称,一会儿是第三人称。不同叙事角度切换的其实不仅仅是一种形式,而且跟作家要表达的内涵相关,它更增加了叙事的趣味。这就是小说技巧性的东西,是一种切换的技巧。

2. 复式人称叙述角度

有一种叙事技巧叫复合式技巧。复合式技巧又分好几种。

(1) 中国套盒式叙事

中国套盒式叙事,简单来讲就是通过叙事的角度变化来让故事套故事。 这做得最典型的就是阿拉伯民间故事《一千零一夜》。国王仇恨女人,每天娶一个女人,到第二天就杀掉。宰相的女儿非常聪明,晚上给国王讲故事,到第二天要被杀掉的时候还没有讲完故事,说你要知道下面的故事,我第二天再讲,她就不被杀了,讲了一千零一夜。什么故事可以讲这么长呢,就是一个故事又引出一个故事,一个故事又引出一个故事。当然作家不能像民间故事一样一个一个套下去,作家是一个故事里套一个故事,或者至多再套一个故事。之所以叫"中国套盒",因为中国过去有一种民间工艺品,就是一个箱子里套一个小一号的箱子,两个箱子做得一模一样,然后在小一号的箱子里再套一个小箱子,曾经看到套十几个箱子。原来一个箱子有一尺见方,最后像小拇指头这么大,但所有的零部件什么都不缺,非常精细。现在有一个玩具原理是一样的——俄罗斯套娃。这就是所谓的中国套盒式的叙事角度技巧。

(2) 移动焦点式叙事

移动焦点式叙事,是通过不同的人来对一个故事进行叙述,每个人叙述其中的一段,通过不同的人叙述来把整个故事叙述完整。每个人叙述故事当中的某一段,但焦点是移动的, 所以叫移动焦点式。

上海作家戴厚英在"文革"结束以后写了一部反映"文革"时候的小说《人啊人》,就

用移动焦点式技巧。"文化大革命"当中的各种不同的人物,有的是总支书记,有的是普通教师,有的是教师的女儿,有的是"文化大革命"中造反的坏头头。通过他们每一个人来叙述这个学校里"文革"的经历,把这个"文革"故事叙述出来。这就是所谓的移动焦点式叙事。

> 【课堂PPT】
>
> 《人啊人》
>
> **赵振环**:历史是一个刁钻古怪的家伙,常常在夜间对我进行突然袭击。我的头发白了……
>
> **孙悦**:历史和现实共有一个肚皮,谁也别想把它们分开。我厌倦了……
>
> **何荆夫**:我珍藏历史,为的是把它交付未来……
>
> **许恒忠**:全部历史可以用四个字概括:颠来倒去。我算看透了……
>
> **孙憾**:历史对于我,就是这张撕碎了照片……
>
> **奚流**:历史还是揪住我不放,我毫无办法……

在移动焦点式当中,因为每一个人都代表着自己的立场,所以每个人对所叙述的事情都有自己的判断和评价。对一个历史过程看出各式各样的观点、各式各样的反映,从而使我们对生活有了更多的思考。这就很符合现代小说的一个趋势。现代小说不要求人们对作品只得出一种理解,现代生活的复杂性让我们难以得出统一、单一的认识。这就说明**小说技巧不仅仅是外壳,它其实是内容。**

> 《公民凯恩》是由奥森·威尔斯于1940年拍摄的一部传记体影片,由奥森·威尔斯担任导演、制片、编剧以及主演。曾获得1941年奥斯卡奖七项提名,并最终获得最佳原创剧本奖。

小说当中这种技巧也被引用到电影当中。美国著名影片《公民凯恩》其实就是用了小说当中的移动焦点式叙事技巧。它讲美国著名的报业大王凯恩的一生,是让凯恩一生当中相关的人来叙事,有的人叙述他童年,有的人叙述壮年、晚年,这样完整地串起来,但好像每个人叙述的都不是凯恩这个人,这就体现了人物的复杂性。

(3) 共焦点式叙事

共焦点式叙事也叫目击者提供正极体式叙事。这样的叙事技巧的代表作是日本著名作家芥川龙之介的小说《竹林中》。 后来日本著名电影导演黑泽明根据这篇小说改编导演了电影《罗生门》，在国际上多次获得大奖。他就是运用了共焦点式的叙事。

简单地讲讲它的内容。一个武士带着妻子出门，后来发现这个武士死在了森林中。官府在调查这个案件过程时，把杀人的强盗和被强盗强暴的武士妻子找来，武士死后他的灵魂附在巫婆的身上，也把巫婆找来，分别让他们交代这个案子的经过。结果每一个人对武士的死说法都不一样。就连作为旁观者的樵夫，说的因果跟前面所说的也不一样，所以影片结束的时候这个武士到底是怎么死的，是死于强盗之手，还是死于跟强盗的公平搏斗当中，还是死于妻子昏后的自杀，是死于匕首，还是死于什么，说法都不一样。但我们不要把这部影片看作是一部所谓的侦探片、破案片，这部小说，或者这个电影目的并不在破案，它实际上探讨为什么每一个人对同一个案件的说法都不一样，因为每个人都是按照对自己有利的思考去说这个案件。比如说强盗，强盗承认武士是我杀的，因为我看中了他的妻子，要夺他的妻子，我跟武士的战斗是公平的，枪对枪，刀对刀，他打不过我，被我杀死的。但妻子的说法就不一样了。妻子说强盗强暴了我，然后要带我走，但是我说我有丈夫。你怎么能在我丈夫面前强暴我，现在又要把我带走，你要把我带走，必须要跟我丈夫有个交代。结果就把丈夫解开来了。但丈夫怎么死的呢？她又说：我也不知道，不是强盗杀的，因为我面对丈夫冷漠的眼光，丈夫瞧不起我，鄙视我，我受不了，我昏过去了，我昏过去的时候我手里确实拿着匕首，但是是我插进丈夫胸膛的，还是他拿我匕首自杀的，我不清楚。丈夫自己通过巫婆又是另外一种说法，他说我是被我妻子挑唆强盗杀的。强盗强暴了我的妻子，我的妻子要跟强盗走，她说她不能在男人活着的时候跟着他走，我们两个人当中必须要死一个人，结果挑唆强盗来杀我。但强盗通过这样反而认清了我妻子的面目，反而不杀我了，问我怎么处死这个女人。我因为强盗说了这句话，反而原谅了强盗。我是怎么死的呢？我是在强盗走后，妻子也逃走了，我一个人感到人性多么的可怕，生活这么多年的夫妻，怎么如此冷漠，所以我自杀。日本人认为自杀是光荣的。最后樵夫说他们讲的都不对，他们撒谎，我是见证人。他的讲法又不一样了。他的讲法是什么呢？前面有的跟强盗讲得差不多，有的跟妻子讲的差不多，有的跟武士讲得差不多。最后说武士不是自杀的，是跟强盗的搏斗当中死的，但搏斗不像强盗说的光明正大，两个人都是胆战心惊，打得非常难看，最后强盗侥幸赢了，杀了武士，是用长刀杀的，不是用短刀杀的。最后长刀找到了,短刀没有了,短刀是值钱的,金子的匕首。樵夫的话里露出了破绽,这个短刀是他偷走了,人死了以后,没人在,拔了短刀走了。

这个影片、小说不是探讨这个武士怎么死,而是探讨为什么每个人说法不一样。每个人不一样的原因是什么呢？我这样讲大概听出来了,每个人都朝对自己形象有利、对自己做事情有利的方向去讲这个过程。所以影片有一个探讨就是人心自私的问题。从这里可以知道一个技巧的问题,这个影片如果不用这样的叙事技巧,这些都表现不出来,这个技巧恰恰就是内容。

(4) 隐蔽的叙事技巧

下面讲的叙事技巧很少用,简单地说一说隐蔽的叙事角度技巧。

法国新小说家阿兰·罗布-格里耶的《嫉妒》和《窥视者》用的是所谓隐蔽的叙事角度。什么叫隐蔽的叙事角度,看起来似乎像一般所用的第三人称叙事角度。叙事者在作品以外,不在作品里出现,不是作品里的角色,他是站在作品以外叙述作品里的人和事。但他用的是第三人称,处处又让我们感觉到这个人出现在作品里,是作品里的一个角色,是故意把自己藏起来,好像不在作品里面。可作品里面经常会露出一些破绽,让人意识到好像有人在里面。

这是一个很简单的故事。庄园主的妻子跟他的一个男邻居关系很好,两个人经常在一起吃饭、聊天,甚至一起到城里商店买东西。小说就是写他们在阳台上聊天,一起上城里买东西,他们乘车归来,好像是第三人称在旁边叙述他们的事情。后来读者认为应该不是这么简单,叙述者应该也是里面的人物。女主人叫仆人拿三个杯子来倒三杯咖啡,但小说里出现的只有女主人和男邻居,一会儿到阳台上休息了,叫仆人拿三双拖鞋到阳台上去聊天,到处都是"三",可是看不到第三个人。小说看完以后才知道其实是有第三人在作品里,那就是女主人的丈夫。他就是穿第三双拖鞋,喝第三杯咖啡的角色,故意不讲。为什么这么写？大家看看小说的题目叫什么？《嫉妒》。其实小说里面没有一个字写到嫉妒,写的是他的妻子跟人家聊天,他的妻子跟人家上城,但一个丈夫在旁边看着怎么样？酸溜溜的,这就是嫉妒,所以这就是技巧的内容。如果不从这个技巧去讲的话,这个嫉妒在哪里？没有写调情,都是很简单的谈话,但谈得太多了。《窥视者》也是用类似的手法,就不讲了。

由于时间关系不能把所有的技巧都讲,列举这几个技巧,想说明什么问题呢？想说明技巧不仅仅是内容的手段、包装内容的外壳,技巧非常重要,是因为技巧本身就起着表现内容的重要作用。

如果大家对技巧有兴趣的话,现在有很多关于小说技巧的专著和论文,有些专门研究小说的人对这方面有许多思考。总之我想讲一个思想,就是**不要把技巧看成是第二位的,仅仅是为内容服务的东西,而要把形式、技巧看成是跟内容同样重要的,同样是小说不可缺少的东西。而技巧里面同样包含着内容性的东西,哲学性的东西。这可以说是一种现代小说的技巧观、形式观。**

三、小说的分类

下面简单说一下小说分类。小说可以有各式各样的分类方法,根据不同的标准,根据不同的规范来做不同的分类。我们常见的分类显然是根据篇幅,比如说长篇、中篇、短篇,现在还有微型,更有所谓手机小说。不过要注意的是,长、中、短篇小说的分类主要是以篇幅为依据,但也不完全是以篇幅为依据,它还有其他的考虑,所以这里简单说一说。

(一)长篇小说——叙事作品的宏伟建筑

长篇小说首先它的文字、篇幅比较大。长篇小说到底有多大,不知道在座各位有没有考虑过,可能也不会考虑。拿到的一部小说本身标明的这是长篇小说就知道是长篇小说,比如说在一些杂志里中篇小说专栏,那显然都是中篇。不过有时候也在想到底多长算长篇,多长算中篇,作为一个兴趣问题,但有时候也作为一个必须解决的问题。

比如中国、外国的长篇小说评奖,如果你不定一个标准的话,那就难办了。中国有一个茅盾长篇小说奖就碰到这个问题,写了多少字可以申请这个奖啊?如果不定一个标准,写20万字我送来了,写15万字也送来了,写10万字也送来了,你收不收,你评不评?所以中国茅盾小说奖后来做了一个规定,13万字以上,它可以作为长篇小说申请评奖。这样一来中国无形当中以13万字来作为长篇小说的下限。但这个是中国的标准,国外并不重视这样的标准。

比如像我刚才谈到的《窥视者》、《嫉妒》,在法国也被认为是长篇小说,可翻译成中文以后10万字都不到,在中国只能算是中篇小说,所以篇幅的长短划分没有决然的标准,或者是因时因地,每个国家标准不一样,总之篇幅上有一定的要求,但不纯粹是篇幅的要求,还有结构、线索等叙事上的一些要求。

总体而言,**长篇小说除了篇幅有一定的要求以外,还要求结构复杂,线索繁多,人物众多。**这几个条件都符合的话,我们说这是一部比较合乎要求的长篇。如果光是篇幅大,大部分其他条件都不符合,很难算得上是合格的长篇。

《红楼梦》的篇幅很大，同时它里面的人物众多。有人做过统计，凡是有姓名的人物《红楼梦》里有 400 多，一会儿是贾宝玉，一会儿是林黛玉，一会儿到薛宝钗，头绪繁多，导致复杂，现在用嘴巴复述一下红楼梦故事，你也会感觉非常困难。因为我们只能从时间角度来单线条叙事，但是红楼梦写的事情是多线条的，是共时性的。这就意味着作家在写作的时候必须要有一个很好的安排，这样才能把这么多的人，这么多的事来有条不紊地写出来。

（二）中篇小说——叙事的独立别墅

现在我们中国一般把 12 万字以下、3 万字以上这种篇幅的小说称之为中篇小说。但有的刊物提倡更短的中篇小说，叫小中篇。小中篇 2 万字也可以，甚至有的 2 万字都不到，15 000 字以上就算小中篇了。所以，2 万到 13 万之间，都会算入中篇的范围。除了篇幅比长篇短以外，另外在叙事方面也有不同于长篇的地方，首先是线索比较单纯，长篇小说的线索是头绪繁多，多条并进。但中篇小说一般是单线，或者是双线，双线以上就很少了。中篇小说的故事基本上从头到尾始终围绕着一个主要线索来开展。即使是加上一个线索，双线，第二条线附着于第一条线索。所以中篇看起来比较轻松，写起来也比较容易。

（三）短篇小说——叙事作品中布置精巧的玲珑小屋

中篇小说以下篇幅都是短篇小说。短篇小说有些人提倡不要写得太长，比如茅盾强调短篇小说最好不要超过 1 万字。有的人认为这还太长，能不能更短，所以更短一点，8 000 字，5 000 字。有一个人做了一个工作我觉得很好，他把最有影响的中国小说搜集来统计，统计以后做了一个平均数，根据统计平均数知道中国大多数短篇小说字数 8 000 字左右。有的比它多一点，就长了，少一点就短了，围绕 8 000 字波动，很多小说就在这个上下。在叙事内容方面，它有一个最重要的特点，由于篇幅短，不可能把一件事完完整整地叙述出来，长篇是把多线条叙述出来，短篇做不到完整，只是截取人物生活的一个横断面来片段表现。所以短篇小说的故事一般是不完整的。不完整的故事又要吸引人，让人喜欢读，就更需要技巧，更需要形式上的考究。所以有人说短篇小说最考验一个作家的技巧水平。

这里我分别用建筑来做一个比较。长篇小说像规模宏大的楼宇群，或者是一幢摩天大楼，里面有各式各样的房间，各式各样的设施，各式各样的管道。这种复杂性让一般非专业人摸不着头脑，晕头转向。中篇像一个独立的小别墅，基本上建筑的主要要素都有了，麻雀虽小，五脏俱全。短篇像林中小木屋，可能只有一个房间，房间里也没有什么家具。

（四）微型小说——叙事建筑中的小摆设

现代人很喜欢看更短的小说——微型小说。微型小说适合现代人高节奏的生活，在电车上，在地铁上，随手拿来读一段，三分钟就读完了。所以北京晚报上把它叫做"三分钟小说"。有的把它叫做"小小说"。现在比较规范了叫"微型小说"。微型小说我把它说成是建筑当中的一个小摆设、小摆件，因为连小房子都算不上，只能算是挂件、配饰。

【观察者点评】
你认同这样的观点吗？有人说微型小说麻雀虽小，五脏俱全。你怎么看？

微型小说有多短呢？我们看了一些微型小说，比较长一点的也有3 000字，有些地方3 000字就归纳到短篇小说里。短的非常短，有多短？世界评选出来最短的微型小说，翻译成中文就是三个字：神垂死。这算什么小说啊？推荐这部小说为最短小说的就是这部小说充满了戏剧性和冲突。冲突是什么？连神现在都死了，这不是冲突吗？而且是说不清楚的微妙冲突，到底为什么连神都要死，不死的神将要死，还未死，那不是很戏剧性吗？当然这带有游戏的色彩了。

我看了一些中国的微型小说，大概在千字左右，这是最多的了。千字左右要写一个生活当中的小片段，它连短篇小说所谓的横断面都做不到，只能选生活当中的一朵小浪花，一个小片段，这个东西怎么去吸引人？现在许多小说、微型小说研究者在探讨这个问题。其中有一个比较明显的技巧大家已经意识到了，微型小说在这么短的篇幅里面要完完整整讲述一件事来吸引人是不可能的，也玩不出多大技巧来，能够有技巧的地方是微型小说的结尾。好的微型小说让人能够留下深刻印象往往是结尾突然一转，出人意料，又在情理之中，从而给人深刻印象。

四、今天如何看待小说

关于小说还有些理论知识，或者是一些新的思考，时间有限不再多说了。接下来谈一下：今天如何看待小说。

以前都说小说是反映人生、再现社会生活的，通过社会生活的再现让我们了解社会、理解社会。这可以说是传统对小说最成熟，也是最有说服力的一种认识。今天对小说的理解有没有变化？有变化。今天更多的小说家、小说理论家认为小说是什么？能做什么？小说是对人存在的一种发现，或者说小说是探索人存在的一种文学作品。什么是对存在的发现？"存在"是西方现代哲学的一个重要概念，所谓人的存在，其实就是指"人是人"这件事。人为什么是人,这个人为什么是这个人,以前的认识重点是人,现在认识的重点在事。事就是存在。因为英语当中我们翻译这个存在是"Be","Be"同时就是事,以前关注的是人,现在关注的是事,这个区别大家能分辨出来吗?也就是说这个事就意味着到底人有着什么样的意义才让他成为这样的人。这就是所谓的存在。小说是对人存在的发现,意味着作家要在小说当中去揭示人存在的多种可能性。注意,是揭示人存在的多种可能性,而不是对人存在的一种再现。

传统理论可能更强调的是再现。传统的小说强调的是再现人的存在,再现人的存在方式;现代小说更关注的是人的存在有多少可能性。换言之,现代小说并不一定是对已有存在方式的复现,而是强调人有可能怎么样存在,人有可能生活出什么样的意义来。从这样的角度去理解现代小说,我们就可以对小说做出不一样的理解。

【反思】

　　看待小说的方式变化了,对小说的理解也会变化,对小说理解的变化导致对作品内容解读的变化。因此,我们可以尝试用现代小说理论的新知识、新视角去理解以往读过的小说。当这样做时会有一些什么样的新的发现呢?又该如何把这些新发现转换成教学内容呢?

_____
_____
_____
_____

比如说对卡夫卡的《变形记》,人变成了大甲虫,我们传统认为,人变成甲虫实际上是拟物化的写作,为什么异化为虫,是这个社会只认金钱、不认人的现状造成的。按照现代小说里面的理解,人有没有可能变成像虫一样的生活?人如果抛弃了理性,如果在这个环境的压迫下泯灭了人性,人不就像虫一样生活吗?人不就变成了动物了吗?所以说,卡夫卡通过《变形记》写人变成了虫,实际上是揭示了人有可能变成这样的一种存在。

有些小说写的是生活当中根本看起来不可能的生活,比如像卡夫卡的长篇小说

《城堡》《审判》。《审判》写一个人莫名其妙收到法院的传票，说他犯了罪，他不知道犯了什么罪，法院判他死刑，他接受了死刑。后来他想既然判了死刑，我肯定是有罪，那么我的罪在哪里呢？他就写这个人拼命地寻找自己到底犯了什么罪。看起来很荒唐，有这样的人吗？被人家判了死罪，不去想判刑是冤枉的，而是想自己肯定有罪，然后去找自己的罪。

但是，著名捷克的小说家昆德拉对这个小说进行了分析，说这其实也是人的一种可能性，不要以为生活当中没有这样的事。他举了一个例子。他的一个朋友的朋友到西方去做一次学术讲座，他照计划按时回到自己的国内。可是他突然发现当地报纸上说他到西方去做讲座，结果叛逃，留在那里不回来了。后来他找到报纸说我明明回来了，怎么登我不回来。报社主编说他也不知道，这不是我们写的，是内政部发的稿子，我们照登的。找内政部，内政部说你是回来了，但收到报告说你叛逃了，是派在国外的机构说你不回来了。那么这要问他们了。那个人千方百计找外交部，外交部再找那个机构，这一套官僚程序很长，找到最后说找不到。既然找不到，他说：你要还我清白，要承认这是错登的，但因为找不到发布这个稿子的源头在哪里，没人给他更正。也就是说他明明回到了国内，但在舆论上、在政策文件上他是一个叛逃者。经过多次交涉，他绝望了，改变不了这个现状，结果他就想既然你们判我犯了这个罪，我也不能辜负这个罪名吧，最后他确实想了办法出去了，不回来了。

你看这就是先判罪，再去找罪行的现实生活中的例子。昆德拉说：你看卡夫卡多伟大，他写出了一种不可能的生活，但也是人可能性的一种。这个作品的深刻就在这里。他举这个例子想说，小说并不一定再现社会，小说是探索存在的可能性。这就是现在我们对小说的一种理解，一种理论。

有人可能会问，经过了一个长久的小说发展历程，看待这个小说的时候要还原到当时的时代观点来解读小说，还是用新鲜的观点来重新给以小说解读呢？

这个问题应该这样理解，你真能到那个时代来读小说吗？不可能，只能按照现代人思维来读这个小说。也就是说每个人只能从"我"这里来读小说，不可能用你的立场来读小说，我能替代你吗？不能。我们都是语文老师，从语文老师的角度去读作品是正常的，因为你不可能不是语文老师，要么你改行。问题在于站在我的角度，站在我的身份，用什么观念读，是用荒唐的观念，还是按照比较健康、比较新的观念去读，这个是有区别的。但也不是说旧的观念都有问题，旧的观念也有它的合理性，但完全用旧的观念去读，就表明这个解读落伍了。什么是落伍？落队就是没有跟上时代的观念，反而纠缠在旧的观念当中摆脱不了,所以**不可能不以现代人立场来读过期作品,只能对过期作品做出现代人的理解和阐释。**

所以在座的各位如果今天去解释语文教材当中的一些作品,这些作品看下来基本上都是传统作品,不是说要回到传统去解释传统作品,还是要站在今天来解释传统作品。只有按照今天的理解去读传统作品,才能够适合我们今天发展的需要。

资源链接

1. 刘恪.现代小说技巧讲堂(增订版)[M].天津:百花文艺出版社,2012.
2. 伊恩·P·瓦特.小说的兴起[M].高原,董红钧,译.广州:花城出版社,1984.
3. 阿摩司·奥兹.故事开始了[M].杨振同,译.南京:译林出版社,2012.
4. 雅各布·卢特(Lothe. J.).小说与电影中的叙事[M].徐强,译.申丹,校.北京:中国人民大学出版社,2011.
5. 西摩·查特曼(Seymour Chatman).故事与话语:小说和电影的叙事结构[M].徐强,译.北京:中国人民大学出版社,2013.
6. 陈平原,夏晓虹.二十世纪中国小说理论资料[M].北京:北京大学出版社,1997.
7. 刘再复.性格组合论[M].北京:中国人民大学出版社,2010.

后续学习活动

任务 1:根据本讲座,填写下列问题。

(1) 中国小说发展的几个阶段是:_____、_____、_____、_____、_____。

(2) 西方人把他们的小说传统追溯到_____,中世纪出现了_____,文艺复兴时期出现了著名的短篇小说集_____,进入_____世纪,西方小说进入高潮期。20 世纪西方小说出现了_____小说。

(3) 传统小说的特征主要表现为三个方面:

第一,_____。

第二,_____。

第三，_____。

（4）第三人称叙事角度有三种类型：_____、_____和复合式叙事。其中,复合式叙事包括_____、_____、_____、_____等类型。

（5）今天如何看待小说？
_____。

任务2：这个讲座中的知识与我们的小说教学密切相关,你发现了吗？你是如何把自己的教学经验与这个讲座中所讲的内容联系起来的？请写下来与其他人分享。

_____

_____

任务3：选择一篇小说课文,分析其小说的特征,并以此为依据设计教学方案。

课文题目	
本小说的特征	
确定的教学内容	
确定的教学目标	
教学的活动设计	

小说解读与教学设计

专家简介

倪文尖,1967年生,博士,华东师范大学副教授,硕士生导师。出版有《欲望的辩证法》《二十世纪中国文学史论》等著作,主编有《新课标语文学本》《国家课程标准高中实验课本(试编本)·语文》等教材。

热身活动

阅读本专题之前,请你先思考下面几个问题。

1. 小说教学在整个语文教学中处于什么样的地位?

2. 平常我是怎么教小说的,主要教些什么内容,通过什么活动落实这些内容?

3. 日常的小说教学中,学生是否有时间充分进行小说阅读?如果有,是怎么做到的;如果没有,为什么会这样?

学生能够充分阅读小说	没有充分阅读小说
是这样做到的：	这是因为：

4. 小说教学的内容与教学设计之间是什么关系？

_____

_____

学习目标

通过本专题的学习，你应该能够：
1. 了解小说教学的常态并对其进行反思。
2. 认识小说教学常态存在的问题及其原因。
3. 初步具备"教读法比教阐释重要"的意识。
4. 理解小说教学内容与教学实现方式之间的关系。

讲座正文

一、小说的地位与小说理论的发展

（一）小说越来越重要

小说越来越重要。一方面，从大处讲，**20 世纪之后，小说成了文学的一个主导性文类**，中外皆然。虽然我们日常接触最多的，包括我们教材里面最多的，还是散文，但是一般人一说起文学，还是多半觉得想象性的虚构的小说才是更加典型的文学类型。

另一方面，课改之后，高考拿小说这个文类作为考核内容也越来越多。**其实考小说要比考散文容易一些**。为什么呢？因为散文考了很多年，小说才考了没几年。所以，出题的难度和考试的范围还不敢太过分。大体上，小说反而是相对容易把握的，基本上还是按照一些小说阅读的基本方法在考核，主要还是人物、细节、环境描写、主题等,还是比较传统。再换句话说,小说的命题也太难了,比散文还要难,因为只有1 500来个字。1 500个字要写一篇好小说太难了,这些年往往是通过节选的方式;又要体现"真善美",又不能太难,所以出题的可能比你们指导考试的更难,他需要考虑的因素非常多。另一方面,课标卷还有个大问题,就是选考,小说和实用类文本是可以选着做的。大家已经形成行规了,绝大多数学生(包括老师指导的时候也都要求)选择传记。传记相对来说容易多了,要把题目出难都不容易。出题人比做题人还难。所以,如果从高考的角度,从分数的角度来讲,这个情况是有些微妙的:看起来考小说比考散文好像要高明,小说也越来越重要。但在当前这个背景下,要对付高考的话,只是为了获取高分的话,关于小说的阅读包括测试并不那么难。以上当然是我个人的看法。

不过我想,在座的都是在中学教学多年、有经验、对教学有追求的人,可能主要会从真正对学生发展有利、真正把自己的课上得有意思、受学生欢迎、让学生有收获这些方面来考虑问题,这样,小说的问题确实还是相当重要。为什么?因为在学生的课外阅读中,很多对语文有兴趣的同学,小说读得还是不少。当然,现在孩子读的小说很多我们都没读过,是"穿越"、"玄幻"之类的。但是,万变不离其宗,我们的教材,包括我们的课堂教学,还只能是相对比较传统的那些。

(二)小说理论成为显学

小说理论应该说是20世纪文学研究的一个显学。因为小说成为主导的文类,尤其是20世纪之后,小说家们在19世纪的那样一种现实主义高峰之后要寻找突破——按照我们的文学史叙述,是走向了现代主义。今天回过头来看,**现代主义小说主要是在小说的写法、技法上有很大的创新和突破**。这样一种创新和突破大大改变了我们对小说基本的理解和想象。

和这个相匹配,**小说研究成为20世纪文学研究的一个显学,特别发达的就是结构主义和叙事学**。叙事学研究在国外是非常有影响的研究类型。某种意义上,我们今天应该认识到,叙述学之所以搞得如此复杂,其中的一个动机就是要为现代主义小说辩护,甚或可以说是为其张本。很多现代主义小说和传统小说太不一样了,它们还是小说吗?作为小说,对人类经验的表达真的有什么拓展和新的价值吗?叙事学为它们找到了很多合法性依据,找到了很多说法。

叙事学非常发达,有很多研究大家,比如大家熟悉的热奈特、托多罗夫、罗兰·巴特等。在中国,叙事学研究也越来越红火。北京大学申丹教授等的相关研究还是比较与国外接轨的,她对国外叙事学的研究进展非常熟悉。一句话,叙事学现在搞得越来越精微,越来越复杂。

【要点评议】

为什么要谈小说理论,谈叙事学?小说理论或叙事学的发展与小说教学之间有着紧密的关系。小说理论或叙事学是对小说创作、小说作品进行研究阐释的学问,它们的理论或知识不仅有助于解释小说创作与小说作品,帮助读者更好地认识小说创作、解读小说作品,而且可以部分地指导小说教学。小说理论或叙事学的一些知识在经过了"转化"之后,甚至应该成为小说教学的内容。小说教学内容变化与革新的一个重要力量来源就是小说理论的发展变化。新的小说理论和小说解读知识可以更新传统的小说解读理论与知识,从而为小说教学提供新的视角、新的方法乃至新的内容。从这个角度讲,语文教师不仅要关注小说作品,也要关注小说理论,自觉地学习小说理论并运用小说理论来解读作品、指导教学。当然,要真正地进入教学,"转化"才是更硬的功夫,仅仅只是生吞活剥地"下放"是不行的。

二、小说教学的常态及其反思

今天,我以《祝福》这个文本为核心来讲。我指导的一个研究生张亚飞,她的硕士论文讨论鲁迅作品和中学语文教学的关联。其中写得最好的是有关《祝福》的部分。这文章是亚飞写的,而我下的指导工夫也比较大,所以对这个文章也比较熟悉。她收集了二三十个课例,做了《祝福》的课例综述。我估计可能还代表着目前中学小说教学的一个基本状况吧。

从表面上来看,《祝福》的教学大致可以分作两类。一种是按照一般的教学常规来教的。具体到《祝福》,大家可能很熟悉了:交代作品的时代背景,概括小说的情节,理清课文的内容,通过肖像、行为描写等方面概括人物形象,然后提炼小说的主题,分析小说的环境描写和小说主题之间的关系,最后总结小说艺术特色。这样一个流程,是最普通,也最实用的。而且,也并不是说进行课改了就一定要否定掉的。但是《祝福》太长了,按照这种方法来教,学生会比较疲惫,老师要带得动也有点难,有点累。

另一些比较有追求的老师,对这些教学内容重新组织,课堂教学上有了些创新,主要的努力是在更好地引导学生主动投入到小说的阅读过程。所以,就出现了第二种课堂形态。教学内容其实是差不多的，但在教学方法上，或者说在课堂形态上，还是作出了一些创新。印象比较深的是，通过让学生给祥林嫂编年谱的方式来梳理小说内容和主要情节，尔后用这个年谱，用故事接力的方式讲述祥林嫂的故事，再讨论祥林嫂是怎么死的，最后回到小说的主题。还有的老师除编年谱外，还让学生代文中的"我"去写日记，或写祥林嫂的死因报告，通过类似这些这方式来组织课堂。还有老师也蛮厉害，发现了祥林嫂几次重大人生遭遇都发生在春天这样一个时间点。所以就以"春天"为突破口，围绕"为什么祥林嫂是一个没有春天的女人"这个问题来设计教学，通过"春天是什么、为什么说祥林嫂没有春天、谁剥夺了祥林嫂的春天……"这样一些教学环节来帮助学生更好地理解课文的内容和思想。

我们很多老师注重在教学方法上、在课堂形态上作出创新，以更好地激发学生的阅读兴趣，让课堂效果更好。但总体来看，这两类课例都还是把《祝福》的主题当作了小说教学的重心，并由此出发来开展教学活动。我不知道五六年前的这个概括在今天是否还有效。而教主题，核心的环节又可以这样来概括。

环节一，让学生完成情节的整理，概括祥林嫂的悲剧人生，然后粗略地谈谈小说的情节特点。环节二，分两步。第一步是分析人物形象。教师一般会提出类似这样的问题：《祝福》中鲁镇人在祝福时，祥林嫂都在做些什么？这个问题意在引导学生注意祥林嫂命运的悲惨和不公。然后还有很重要的，小说三次写到祥林嫂的外貌，都有什么变化？这个我印象特别深，我读中学时，貌似语文最意味深长的知识之一，就叫"画眼睛"。由这个外貌描写，引导学生分析外貌变化，从而挖掘悲剧的根源。在这样一些问题之后，综合讨论祥林嫂怎么样、有过反叛吗、婆家为什么要将她抓回，以及更重要的问题：为什么要捐门坎等。这些讨论的目的是使祥林嫂的形象、性格更加多样丰富一些。由这个入手开始加深对封建礼教和封建思想的认识，从而更好地理解小说主题。**环节二里面的第二步，是概括人物形象的典型性。**祥林嫂这个很清楚，就不说了；鲁四老爷，是封建思想、封建礼教的捍卫者；"我"是一个思想进步、有同情心，当然也很软弱的小知识分子。**环节三，讲这篇小说的两个艺术特点。**一个是环境描写。这个环境描写包括自然和人文的。人文的更重要一些，就是所谓鲁镇人们的看客心理与愚昧无知，突出祥林嫂悲剧背后的社会因素。另一个是小说的倒叙和首尾呼应等。**环节四，也是最重要的一个环节，就是把小说的主题给归纳了：**通过描写祥林嫂的一生，表现作者对被受压迫者的同情、对封建思想礼教的揭露。然后是说，鲁迅的"哀其不幸，怒其不争"等。

在我看来，这样教小说的时候，其实主要在教两个东西，一是某一小说的主题思想，二是某种特定的小说阅读方法。

小说的主题到底是怎么回事，作家是不会告诉你的，作家的话往往也是不足信的。作家喜欢"装神弄鬼"，尤其是成名作家，你很谦恭地问他到底想说什么，他总是神秘兮兮地说"我想说的全部在小说里了"。其实，这也算实情。小说的主题往往是研究者研究出来、阐述出来的。然后，中学语文教学通过一些中介把它接纳了，经过老师给传授了。因此说到底，与其说是在教主题，不如说是在教对主题的某一种阐释。而事实上，任何一种阐释之所以形成，它是有路径的，也是有一些方法的。换句话说，过去的小说教学也不只是教了主题，事实上，在这个显性的课堂基本目标之外，其实也是教了方法的——当然，是某种特定的小说阅读方法。而这个特定的阅读方法背后当然也有一些特定的知识。这个知识，我想诸位比我熟，也可能，现在也都有一些不满足了吧：说来说去就是人物、情节、环境，当然还有主题这个统领性的要素。这样一种小说教学的形态有合理性，包括这样一种读法，在过去面对一篇写实主义小说的时候，也还是相当适用的。

特别关注主题或中心思想也不是没有道理的。为什么？很简单啊，我们读小说，总不会只关心它表面的东西，而总是会在意它究竟想表达什么，为什么如此表达。比如，我们读懂了以写事为主的小说里所讲的一系列故事（何况有些故事看起来是一目了然的），我们一般总不会满足，而会接着想，这个小说讲这个故事，有时还拐弯地讲那样一个故事，到底要干什么？比如，我们看明白了以写人为主的小说所塑造的人物形象，我们也不会停下来，我们也会接着想这个作家大动干戈刻画这样一个人物，他到底是什么样的用心，他到底想干什么？还有的时候，看了一篇非常有名的小说，看了半天看不懂，我们就更恼火了：这个作家不讲规矩，他究竟是何居心，而这个小说还这么有名，这就更不知是怎么回事了。总之，我们阅读一个作品，不仅是小说，只有在一个"更大的框架"里安放进我们的阅读感受，只有在一个好像"更后面的说法"里找到了对所读东西的解释，我们心里才觉得踏实，才能心安理得，才能认定自己完成了一篇作品的阅读。这是我们阅读的基本情形，对不对？

在我看来，在中学语文教学里，这些"更大的框架"、"更后面的说法"，其实就牵涉主题思想的问题了。而且我认为，我们大致已经形成了两种路径。第一种是所谓具体的社会历史的读法和解释：往往根据小说作品涉及的具体历史、社会背景，或者是作家写作品的社会背景，或者是读者阅读这个作品时所处的现实环境，而把阅读重心落在小说故事情节、人物形象等具体内容和大的社会历史的关联性上。这样一套读法,我们称之为具体的社会历史的读法。第二种读法倾向于脱开具体社会历史的束缚,关心更具超越性的意义和价值命题。比如说从小说人物的性格、心理和行为中,或者从一个类型化的情境、一个寓言化的故事之中,读出人类的基本境遇,读出人性的美好和无奈等。这是一种抽象化的读法,和前面的具体化的读法不一样,不过,这也构成了小说的主题:依靠人生、人类、人性,或者爱、美、命运、国民性这样一些关键词,重新组织了一套关于小说的阐释和说法。

近些年来,被认为比较好的课例往往是第二类,仿佛这要比第一类更创新,读作品也更深刻。其实呢,第二种读法也有十几年的历史了,大学中文系最近一二十年主要就在教这种读法,而中学也慢慢地动不动就说人心啊,人性啊,爱啊,美啊。所以,我才有一句话:当小说没有确凿的社会背景可以参照时,要读出这样一种抽象的意思,反而可能比读出具体的意思还容易。是不是?

总而言之,以主题来规划我们的小说阅读有其合理性,然后慢慢形成的两种主导性的概括小说主题的方式,本身也没太大的问题。问题是,又是大家说的应试教育了!的确,越来越严重的应试路子带来了越来越严重的套路化问题。

【要点评议】

小说教学的套路化,不仅与教学方式方法上的套路化有关,更与小说知识有关,特别是与小说知识的贫乏有关。一提到小说,教学时就是人物、情节、环境、主题这样一些知识,每一篇课文都从这些方面去教,翻来覆去就是这些东西,没有多少变化,结果就是教学内容套路化、教学程序套路化、教学方法也套路化了,最终学生学习没有兴趣,也没有多少收获。

走出小说教学套路化的一个重要途径是引进、开发新的小说理论与知识,用新的知识来重新解读文本。用新知识重读文本,往往就能够打开被旧知识所遮蔽的部分,看到新的内容。这只是一个方面,另一个方面要研究文本体式,即每一篇小说在写作方法、呈现方式、艺术风格等方面的独特性,把每一篇小说的独特性揭示出来并教给学生。当然,文本体式的揭示与新的小说理论与小说知识又是关联着的,有了新的小说理论与小说知识才能更好地揭示文本体式。

这个套路化严重了,我们的学生就看不起我们语文老师。 我认为,语文教育的一大危机就是学生看不起老师。这有什么意思呢?什么小说都是或者批判社会的状况,或者讽刺人性的弱点,或者赞美自然和人生,或者表现人类的普遍境遇。假如小说教学一直就像一个简单的排列组合,就会让学生觉得没什么好学的,就会让学生看不起老师。这点很不好,后果很严重。

【反思】
套路化的小说教学有哪些危害呢?
_____
_____
_____

我刚刚讲,小说的主题不是小说里面有的,是研究者阐释出来的;而这些研究又是根据不同的阐释系统阐述出来的。语文教学中**最大的两套阐述系统,一套是具体的读法,还有一套是抽象的读法**。总结小说的主题思想,本来是小说读完了之后"讨说法",现在却变成"套说法"了。然后,更变本加厉的是,也不"套说法"了,变成"套答案"了,是不是?如果阅读小说变成了完成任务,"套说法"只是为了"套分数",长此以往,那么我们的学生会变成两种人。一种真正通过课外学习,喜欢文学的,他看不起语文课,看不起语文老师。另外一种就是语文不怎么好的,他越来越对语文没有兴趣。

【观察者点评
套路化的危害!】

更严重的是,那个套来套去的阐述系统又刻板机械,缺乏弹性。这样,小说也不用读了,文学也没有文学的意义了。因此在几年前的文章里面,我说了这样一句话:"假如文学和小说所表达的一切都是其他东西所能够表达的,那么小说的价值在哪里?文学之为文学的唯一性在哪里?我们为什么还要教小说,还要读文学?"

"套路化"背后的更大问题,我称之为"短路化"。短路化就是尽可能地压缩掉学生自己去读小说的时间和过程。比较起来,"套说法"毕竟还是有读小说在先,毕竟多少还有一个过程,可是,一旦短路就啥意思也没有了!因为稍有一点阅读经验的人都知道,阅读这事很简单,就是你要一个字、一个字读下去,你要读一遍。你不读是不行的,对不对?读的过程中,肯定会有一些感受和经验的,甚至哪怕是没读懂,都要比不读强。

所以,我们现在的语文教学,就是要读小说,而不是读主题。我们所要的是读,是读的过程,是阅读过程中的喜怒哀乐、酸甜苦辣,是充分的体会、感受和移情。所以今天讲到这儿,我最重要的一句话就是"千万不能短路化"!不能短路化,就是说你的语文课堂、语文教学,一定要让学生真正有自己去面对文学作品,面对小说的阅读过程。就像一个小品里所说:"这是必须的!"

如果我要说一点方法,那么,小说的教学,第一要加强预习。这个预习甚至也可以是在课堂上完成的。哪怕教学时间有限,哪怕比如《祝福》也就两节课,我认为给学生读大半堂课都是值得的,哪怕你要讲的东西后面讲快一点,甚至最终完不成,都是值得的。为什么?因为在我看来,如果只是要对付考试,其实不是多么难的事,尤其是好的学校、好的学生。这句话我可能要加后半句,因为这句话我经常说,说得普通学校的老师就来跟我诉苦,老师你知道吧,我已经教高中了,可我的学生错别字连篇,我这也要教他吧?我这也要花时间吧?你说没问题,考试没问题,考试都能把我"搞死"。我只能说我说错了,我错了。但是,即使我越来越知道在座的情况可能各不一样,我还是想强调,学生自己读是最重要的,预习也是重要的。什么是预习?就是让学生读小说啊。什么叫读小说?就是让学生把他自己摆进去读啊。读不懂不要紧,但最好是要求他写旁批。哪怕把读不懂的东西写下来也是有用的。还有,预习还要检查,为的就是确保学生有真正的阅读。这个问题一点都不学术,也没有什么高明的,但又恰恰可能是我们现在很多时候非常缺乏的。我喜欢说,最简单的东西往往可能是最做不到的。

根据张亚飞的研究综述讲到这儿,我其实插入了一些重要的看法,就是读主题是自然的,有道理的,但千万不能短路化;要加强预习,让学生真正把自己摆进去读,读不懂也要读下来,做预习,做旁批。

【要点提炼】读小说就是让学生把自己置身于小说里。

【要点评议】
  小说文本一般比较长,往往需要比较长的阅读时间,而教师为了节约课堂时间,让学生花在阅读上的时间往往不多。这就出现了短路化的小说教学。小说教学的短路化,与教学的急功近利有关,更与缺乏对小说阅读和小说教学的深刻认识有关。

小说阅读,首先必须要读,而且是自己读,不是由他人带领着读。小说教学必须建立在学生阅读的基础上,最好建立在学生深入阅读的基础上。学生深入阅读有了自己的认知与体验,教师再进行引导,才能使学生有真正的收获与提升。

小说教学,不仅仅是为了让学生在考试中获得高分,更要让学生通过小说的阅读喜欢小说,学会小说的阅读方法,进而丰富和提升自己。短路化的小说教学截流了学生的阅读时间,缩减了学生的阅读过程,阉割了学生的阅读体验,结果就把教学建立在不牢固的甚至错误的基础上,有的教学甚至成为了不经学生阅读,教师就大肆讲解的"空中楼阁"。

防止小说教学短路化的措施,是让学生回归小说的自主阅读,给予学生充分的阅读时间。预习是让学生进行阅读的一个重要方式,教师可以给予学生必要的预习指导。在课堂上拿出较为充分的时间让学生阅读,也是一种教学的措施。设计适当的活动,让学生进入小说的情境,是可以把阅读与教学结合起来的措施。防止小说教学短路化的核心,其实是让学生真正进行小说阅读,让学生进入小说所创设的情境中去,有自己的阅读体验与认知。不论采取何种措施,只要让学生真正进入小说世界,充分感受、体验、认识小说世界,就可以避免小说教学的短路化。

三、小说教学的新动向

近年来小说教学又有些新变化,一些有追求的老师越来越喜欢"下放"最新的研究成果。请注意我用的这个词,过去是知青"下放",现在是太多地"下放"最新学术研究。比如说《祝福》,大家都知道,小说里有个非常重要的场景或者说环节,就是"我"和祥林嫂见面,祥林嫂问人死后有没有灵魂。这一段是20世纪八九十年代的鲁迅研究尤其《祝福》研究最看重的段落,也由此出现了许多得意的笔墨,有很多高级的结论。

"我"这个启蒙知识分子面对祥林嫂这样的被启蒙者,应该怎么样?应该站在比被启蒙者高的位置上吧,结果呢,"我"这个启蒙者对灵魂之有无这样的问题,就没有好好想过,被祥林嫂一问就问得支支吾吾,就吓得跑了。这是钱理群等老师在20世纪八九十年代之交知识分子比较"灰溜溜"时的一个读法和阐释。当然,我有点把这阐释简化了。而换了一个时间,换了一种上下文,又有不同的阐释了,就是:做知识分子很难,说还是不说?这是20世纪中国知识分子的一大困境。这意思,其实也不复杂,不过得联系鲁迅的另外一篇小说《伤逝》。《伤逝》有个副标题"涓生的手记",小说的后半部分,涓生反反复复说一个事儿——我应不应该告诉子君已经不爱了的真相,我说还是不说?而《祝福》这儿,这个"我"也面临一个悖论:说有地狱,祥林嫂不行;说没有地狱,祥林嫂还是不行,怎么说都不行。所以,这就是20世纪中国知识分子的困境啊!对,你也可以发现这两个阐释是有交叉的。

我看到,有些中学老师很优秀,他发现了这样的新阐释,而且觉得很高明,他就把这些知识"下放"到中学的课堂,给中学生讲。好心是好心,而且貌似学生也可以变得很深刻,什么20世纪中国知识分子的苦难,等等。但是学生他能真正理解吗?我看是不行的。所以,过快地把学术界深刻或貌似深刻的阐释作为主题的一种新说法下放到中学,这是现在有追求的老师很容易犯的毛病。

还有一种情况,是"下放"小说的新知识。比如叙述者,比如全知全能、零度叙述等很多概念,一点也没做什么转化就灌给了学生,这我也很不赞成。是的,我自己给华东师范大学出版社编《现代小说阅读》的时候,下功夫最大的也是有关"叙述与虚构"的部分,因为在我看来,这是小说的本质特征。但我又要说,如果我们的小说教学变成了一读小说,就让学生去找它的叙述者,它是有限叙事还是全知全能叙事,这比一读小说就让学生读人物、读情节可能要更糟糕。过去,一读小说就读人物、读情节,对不对?现在,我又看到了一些不好的苗头,就是一读小说就去问这是全知全能还是有限叙事。让初中生去找这个,是要比读人物和情节糟糕多了的。为什么?道理不复杂呀,坦率讲,如果教小说就只要教会学生找这个,那班上再差的学生,教他三遍肯定也会了的,因为事实上,知晓小说是叙述与虚构的创造物,在说法上面并不太困难,死板地记住小说是叙述与虚构的,也没什么用处。真正需要做的,也真正有难度的,是使"叙述与虚构"成为学生读小说时能无意识拥有,从而灵活掌控的意识与视野。我特别强调"意识

【要点提炼】小说的本质特征是叙述与虚构。

与视野"，是因为意识与视野（如果换成你们熟悉的语言，也叫默会知识、程序性知识），可能恰恰是最重要的知识。这样的知识有没有可能在小说的教学，比如说《祝福》这篇课文里教出来呢？下面，我想介绍我参与编的教材，介绍一下有关《祝福》的教材编撰。我给自己定的目标是，一方面把《祝福》的主题讲给学生，但坦率说，我不认为有多少学生真能理解刚才转述的那些复杂思考；所以**我更重要的目标是，通过《祝福》来说明小说是叙述和虚构的艺术。**本来我不想多作概念阐释的，但既然有老师问了，我还是先说一下吧。

（一）小说是虚构和叙述

1. 虚构

先说虚构，**虚构其实很简单，就是说小说是假的。**哪怕写得再活灵活现，真实得太真实了，它还是假的。换个学术点的说法就是，**所谓"真实性"都是似真性、假定性，**小说是作家用语言为工具制造出来的一种幻觉。就像我们到电影院看电影，会看得眼泪鼻涕一大把的，但出了电影院我们会发现自己有点傻，就是这样。**小说是假的，因而有一个词叫"第二真实"。**虚构，要怎么来讲才最有意思呢？那就打个比方说吧：世界上本来并没有孔乙己，没有咸亨酒店，而只是因为鲁迅写了《孔乙己》，才有了咸亨酒店。不过呢，你问现在的孩子，世界上有没有咸亨酒店？他肯定说有啊，在哪儿哪儿，是不是？是不是有点意思？所以，虚构虽然是假的，但虚构所能发挥的作用却是无比真实的。

2. 叙述

叙述，就是我们讲故事的那个"讲"字，只不过是换了一个书面语的表达。我们知道小说源于故事，而故事总是讲出来的。所以一篇小说，可以没有奇绝的想象，可以没有夸张的人物，甚至可以没有复杂的情节，然而绝不可能没有叙述。我们把小说里的所有其他元素全部剔除掉了，剥离掉了，剩下来的剔除不了的东西就是叙述。

> 【要点提炼】小说绝不可能没有叙述。

以《孔乙己》为例讲一下就很清楚了。我们读过《孔乙己》之后，都会在自己脑海里还原出一个孔乙己的形象，想象出有关孔乙己的故事。假使你要向别人转述，在座有多少个老师，可能就会有多少个版本，从何处讲起、详略的安排、介绍人物的方式、对人物的评价等等，都会不一样。转述的时候我们所充当的角色，用一个理论术语就是"叙述者"。而下面一句话很重要：**叙述者不同，叙述出来的小说样貌就不一样，而之所**

以不一样,是因为每个人的角度、立场、情感、态度各不相同,每个人所熟悉偏好的叙述方式也不一样。

小说家鲁迅写《孔乙己》,也是他脑子里先有一个孔乙己的形象和故事,然后讲给你听,当然不是用口讲而是用笔写。因此,鲁迅在写《孔乙己》的时候,也必然要创造一个叙述者。**而在叙述学看来,叙述者不等同于作者,叙述者的立场和态度更不等同于作者的立场和态度。** 那么,为什么会有这一套说法呢?其实也很简单,是因为现在的小说尤其是现代主义小说,有一个概念叫"作者已死",强调文本中心。什么意思?就是一个作家写完一个作品,他关于这个作品所做的一切已经做完了。文学的生命就在这个文本里面,最终是在读者的阅读里面,所以要说"作者已死"。那作者在小说中怎么存在呢?渠道之一就是通过叙述者,借用佛家的话来说,这个叙述者就好比是作者的"分身"。

【观察者点评】想一想,同一个故事有不同讲法的例子。

要讲明白叙述者和作者的不同,还可以用打恶作剧电话来说明。你的朋友伪装成陌生人打你电话,你听到的声音就是"叙述者"的声音,而你那朋友才是"作者",可他并没有在恶作剧通话中现身,就是这么简单。对了,所谓某种理论,就意味着它是对某种东西的阐释,而所谓阐释,就意味着它不是最后的真理,它只是一种说法。

(二)《祝福》的教学设计

说完了"叙述"和"虚构",下面进入我编的这个教材。《祝福》是我们小说单元的第二课。第一课是艾芜的《山峡中》。为什么会把《山峡中》编为第一课?大家都知道,艾芜和沙汀给鲁迅先生写过一封信,后来鲁迅的回信里有著名的八个字:"选材要严,开掘要深"。这就恰可以和叙述问题连起来了,"选材"和"开掘"不仅通俗易懂,而且换个角度来看,也就牵涉叙述和虚构问题。

首先你会看到我们有一个"准备和预习"。刚刚我为什么说一定要让学生读课文,要让学生预习,就来自我们编教材时的一个想法。这个预习是我们教材处理的第一个重要环节,是教材编撰的组成部分。事实上,编教材不是选篇课文加点注释,再加一点课后练习那么简单的。

1. 准备和预习

我们提出了三个问题。

第一是让学生写一个《祝福》的内容提要。 学生会发现这个内容提要不大好写,而这恰恰是我们要教内容的一个铺垫。越是认真的学生,越发现这个作业看起来容易,但真要写却很难。其实,学生甚至最终可能写不出来,而这并不要紧,如果我当老师我还要表扬他。因为这个预习最想要的就是学生的体验和感受,所以,有时候学生作业做不出来,是因为他特别认真。

第二,请回忆或重读《故乡》、《孔乙己》等小说作品:鲁迅塑造的哪个或哪类人物给你印象最深? 这也是我们课堂的一个铺垫。你很快就会知道,我们在教学里面试图引导学生关注《祝福》,是《祝福》,《祝福》不是"祥林嫂"。夏衍改编《祝福》为电影的时候,题目才叫《祥林嫂》。这叙述和虚构的理念,在这儿已经暗暗地有了。

第三个是从整个单元来考虑的,是承前,据第一课内容来的:《祝福》在哪些方面体现了鲁迅的选材与开掘,选择你认为"严"和"深"的内容,尽量从更多角度记录自己的阅读心得。 这就是我说的写旁批。而这也让你可以检查。我再重复一遍:预习是很重要的,文学作品教学的第一个环节往往没有做好,往往没有让学生好好自己读一遍。

2. 关注祥林嫂,体察小说故事的选材与开掘

这是我们的第二大部分。**这个教材里很多地方我们追求双重转化,也就是一方面转化学者最新的研究成果,另一方面转化一线教师优秀的教学成果。**"转化"和"下放"是对应的。我反对"下放",但我强调"转化",而转化还应该是两方面的。像"填写表格,比较祥林嫂人生不同阶段在形象与精神上的变化",这就是一线教师的发明,被我"拿来主义"了,却又做了个很重要的转化:在我们这里,这个事是学生一定要做的,但这个表最后填得怎么样,尤其语言合不合适,这些都不重要,因为,我们看重的是填表这个过程,是这个过程里学生的体悟,而这接下来会发挥作用。

再往下就是"画眼睛"。大家都讲画眼睛,我们这个教材一点不讲画眼睛,就太像天外来客了,那就画画眼睛吧:"**画出、圈出并朗读小说中刻画祥林嫂外貌,特别是眼睛及行为动作的文字。**"这是传统的一个流程。"**在这诸多变化之后,祥林嫂经历了怎么样的磨难?**"下面一句话很重要,请注意是一种我称之为"虚情假意"的问法:"**小说里是否有很具体的描写?**"这个答案是很清楚的,当然没有很具体的描写。我要说的是,学生在填这个表的时候会发现,他阅读的姿态是一个信息阅读的姿态,他是奔着搜寻信息去读课文的,而这和他原先自己读小说时的阅读姿态是不一样的,对此他是有感觉的。

我再说一遍,填表的成果不重要,而在做这事过程中的感受非常重要,是你课堂接下来要用的教学资源。是啊,我们是要教叙述和虚构的意识和视野这样特别重要的教学内容,但你发现,我们不是这么教的:"同学们,什么叫虚构?虚构……是假的……"

这样教是没有用的。我们是用来自学生的经验和感受,是通过让学生做事来教的。

下面第二个,"追索并在查找文中证据的过程中体味开掘。"这个也是传统地围绕祥林嫂是怎么死的这个问题来展开讨论。

第三个环节,"在你看来,造成祥林嫂悲剧的还有哪些人,哪些因素?关键的原因是什么?"这是第一个版块。

3. 发现"我"的故事,进一步感受小说的开掘之功

这是第三个版块。第一个问题,你是怎么注意到小说中"我"这个形象的?不同的同学应该回答不一样,是在不同的时间点,从不同的方面发现的。当然这问题是和前面一课相联系的,这个"我"与《山峡中》的"我"之间有什么异同?第二个问题,结合你所了解的《故乡》的内容,努力想象"我"为什么回乡,这次回乡之后,"我"有什么样的心理变化。这个问题有点难,但是学生还是可以说一说的,因为小说中有关"我"的部分总有涉及。第三个问题,"你如何理解小说中所说的'我'也是一个谬种?""谬种"来自哪里?来自鲁四老爷的一句话,对不对?小说里有这句话,而我们提这问题是什么意思?往深里说就是,"我"这个知识分子也是祥林嫂之死很重要的责任人。"我"和《故乡》的关系非常微妙和复杂,"我"也是一个谬种。第四个问题,"小说为什么题为《祝福》?假如改做《祥林嫂的故事》,会对主题思想产生什么影响?"这个问题有点难,但从教材试教的反馈来看,效果也还可以。

4. 聚焦叙述与虚构

第四个环节是聚焦叙述与虚构。我们教材的特点是所谓"最后包一包",也就是每课都有一个"回顾与反思"环节,让学生回顾并反思自己的阅读活动。"以下列问题或提示为中心分小组讨论",事实上是要教学生,但是怎么教?我只好把我的结论以提问的方式让学生去感悟,然后让他们自己去讨论。

我说了三段话。第一段话:"读完小说,我们真好像看到了祥林嫂的一生,而事实上小说直接写的,只是我回乡的短短四天。"小说和故事一样吗?不一样,太不一样了。"你还有什么感触或发现?"这个问题也是虚晃一枪。我相信所有的学生都是多多少少有感受的,没感受的在小组讨论后,肯定也有点感受了,随便说呗。而关键要教的还有小说的虚构,这是故事和小说的差别。

有了这个,进入第二个:读小说不能只是简单地"读人物"、"读故事"。"可我们也常陷入这种尴尬:读的时候,最有感触的未必是人物和故事情节,而真要表达自己的阅读感受时,却除了'人物'、'故事'和'主题'以外,又不知该从何说起。"还有第三段话:

"读这篇《祝福》,'我'的境遇和困窘其实早已令人关注,特别是小说开头部分'我'与祥林嫂相遇时的那段对话,更一直让人惴惴不安、莫名所以。"

这些其实都不是提问,也未必有什么问题需要学生回答,但通过类似"交心"的话语,通过学生自己的体悟和相互的讨论,其实是可以提升本课的学习经验的:"要力求完整地阅读小说,因为好的小说总是一个整体。而关注小说的叙述者很有必要,因为叙述者的创造与叙述视角的选择往往会影响到小说全局。《祝福》以'我'为叙述者将'祥林嫂的故事'和'我的故事'交织在一起的叙事结构,是这部小说叙述与虚构的关键所在,也因此实现了小说形式与主题内容的高度统一。"

最后说一个结论,在我看来,我们这个教材的基本理念里面有一个非常核心的:教读法比教阐释重要得多。就像前面所说,有关祝福主题的新阐释学生未必能有多少真正深入的理解,但这不要紧,先讲给学生听了,可以让他以后慢慢消化;更重要的是,这些有意思的阐释可以作为"诱饵"激发学生思考:为什么能有这样的解读?靠的是怎样的小说阅读知识?凭什么有不一样的小说读法?从而达成启发式教学的目的,帮助学生建构新的读法也即是新的阅读图式。比如说,教《祝福》最终要建构的是什么?就是"小说是叙述和虚构的"这样一种观念,这样一种意识,这样一种读法。

【要点评议】

小说教学固然可以带给学生很多东西,如对小说世界的体验、由小说引发的对人生世事的思考等,但小说教学关键的是使学生学会如何阅读小说。因此,使学生学会如何阅读小说即小说的读法,才是小说教学的关键。

从教学内容的价值上看,教读法比教阐释更有价值。作为结论的阐释,即他人对小说作品的解读,可以仁者见仁,智者见智,可以"一千个读者有一千个哈姆雷特",有较强的差异性,而且迁移性差。读法虽然也有多种,但总是有一定之规,而且具有很强的迁移性,学会之后可以用于其他小说作品的阅读。教阐释是在教一种知识,是"授之以鱼",而读法则更是在培养学生的阅读能力,是"授之以渔",对学生的发展具有长远的影响。因此,"教读法比教阐释重要得多"的说法是很有见地的。

资源链接

1. 申丹,王丽亚.西方叙事学:经典与后经典[M].北京:北京大学出版社,2010.

2. 申丹,韩加明,王丽亚.英美小说叙事理论研究[M].北京:北京大学出版社,2005.

3. 卢卡奇.小说理论[M].燕宏远,李怀涛,译.北京:商务印书馆,2012.

4. 谭君强.叙事学导论:从经典叙事学到后经典叙事学[M].北京:高等教育出版社,2008.

5. 杰拉德·普林斯.叙述学词典(修订版)[M].上海:上海译文出版社,2011.

后续学习活动

任务1:请说出你从这个讲座中获得的5个关键词。注意,这5个关键词应该是理解这个讲座的钥匙。

关键词1:＿＿＿＿＿＿＿＿＿＿

关键词2:＿＿＿＿＿＿＿＿＿＿

关键词3:＿＿＿＿＿＿＿＿＿＿

关键词4:＿＿＿＿＿＿＿＿＿＿

关键词5:＿＿＿＿＿＿＿＿＿＿

任务2:读过这个讲座,请说出给你印象深刻的、关键性的10句话。比如,"要读小说,而不是读主题"之类。

关键句1:要读小说,而不是读主题＿＿＿＿＿＿＿＿＿＿

关键句2:＿＿＿＿＿＿＿＿＿＿＿＿＿＿＿＿＿＿＿＿

关键句3:＿＿＿＿＿＿＿＿＿＿＿＿＿＿＿＿＿＿＿＿

关键句4:＿＿＿＿＿＿＿＿＿＿＿＿＿＿＿＿＿＿＿＿

关键句5:＿＿＿＿＿＿＿＿＿＿＿＿＿＿＿＿＿＿＿＿

关键句6:＿＿＿＿＿＿＿＿＿＿＿＿＿＿＿＿＿＿＿＿

关键句7:＿＿＿＿＿＿＿＿＿＿＿＿＿＿＿＿＿＿＿＿

关键句8:＿＿＿＿＿＿＿＿＿＿＿＿＿＿＿＿＿＿＿＿

关键句9：_____

关键句10：_____

任务3：请用300字左右的文字，概述这个讲座的主要内容。

讲座内容概述：
_____
_____
_____

任务4：倪老师在讲座中谈到小说教学的套路化和短路化，对此你怎么看？你认为如何避免小学教学中的套路化与短路化？

项目	主要表现	产生危害	改进对策
小说教学套路化			
小说教学短路化			

任务5：请从郑桂华、王荣生主编的《语文教育研究大系(1978—2005)·中学教学卷》(上海教育出版社，2007年3月版)中找出徐振维老师的《祝福》教学实录及倪文尖老师对此的评论，看一下与本讲座中所讲述内容的关系。

任务6：从期刊或网络上查找三篇以上《祝福》的教学设计或教学实录，例如，何杰的《〈祝福〉教学设计》(《语文建设》2009年第9期)，万福成的《祥林嫂没有春天——〈祝福〉教学设计》(《语文建设》2012年第2期)等，与倪文尖老师的《祝福》教学设计作一比较，看一下《祝福》作为小说教学在内容上有什么区别，并分析哪一种更合适。

项目	教学设计1	教学设计2	教学设计3	倪老师的设计
教学内容				
共同点				

主题学习工作坊

任务7:学习小说理论与知识后,以《祝福》为例,寻找新的教学内容和突破口,重新进行教学设计。

任务8:阅读一些叙事学方面的书籍,思考叙事学对小说阅读与小说教学有什么影响?如何才能更好地把叙事学的相关理论与知识运用于小说教学?

叙事学	对小说阅读的影响	
	对小说教学的影响	
	如何运用于小说教学	

小说教学教什么

专家简介

李冲锋，华东师范大学教育学博士，上海师范大学教育学院博士后，中国浦东干部学院副教授，赣南师范学院兼职硕士生导师。著作有《语文教学范式研究》《语文学科知识与教学能力》《教师教学科研指南》《教育的细节与大节》等。

热身活动

阅读本专题之前，请你先思考下面几个问题。

1. 你在小说教学中主要的教学内容是什么？（限选三项）

   A．小说情节　　　　　B．小说人物　　　　　C．小说环境
   D．小说主题　　　　　E．写作手法　　　　　F．解读方式

2. 我们为什么要向学生教小说？其中，最重要的是哪一项？

   A．帮助学生理解小说主题　　　B．帮助学生理解小说人物
   C．帮助学生学习小说阅读方法　　D．帮助学生丰富人生体验
   E．其他＿＿＿＿＿＿＿＿＿＿＿

3. 如何才能帮助学生进入小说所描绘的世界？

   ＿＿

学习目标

通过本专题的学习,你应该能够:
1. 明确解读方式是小说教学的重要内容。
2. 理解小说教学内容确定的依据。
3. 掌握小说教学内容确定的方法,能够根据具体小说确定教学内容。

讲座正文

一、问题的提出

传统的小说教学,一般是围绕梳理故事情节、分析人物形象、揭示小说主题等内容展开的,往往是告诉学生这篇小说塑造了什么样的人物形象,表达了怎样的主题。例如,学习《祝福》后,学生知道了祥林嫂是被封建礼教迫害致死的旧式中国妇女形象,是一个被冷漠的社会和封建愚昧思想推向死亡的悲剧人物;通过祥林嫂的悲剧,作品深刻地揭示了地主阶级、封建礼教对劳动妇女的摧残和迫害,从而揭示了旧中国劳动妇女悲惨命运的社会根源,表达了对封建礼教的批判。学习《项链》后,学生知道了玛蒂尔德是一个不自量力追求享受、爱慕虚荣的小资产阶级女性的典型形象,作品讽刺了小资产阶级的虚荣心和追求享乐的思想。在教给学生这些时,教学内容的落点落在了"故事情节"、"人物形象"、"环境描写"、"小说主题"上,即落点落在了作品所表达的内容上。小说教学最后是要教给学生这样一些东西吗?

【反思】
小说教学不教这些内容,还能教什么呢?

故事情节、人物形象、小说主题等,对小说教学来说是应该有的,但是最后还不应该教到这个地方。如果作为一般的日常阅读,这是无可厚非的,但作为小说教学的阅读,把落点落在这些内容上似乎就有些问题了。小说教学的最终的落点,不应该落在一个一个的人物形象上,一个一个的主题上,这些只是学生小说学习的例子。小说教学要通过一个个例子的剖析,让学生学会怎么进入小说所呈现的世界里面去。

【要点提炼】小说教学要帮助学生进入小说世界。

小说阅读的现状是学生很难进入小说世界,尤其是优秀的小说作品或有难度的小说作品。小说教学的关键是让学生"进入"作者所描绘的小说世界,而不是考察学生小说阅读的"产出"。学生不能很好地"进入"小说世界,很大程度上是"解读方式"的问题。正确适当的解读方式是解决学生小说阅读障碍和提升学生小说欣赏能力的关键,因此教给学生解读方式应该成为小说教学的主要内容。

【要点提炼】解读方式是小说教学的主要内容。

二、为什么是教解读方式

小说的内容即小说所描写或反映的内容,对小说教学来说也是需要的,我们需要用它来拓展学生的视野、丰富学生的情感和人生体悟,甚至对学生进行思想品德的教育等。这只是小说教学的内容之一,而不能成为全部。小说教学的重点应该在学生对小说解读方式的把握上。为什么把小说教学的内容确定到教解读方式呢?

【反思】
把解读方式确定为小说教学的重点合适吗?为什么?
_____
_____
_____

解读方式是小说阅读的基础和关键。学生不掌握一定的解读方式就无法更好地进入文本、读懂文本、深切地把握文本。从解读方式在小说阅读中的重要性的角度看,小说教学要把教解读方式作为重要内容。

主题学习工作坊

从学生发展的角度看,教解读方式是学生发展的需要。为什么叫"解读方式"而不叫"阅读方式"? 小说教学中的阅读和一般的阅读是不一样的。一般的阅读可以随便去看,看到什么程度是什么程度。小说教学中的阅读则是一种学习性阅读。学习性阅读需要给予学生以提升。比如,对作品中的视角,在没有学习之前,学生是没有意识的,经过教师的引导后,学生可能会形成阅读小说时通过视角去解读或欣赏作品的习惯。例如,学习《孔乙己》时,学生不容易注意作品是通过咸亨酒店小伙计的视角讲述故事的,教师对此可做引导,让学生体会鲁迅为什么要运用这一视角讲故事,从这一视角讲故事的作用是什么。有人说,没有了小伙计的《孔乙己》就不是完整的《孔乙己》,《孔乙己》的教学中,不教小伙计的视角是有问题的。我同意这样的说法。再比如《林黛玉进贾府》中,通过林黛玉的眼睛看贾府,通过贾宝玉的视角看林黛玉等,都是视角问题。学生经过了学习之后,就会具有视角意识,就会认识到视角在小说中的作用。学生再去解读或欣赏其他小说时,就知道可以运用视角去阅读或解读作品,就能够自觉地运用视角意识了。小说教学中的阅读,既有一般阅读随意性的一面,又有需要经过努力才能习得的一面。这需要努力习得的一面就是怎么进行"解读"。当需要"解读"时,一定是在阅读过程中碰到了困难需要解决,甚至需要帮助才能看懂,不然自己可能无法看懂。小说教学恰恰是应该在学生看不懂但教师可以帮助他看懂的地方用力。

【观察者点评】
你同意这样的说法吗? 为什么?

【要点评议】
　　小说教学的着力点是什么?

　　与其他文体的教学一样,小说教学的着力点从内容的角度来看,是学生不懂、不会、不能、知浅的地方;从方法的角度来看,是教给学生从不懂到懂、从不会到会、从不能到能、从知浅到知深的方法。

　　这就首先需要确定什么是学生已知、已会、已能的地方,什么是不懂、不会、不能、知浅的地方。小说教学中,人物形象、故事情节、环境描写等学生能够懂的地方,就不要再教了,重点在突破学生的不懂、不会、不能之处。

> 学生从不懂到懂、从不会到会、从不能到能、从知浅到知深,可以是由教师直接告之,也可以是教师教其方法让其自得之。前者的结果往往是,学生只知"此点",而不知"彼处",只知"此篇"而不识"此类";后者的教学往往可以达到"以篇达类"的效果,在掌握了小说文本的解读方法之后,再阅读其他小说时可以运用所学方法进入小说所描绘的世界。因此,小说教学的着力点,应该在教给学生小说解读的方式,以帮助学生突破小说阅读的障碍,更好地阅读小说。

教给学生解读方式符合基础教育阶段打基础的要求。基础教育阶段的小说教学,是为学生今后的学习、今后的小说阅读打基础的,学生学会了解读小说的方式,就掌握了小说解读的工具,就可以举一反三地运用它去解读同类或非同类的小说,相似的甚至陌生的小说。文本解读的能力是能够迁移的,对学生的学习具有长远的价值与意义。

让学生通过阅读去体会丰富的人生、广阔的世界,这应该是小说阅读的功能或目的之所在。这样的目的可以在小说教学中部分地实现,但更多地要靠学生在课外、在今后的人生路途中慢慢去实现。为了更好地更长远地实现这样的目的,小说教学应该教给学生小说的解读方式。

三、理解的框架

小说教学的过程就是教师引导学生通过适当的解读方式进入文本、读懂文本的过程。为说明问题,我们构建了下图以便于分析与理解。

文本世界由表达方式、表达对象、表达意图三个方面构成。一个文本里,作者会通过语词、句式、语气、结构、修辞、视角、细节、手法等去讲这事,我们把这些统称为表达方式。作者所直接描写、刻画的内容:人物、故事情节、环境,统称为表达对象。作者通过表达方式和表达对象所要表达的意图或主题,统称为表达意图。

学生在学习时,比较容易看到的是故事情节、人物、环境等显性的内容,比较不容易看到的是作者意图、作品主题,也比较不容易看到作者表达方式在小说叙述过程中的作用。小说教学是否应该教学生不容易看到或看不到的东西呢?如果回答是,那么只答对了一半。教学一方面要教给学生没有看到的东西,另一方面要教给学生是怎么

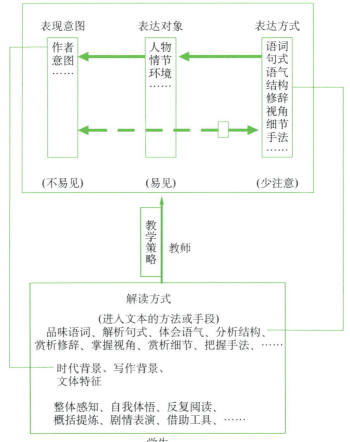

知道的,而这就是解读方式。

　　解读方式可分为三个层面。一是与表达方式直接相关的解读方式,比如品味语词、解析句式、体会语气、分析结构、赏析修辞、掌握视角、赏析细节、把握手法等。二是作品的表达方式之外但却与作品本身相关的解读方式,比如,通过写作背景、时代背景来进入文本,通过把握文体特征来进入文本等。三是完全外部于作品的解读方式,比如整体感知、自我体悟、反复阅读、概括提炼、剧情表演、借助工具等,也是进入文本的方式。这些方式同从作者的表达方式的角度去解读不一样,同与作品相关的角度解读也不一样,却也是应该

【观察者点评】
这三类解读方式,你理解了吗?你认同吗?

教给学生的。

在三类解读方式中,重点是第一类,即与表达方式相关的解读方式。这些解读方式是怎么来的呢?显然来源于作品的表达方式。正是因为作者通过语词、句式、语气、结构、修辞、视角、细节、手法等方式去建构故事,所以我们需要借助于这些方式去解读故事。

作者建构故事的过程是通过各种方式和手法把主题或意图层层包装、圈圈环绕的过程;读者解读故事就是循着作者包装的方式和手法把故事层层剥开,圈圈解套的过程。

小说阅读教学不是教学生怎么写小说,而是教学生怎么读懂小说。读懂一篇小说需要借助作者写作的表达方式。我们需要对作者的表达方式进行了解和品味,只有这样才能更好地进入作品,达到对作品的理解和把握。因此,学生应该掌握品味语词的方式、解析句式的方式、体会语气的方式等等。这些老师要教给学生,学生要有一个掌握,这才应该是教学落点。这些内容不会在一篇课文中同时教,而要根据不同的小说的特点,分散开来教。

怎么教给学生小说的解读方式属于教师的教学策略(含有教学方法)的问题,此处不多谈。这就需要注意区别"教的方法"与"解读方式"不是一回事。小说教学的过程就是教师运用一定的"教的方法"教会学生小说文本"解读方式"的过程。小说教学的内容就是教给学生小说解读的方式。换言之,小说文本解读的方式,就是小说教学的内容,在这里方式(含方法)即内容。

【要点评议】

区别"解读方式"与"教的方法":

解读方式是读者借以进入小说世界的手段、途径。它是连接读者与文本世界的中介与桥梁。读者藉由它进入小说世界。解读方式属于文本解读的范畴。

教的方法则是教师指导学生阅读小说的手段、途径。它是连接教师教与学生学的中介与桥梁。教师藉由它来指导学生学习小说的阅读。教的方法属于教学论的范围。

一种解读方式可以用多种"教的方法"来教,一种"教的方法"也可以教多种解读方式。适宜的、恰当的"教的方法"可以帮助学生更好地掌握解读方式。

四、例说小说教学的内容

下面我们举例来说明小说教学的内容。

例一:品味语词

以下是鲁迅的小说《祝福》里面的一段文字。

> 我独坐在发出黄光的菜油灯下,想,这百无聊赖的祥林嫂,被人们弃在尘芥堆中的,看得厌倦了的陈旧的玩物,先前还将形骸露在尘芥里,从活得有趣的人们看来,恐怕要怪讶她何以还要存在,现在总算被无常打扫得干干净净了……

当学生读到这段文字时,可能并未注意到怎么去解读,现在教师把里面需要注意的语词特别标示出来,请学生注意这些语词。

> 我独坐在发出黄光的菜油灯下,想,这<u>百无聊赖</u>的祥林嫂,被人们弃在<u>尘芥堆</u>中的,看得厌倦了的陈旧的玩物,先前还将<u>形骸</u>露在尘芥里,从活得<u>有趣</u>的人们看来,恐怕要<u>怪讶</u>她何以还要存在,现在<u>总算</u>被<u>无常</u>打扫得干干净净了……

接下来教师运用"换词"的方法,把这些有标示的语词换成其他的语词。

> 我独坐在发出黄光的菜油灯下,想,这<u>精神毫无寄托</u>的祥林嫂,被人们弃在<u>尘世</u>中的,看得厌倦了的陈旧的玩物,先前还将<u>形体</u>露在尘芥里,从活得<u>幸福</u>的人们看来,恐怕要<u>怀疑</u>她何以还要存在,现在<u>终于</u>被<u>小鬼勾往阴间</u>去了……

通过让学生比较原文语词与置换语词之间的差异,让学生理解作者使用这样的语词所要表达的内容的特点。

下面是我们对这段教学的分析。

教学的内容(教什么?):

结合语境,品味作者的用语所表达的特殊情感。

确定的依据(为什么要通过语词来品味?):

语词的选择与运用是作者表情达意的重要方式。

教学的载体(借助什么教?):

选择的是上述段落。

教学的方法(怎么品味?):

换词体会

学习的结果(学到了什么?):

1. 品味的结果

运用原来的语词更能够令人感到极度的悲凉与沉痛,悲痛中包含着同情、感慨、忧愤、冷嘲等复杂情感,只能意会,很难言传。

2. 教学的落点

学生明白作者运用特殊的语词,表达特定的情感,从而学会通过对作者所运用的(特殊的)语词的分析,体会作者所要表达的情意。今后再读小说时,学会通过品味作者所运用的语词来理解作品。

例二:体会语气

下面是鲁迅的小说《孔乙己》和《祝福》里面的两段对话。

《孔乙己》

"后来怎么样?""怎么样?先写服辩,后来是打,打了大半夜,再打折了腿。""后来呢?""后来打折了腿了。""打折了怎样呢?""怎样?……谁晓得?许是死了。"

《祝福》

"什么时候死的?"

"什么时候?——昨天夜里,或者就是今天罢。——我说不清。"

"怎么死的?"

"怎么死的?——还不是穷死的?"

教学的内容(教什么呢?):

结合语境,通过"语气"体会文本中对话者的心情与心态。

确定的依据(为什么要通过"语气"来体会?):

作品中人物言说时的语气能够表现出他的心情与心态。

教学的载体(借助什么教?):

上面的某一段,或者两段文字。

教学的方法(怎么体会?)

1. 教师朗读

2. 学生自读

3. 学生表演

4. 学生讨论

学习的结果(学到了什么?):

1. 体会的结果

《孔乙己》中:

问者好奇,满怀兴趣。为什么?因为并不关心人,而只是关心事。

答者先是很带劲,一副由于知道信息而信心满满的样子;后是一副无所谓的样子。为什么?因为毕竟事不关己。

《祝福》中:

问者急切,语气也急切。为什么?因为心存不安。

答者懒散,语气也舒缓。为什么?因为情绪漠然。

2. 教学的落点

学生学会了通过语气,可以更好地理解作品中人物的心情与心态。再读其他作品时,能够注意人物对话中的语气从而把握作品。

通过上述两个例子,可以比较清晰地看到教学的内容、教学内容确定的依据、教学的载体、教学的方法、学习的结果等各项之间的区别与相互关系,可以明白**小说教学的落点,应该落在小说文本的解读方式上,而不仅仅是小说的内容上。**

【反思】

看完这两则案例,反思自己在以前的教学中,可曾对教学内容、内容确定依据、教学载体、教学方法、学习结果等各项之间的区别与相互关系有如此清晰的认识?请写下感想。

_____

_____

_____

五、如何确定小说教学内容

把品味语词、解析句式、体会语气、分析结构、赏析修辞、掌握视角、赏析细节、把握手法等解读方式作为小说教学的内容，还只是一般意义上的小说内容的确定，还比较"泛"，要到具体的小说解读还需要进一步扣住其特征来确定教学内容。

小说教学的内容要随小说的类型特征来确定。小说的类型特征是某一类小说所特有或特别突出的特色。要解读某一类型的具体作品，要考虑到其类型特征，运用这些类型特征去解读。为什么要一篇一篇地学小说，原因之一是能学不同类型的小说。**学习一篇小说就是要学到其中所特有的内容。**我们去教陌生小说的时候，更具有挑战性。比如，意识流小说、荒诞派小说、后现代小说等都有自己的类型特征。在教这些类型的小说时，就要考虑把怎么去解读这种类型的小说的方式确定为这篇小说的教学的内容或内容重点。

【观察者点评】如何把握小说的类型特征呢？

有一篇课文是余华的小说《十八岁出门远行》，这是一篇具有荒诞性质的小说，学生用传统的解读方式是无法读懂这篇小说的。教给学生转换一种文本解读的方式，即理解荒诞小说的特点与表现手法，学生才能够读懂。通过这篇小说的教学，教学生读懂了原来读不懂的东西，而且学会了解读荒诞小说的一些方法，以后学生就能够运用所学习的方法去解读其他的荒诞小说了。

小说的解读方式要随小说的文本体式而变化。小说不仅有其类型特征而且每篇小说都有自己的个性特征。**小说教学内容的确定，还需要研究这篇小说的文本体式，并据此来确定小说教学的内容，即具体的解读方式。**

例如，欧·亨利的小说《二十年后》，有这样一些特点：意料之外、情理之中的结尾，大量运用"暗示"的手法，人物身份的暴露与隐匿，时间距离的运用，人物对话的运用，作者全知而读者未知的信息差异，故事情节的逆转与读者期待的"落差"的运用，等等。在教学时，教师根据教学需要选择、确定教学的落点，比如，选择确定教小说中"暗示"的运用与关注"细节暗示"来解读作品，教小说中人物身份的暴露与隐匿的表达方式与运用人物身份的"隐"与"显"来解读作品。

结合具体的小说作品的文本体式才能确定出有针对性、有个性的教学内容。**每一篇小说的教学内容都是特定的，同时又有一些共通的东西，在教特定内容的同时，照顾**

到共通的东西。当多篇小说教过之后,即一定阶段的学习之后,学生会积累大量的小说解读方式,能够综合运用或选择这些方式去解读作品。在后续学习中,学生可以运用先前学习的解读方式解读后来的作品,在这个过程中不断运用所学,达到学以致用。

资源链接

1. 钱理群,孙绍振,王富仁. 解读语文[M]. 福州:福建人民出版社,2010.

2. 陈日亮. 如是我读——语文教学文本解读个案[M]. 上海:华东师范大学出版社,2011.

3. 徐岱. 小说叙事学[M]. 北京:商务印书馆,2010.

4. 申丹. 叙事、文体与潜文本——重读英美经典短篇小说[M]. 北京:北京大学出版社,2009.

5. 刘俐俐. 文学"如何":理论与方法[M]. 北京:北京大学出版社,2009.

后续学习活动

任务1:学习过本讲座,我有如下收获:
_____
_____

任务2:请参照本讲座第四部分"例说小说教学的内容"的方法,选择一篇小说,从教学内容、内容确定依据、教学载体、教学方法、学习结果等方面确定一篇小说中的具体的教学内容。

教学设计思路	具体内容
教学的内容 (教什么?)	
确定的依据 (为什么通过它来教?)	

续表

教学设计思路		具体内容
教学的载体 (借助什么教?)		
教学的方法 (怎么学?)		
学习的结果 (学到了什么?)	具体结果	
	教学落点	

任务3:对如何确定小说的教学内容,我还有以下看法:
_____
_____

共同备课
工作坊

小说叙述技巧与教学内容确定
——《二十年后》共同备课

教学现状描述

在教学《二十年后》时，教学内容主要集中在如下方面。1.学习小说巧妙构思，欣赏欧·亨利式结尾"意料之外、情理之中"的巧妙。2.分析作品中鲍勃和吉米的人物形象。3.学习小说通过人物外貌、神态、语言描写塑造人物形象的方法。4.讨论作品所涉及的"情"与"法"的主题。5.理解作者对小人物的同情。

《二十年后》这篇小说的常规教学，往往用情节、人物、环境、主题等概念来"套讲"这篇小说。把"意料之外、情理之中"的欧·亨利式的结尾作为教学的一项重要内容。

对"意料之外、情理之中"的解释聚焦在两方面。第一个"意料之外"：鲍勃原来是通缉犯，其"情理之中"在鲍勃的被捕是因其"触犯法律，罪责难逃"。第二个"意料之外"：巡逻的警察原来是吉米，原来是朋友，他逮捕鲍勃的"情理之中"在于他"忠于职守，不徇私情"。这样解释了什么是"意料之外、情理之中"，但却没有解释这种艺术效果是如何达成的。

在解释小说是如何达到这种艺术效果时，往往用铺垫、伏笔、暗示、照应等这样一些概念来解释达成的原因。其实，这样的做法并没有真正揭示这篇小说的艺术特征及其艺术效果达成的原因。

要想真正明白这篇小说"意料之外、情理之中"的艺术效果，必须要从作者的叙述技巧切入，揭开这篇小说艺术效果达成的秘密。

热身活动

进入共同备课之前,请思考以下问题,并带着这些问题进入共同备课。

1. 如果让你讲一个故事,通常情况下你会怎么讲?把你通常讲故事的方法与《二十年后》讲故事的方法加以比较,看看有何不同之处?

项目	我通常讲故事的方法	《二十年后》讲故事的方法
不同之处		
相同之处		

2. 为什么欧·亨利的小说能够达到"意料之外、情理之中"结尾效果?

原因1:_____

原因2:_____

原因3:_____

3. 小说教学,如果不教小说的三个要素:人物形象、故事情节、典型环境,也不教主题,还能教什么?

还可以教:_____

共同备课进程

【过程描述1】教学内容的初步探讨

师1:这篇课文是几年级的?

师2:八年级下学期的。

师1:这篇小说应该教给学生什么东西?

师3:作者的幽默语言,既有夸张嘲讽、风趣诙谐,又有寓意和酸楚,学生读不出来。

合作专家(李冲锋):这篇小说有幽默语言吗?

师2： 幽默没有，寓意和酸楚有吧。

师4： 是要教会学生他的写作手法，还是要学生体会人物所蕴含的品质呢？

师1： 都应该教吧，应该作为几个目标来教。

师2： 不管是情节，还是分析人物，最终目的就是小说主题。

【反思】
你是否认同教小说最终的目的是教小说主题？为什么？你的观点是什么？

_____
_____
_____

合作专家： 为什么最终目的是把握小说主题呢？

师2： 小说总是通过人物的故事，反映对社会的一种看法。

合作专家： 我们也知道有一种类型的小说，叫无主题小说。

师2： 那也是一种主题。

师5： 在我们的教材里面都应该讲一个主题。如果没有主题的话，学生的理解层次可能就比较浅。主题是背后的东西，隐藏在描写手法里面的。

师6： 最终是对人物品质的理解。如果没有讲主题的话，我们怎么检验学生是否懂了。

合作专家： 这篇小说的主题应该是什么？

师2： 我还真没有读过没有主题的，你读任何一篇小说都要读出它要表现的是什么。

师1： 所谓无主题还是有主题的，可能解读角度不一样，理解不一样，怎么会没有主题呢？

师4： 但是也有，题目就是无题的，也是表达对生活的一种体验与感受的，对吧？可能有普通一点的，还有深刻一点的。

合作专家： 就这篇小说来说，什么东西是最应该教给学生的，或者说这篇小说文本所独有的一些东西，是其他的小说所没有的？

师1：结尾就蛮吸引人的，学生就特别感兴趣。

合作专家：那教什么呢？

师1：前面就开始找了，他们像警察判案子一样，前面的蛛丝马迹，慢慢找，慢慢找，看他可能就是逃犯，怎么看出是逃犯呢，一点一点地找，找出很多蛛丝马迹，那是伏笔。找到之后，他感觉很开心，最后看，那叫意料之外、情理之中。

合作专家：你们当时教的时候确定的教学目标或者教学重点是什么？我们还是先列出几个来，然后再看一下。

师5：通过人物描写的手法来体会人物的品质。

师6：从学生的人生观、世界观还未真正成型的角度来看，探讨这篇文章的主题是非常有必要的。本文的主题，就是一个"情"与"法"的问题，是"情"重要，还是"法"重要的问题。从主题挖掘的角度来说，对学生也是非常重要的。我们中国人是情大于法的。让学生从文章中看到，警察吉米与朋友的感情很深厚，却最终还是把最好的朋友抓起来了，从法大于情的角度去理解，体会这篇文章的主题。在这方面，这篇小说非常能给人以启发。

合作专家：那样的话，就是思想品德课，把这篇小说作为一个材料，引出情与法的主题去探讨，不是语文课。

【要点评议】

　　小说总是要表达一定的思想内涵，阅读小说时需要领会其所传达或蕴含的思想内涵。然而，在小说教学中不能仅仅把学习小说的思想内涵作为教学目标。如果这样，小说就成为了思想学习的材料，小说教学就容易变成思想品德课。语文阅读教学中的小说教学要注重让学生通过对语言文字的理解来把握小说的思想内涵。换言之，小说教学的重点不在它所表达的思想内涵上，而在如何达成这种思想内涵上，把握住了这一点，小说的思想内涵也就自然清楚了。

师6：不是，我们讲的不是完全割舍语文的。

合作专家：刚才的目标最终指向了情重还是法重，是情与法的问题，教这篇文章

> 最终的指向是要让学生明白:法重于情。是在教这个内容,这是思想品德课的内容。语文的学科特点,没有体现出来。

师2: 那是最终的指向,中间的过程可以通过别的方式,比如分析人物。

师1: 前面都是过程,落实语文知识,最终落实到人物品质,这个不矛盾。

合作专家: 这个怎么落实?

师2: 通过品味他的语言。

师1: 通过人物形象。

师2: 情与法,情就可以在文章当中感受到。

师4: 那些词可以表现出情很深,一个深夜,这么寒冷的地方等都可以反映出。

师6: 细节描写,也可以。

师2: 对。最终的指向是情与法,但是落实的过程可以通过语文学习的方式。

合作专家: 这个鲍勃很重情义,学生能不能读出来?

师5: 那个可以找得出。

合作专家: 能够很容易读得出来,我们还教它干什么?

师4: 还有那警察,他的情谊倒不是很明显看得出来的。他其实早就已经来了,这个地方需要稍微引导一下的。

师1: 你要读到后面才知道,他来不是巧合,他来不是单纯地巡逻,对不对?

合作专家: 对。

师1: 读到后面,再往前挖掘。确实是语文课要像语文课,但是我们总要有一个是非判定。学生当中就出现了两派。有的学生说:老师,如果是我,我不会这么做,二十年后,无论什么境遇,无论贫穷富有,我们一定要信守承诺。

师6: 我一直认为,这篇文章是人文性的,不能只是侧重于语文的工具性这一点,把人文性的全部都不作为一个目标来看。如果这样,我们的语文课就缺少精神上的内涵。另外,我们为了达成价值观方面的目标,其实就需要另外的语文知识,在文章中找有关的依据去分析而得出来,包括语言的描写、细节的描写等。如果我们只是为了探讨主题,无限制地让学生脱离文本,那是不可能的,我们是结合文本来分析。

师1: 对的。我有个学生就说了他为什么不赞同警察的做法,他在文章当中找出了好几处。他说,你看这个"我"(鲍勃)对待朋友的情多么重。在这种情况下,我认为,警察要是我的好朋友,他不应该这么做。那他应该怎么做呢?

他应该开诚布公地说,我就是谁谁。你可以告诉我,你现在是警察,你可以劝我去自首,或者怎么样,但你也不能逮捕朋友。

合作专家：这是欧·亨利要表达的吗？这是你那个学生要表达的。是他以这样一个内容代替作者的内容,而我们对于文本的解读或者学习要基于作者的表达。

师1：所以这也就是不同呗！

合作专家：不是不同。我们备课的时候,容易出现的一个问题,就是用自己的想法去代替作者的想法,然后去做一种判断。我们现在是不是要回归到文本？

【观察者点评】
文本解读必须立足文本,不要以自己的想法代替作者或文本的意思。

师1：但是,我们的语文阅读里面有这样的思考题："读了以后,你有什么感受？"所以,学生要结合他自己的想法来谈感受,就是以我的现在的状况来读文章。博士您的意思,就是一定要回归到文本。

合作专家：一定要回归到文本。如果作为一个拓展活动,学生可以这么谈,可以去辩论,警察到底该不该抓自己的好朋友。但是如果把这个就做成了课堂教学,是不是离文本本身就远了？我们是不是应该回归文本,回归作者的内容去探讨？

师1：您的意思是从研究欧·亨利的角度来读它,对不对？

合作专家：不是从研究欧·亨利的角度来读它,而是研究这篇小说它所独有的那些东西是什么？有很多的小说,我们选进教材来的一些小说,外国小说也有好多篇。就这篇小说来说,它所独特的东西,其他的小说里面没有的,或者看不到的东西是什么？这就是这篇小说所独有的一种价值所在。

我们是需要通过"这样"一篇小说去学习"这样"的内容的。学生他可能有些东西已经知道了,知道这是独特的,这个就不要教了,他不知道的是什么,我们需要教给他。

师2：欧·亨利式的结尾。

师6：欧·亨利的结尾作为我们一个重点的目标落实下去。

师4：因为学生之前从来没有碰到过这样的文本。

师6：如何去理解"意料之外、情理之中"？

师1：回过头来，再细细地想这个情理之中，然后再来学习他的手法，他怎么达到这一步的。

师6：对。

师5：这是属于语文知识了。

【过程描述2】聚焦对话与情节

合作专家：这篇小说的对话和一般的对话相比有什么不同？如果把对话全部抽掉，这篇小说会是什么样子？有的小说甚至没有对话。

师5：这里不能把对话抽掉的。这里是通过对话推动情节的发展。

> 【要点提炼】对话的作用：推动情节发展。

合作专家：学生知道不知道，通过对话推动情节发展？学生也学了很多对话，对话有不同的作用，有不同的类型。这篇小说里面，对话的特点要不要教？

师1：在这篇小说里对话的作用学生可以感觉到。第一个，人物的语言肯定反映人物的性格。我们肯定是要读对话的，有些对话确实是非常必要的，它可以引出下面的情节，推动情节的发展，学生能够读懂。

合作专家：他不能够理性地认识到对话有不同的作用，这篇小说里的对话和其他一般的对话的不同在哪里。这个要不要去教？

师5：它是通过对话来设置情节，推动情节。

合作专家：好。我问：这篇小说的情节是什么？请复述本文的情节。

师6：小说的情节还是非常清晰的：二十年前，约好了，和朋友在某个地方见面。

> 【要点提炼】复述小说的情节。

合作专家：我说的是复述这篇小说的情节。

师6：对呀。就是讲这个的呀。

师2：情节的发展就是，好朋友吉米认出了他的朋友就是罪犯，他告诉了便衣警察，便衣警察把鲍勃抓了起来。高潮和结局就是结尾呗。

合作专家：这篇文章的情节是怎样的，还是没有讲清楚。这篇文章的情节是，一个警察去巡逻，看到黑的地方有一个人。

共同备课工作坊　111

师 1：哦,警察去巡逻。

合作专家：这是小说的情节,小说就是这样呀。这个警察去巡逻,在街上的一个地方碰到了一个人,他们两个进行了一番交谈,这个人说是来等一个二十年前约定的朋友,然后这个警察走了。后来又来了一个人,说是前面那个人的朋友,结果前面的那个人发现他不是朋友。来人说他其实是个警察,而等朋友的人是嫌犯,便把这个人抓起来了。这个便衣警察给了来人一张纸条。来人看后才知道前面来的警察就是自己的朋友,他认出了自己,不忍心亲自抓他,就派了个便衣警察来抓他了。这才是这篇文章的情节。

师 5：对,然后呢?

师 1：不对呀。通过读文章的结尾,我们都知道,其实吉米到这里来巡逻,他也是来赴约的。所以我们就说一对好朋友,按照二十年前的约定到这里来。

合作专家：你怎么知道是一对好朋友?

师 1：那就不能说是一对好朋友了。那就说一个警察,还有鲍勃。

合作专家：你怎么知道他是鲍勃?

师 1：哦,前面没有。一个警察,一个人。有一个人靠墙站着,为了二十年前的约定来到这里。

合作专家：你怎么知道他是为了二十年前的约定?

师 1：哦,前面就不能……那只能开头就是一个警察,在他巡逻的时候,碰到了另一个人,站在餐馆前。

合作专家：对! 这是小说的情节。

师 1：这是开端,然后发展。

合作专家：两个人谈了一会儿话,这个警察走了。警察发现这个人就是他二十年前的好朋友,也是要通缉的人。高潮和结局就是警察走了,再叫另外一个便衣警察,把鲍勃抓了起来。

这样叙述的才是这篇小说的情节。

师 1：就是。我们一开始的叙述错在哪里呢? 我们把对全文的理解一下给说出来了。

合作专家：小说的情节搞清楚了,我现在想问的是,还有很多很多的事情,二十年

【观察者点评】
一连三个追问,追回到小说文本。

前的事情,我们是怎么知道的?

师2:鲍勃的话,两个人的对话。

师1:通过对话、回忆。

师5:一问一答。

合作专家:那么,这样的对话,在这个文章里面……

师1:推动情节发展。

合作专家:推动什么情节了?刚才情节已经说清楚了。

师1:通过这个对话展现他们二十年前的友谊。

师5:那么对话是说明身份的了?

师1:假如要讲顺序的话,要从二十年前开始,我们当时多么友好,后来他到西部去,劝他的好朋友离开,好朋友不愿意离开,那么二十年后又怎么样。

合作专家:这也是一个情节:二十年前一对好朋友,他们喝完了酒,然后约定二十年后再相见。去西部的这个人混得很好,又回来见朋友了。这也是一个情节,但问题是,小说不是这样讲的。小说的情节就是一个警察去巡逻,然后碰到一个人,是这么一个方式。

师2:倒叙、补叙?

合作专家:是倒叙、补叙吗?

师1:不是,他把漫长的生活就压缩在短短的见面时间里,通过对话展现出来。

合作专家:对。事情是二十年的一件事情,但是实际上,在展现的时候也就是半个小时左右的样子。一个是二十年前的漫长的故事,一个是发生在半个小时左右的故事。在这半个小时左右的时间里,通过一个非常简短的对话,把这二十年的事情讲清楚了。

师5:那要教学生什么?

师1:对话的作用。

合作专家:像刚才这样一些内容,我们在刚开始备课的时候,有没有认识到?

师4:微型小说基本上都是这样写,用一个横截面的方式反映社会。

合作专家:学生知道吗?

师4:作为一个点可以教的,我们仔细读微型小说其实都是这个特点,用一个生活当中的横截面来反映一个大的社会背景,或者反映一个大的时代。

合作专家:学生如果不知道的话,要不要教给他?要不要通过读欧·亨利的这篇

共同备课工作坊

小说,让他知道这一点。他有了这样一个知识,再去读其他小说时就可以用了。

师4:可以这样讲的。

师5:为什么刚才情节要这样讲,把吉米先说出来,把鲍勃最后说出来?为什么刚才情节是说"一个人"、"另外一个人"?我还没有搞清楚,为什么不是警察去抓鲍勃——一个他二十年前的朋友?为什么不能这样说呢?为什么要像你刚才这样说情节呢?

合作专家:刚才我们那样说情节对不对?

师5:为什么要这样呢?应该要说清楚的。

合作专家:那你说一遍情节,看看能不能说清楚,你讲一遍《二十年后》这个情节。

师5:就是吉米,这个警察,他去巡逻。

合作专家:停。

师5:为什么不能警察出来就说是吉米。

合作专家:一开始你知道这个警察叫吉米吗?

师5:我看了以后,我知道了。

合作专家:现在问题是,你不是看了以后。看了以后,完全可以是二十年前一个朋友,这种讲法。

师5:为什么这个不是情节呢?

合作专家:我们说的是这篇小说的情节。你读这篇小说,是先从二十年前喝酒读起的吗?读这篇小说,是先从哪个地方读起的?是先从一个警察在街上巡逻读起的。

师5:对。那我就知道他是警察,顶多我不知道他的名字。到后面,我就知道他的名字了。

合作专家:你给我们讲的这个情节,叫做"故事情节"。故事情节就是通过一个情节的描述让读者大体上知道是一个什么故事。

师5:情节很好概括的,但是就是不知道怎么说。

师1:是的,在讨论的过程当中,我发现平时我们考虑得也挺粗略的。

合作专家:不能顺利地概括情节,就说明有问题,就说明这个地方有值得探讨的东西。

师5:我们说故事的情节,你说小说的情节,它俩是一个概念吗?我们平时讲故事的情节，这里是讲小说的情节。

师1：一样。

师5：怎么会一样？这是两个概念。如果故事的情节，我从二十年前一直说过来好了。博士一直在谈。

师5：博士你把这个概念引申出来，我们的纠结是，我们给学生说的是故事情节。

合作专家：你们自己说出来，不是更好吗？

师5：我现在才发现，你一直在说小说的内容，而我们在说故事的内容。

【观察者点评】
哈哈！有人明白了！

合作专家：你现在搞清楚了，不更好吗？

师4：不是，我们要教学生的到底是小说情节，还是故事情节呢？

师7：这样其实搞不清楚的，什么故事情节、小说情节？搞不清楚的。

师4：但是学生他只知道"情节"两个字。

师5：情节就是故事情节。

师4：搞不清楚。

【观察者点评】
哎呦！又有人糊涂了！

师2：我们如果跟学生说小说情节，他们也认为是故事情节，你跟他说故事情节，他们也想小说情节，他们肯定以为是一回事。

【观察者点评】
嗯？真的明白了吗？好像没有那么容易。

合作专家：那要不要把这个知识教给他呢？

师2：按照这样的话，可以让学生按照小说的情节再还原故事的情节。

合作专家：好了，现在就有一个问题了。

师2：那就两条线好了，其实教他的是一个写作方法，这样一个平白的故事，我怎样以小说的方式呈现。

师5：有点意思了，按照小说的情节来叙述一个故事，合理地叙述一个故事。

师4：同样一个故事，我可以没有充满悬念，我也可以用小说的元素，充满悬念，充满那种意料之外，来构思小说。

合作专家：那不就好了嘛，小说的巧妙不就在这个地方吗？

共同备课工作坊

师4：也就是说，理两条线叙述一下，教会学生体会作者是怎样讲故事，使它一波三折充满悬念的。

合作专家：那不就是小说吗？这才是小说教学呀！

师1：对，有道理。

师2：所以，教小说情节的设置。

合作专家：这才是教小说。

师5：但是我觉得，故事情节的概括不是比小说情节更好吗？学生更容易理解吗？

师4：现在不是要理解学生理解的，关键是要教出小说的特征，它的情节安排、巧妙的构思。同样一个故事，作者是这样来叙述的。如果不这样叙述，你也可以二十年前，你也可以直叙，就没有他的好。

合作专家：好的，到这一步，基本上达成共识。

师1：嗯！把这个作为一个目标。

合作专家：不是，这个不能作为目标，这个要不要教给学生，我们再讨论。我们老师要清楚这个知识：小说的情节和故事的情节不是一回事。正是因为作者使用了小说手法把这个故事进行了艺术的加工，所以才使得这个故事好看。

【要点评议】

一、区分小说情节与故事情节

小说教学中，不能笼统地提"情节"，而要区分"小说情节"与"故事情节"这样两个概念。小说情节是按照作者描述的顺序，即文本展开的顺序呈现的一组或若干组具体的生活事件。故事情节是按照事件发生、发展的顺序展开的一组或若干组具体的生活事件。两者的一个重要区别在呈现的顺序上，另一个重要区别在于，故事情节一般是平铺直叙的，而小说情节则利用了诸多艺术手法。故事情节是小说情节的基础，小说情节是在故事情节的基础上展开的，是对故事情节的加工再造。小说情节之所以比故事情节更吸引人，就在于它对故事情节进行了艺术加工。

小说教学中,既要关注故事情节,更要关注小说情节,并在两种情节的对比中体会作者艺术手法的运用、作品艺术魅力的展现。

二、区分教师的知识与学生的知识。

教师的知识与学生的知识是两回事。一般来说,教师的知识范围、深度等要比学生的更广、更深。"要给学生一杯水,教师要有一桶水"的比喻就说明了这一点。在备课时,教师要运用广博的知识进行文本解读,进行教学设计,但实际在教学中,要教给学生哪些知识、教到什么程度,教师也是要清楚的。像小说情节与故事情节这样的知识,不一定要教给学生,但作为教师自己要知道,并能够在文本解读和教学设计时恰当运用。因此,要区分教师的知识与学生的知识。

【过程描述3】探讨"意料之外、情理之中"达成之理

(一)作品中人物之间的信息不对称

合作专家:接下来的问题是,这篇小说的艺术体现在哪里?

师4:我们从来没有在课堂上提到"艺术表现"这四个字。

合作专家:不需要在课堂上讲,现在是备课研讨。这篇小说的艺术体现在哪里?

师1:对话。

师2:情节。

师5:艺术手法,就是通过情节塑造人物。

合作专家:这个太笼统了,小说都是通过情节塑造人物,无论哪个小说都有环境描写。欧·亨利的这篇小说所特有的内容是什么?

师5:意料之外、情理之中。

合作专家:"意料之外、情理之中",只是一个概括,学生肯定知道。意料之外,没有想到,学生肯定知道;情理之中,学生回过头来找之后,可能也能够体会到。问题是:怎么达到这个"意料之外、情理之中"的呢?学生知道吗?我们知道吗?

师1：小说的艺术是体现在把长达二十年的故事给浓缩在短短见面的时间里，这不就是一个艺术体现嘛。

师2：就是二十年的故事，浓缩在短短的半个小时左右的时间来呈现。

合作专家：但是你这么讲，还是很笼统，学生还是不知道。

师4：这个是有一点难度的，这个跨度二十年，他们之间发生了很多事情，他能够在那个瞬间，把所有两个人之间发生过的和现在正在发生的事情呈现出来。这就是他的艺术表现。

合作专家：我们以前备课的时候，有的老师设计教学活动，第一个活动，就是在学生读完小说之后，让他来讲这个故事。学生就会说，二十年前一对好朋友怎么样。

师4：对，故事情节。

合作专家：他就会去教学生的叙述和作者的叙述有什么不同，让学生对比一下。作者的叙述是从一个警察巡逻开始的，学生的叙述是从二十年前开始的。这就会发现好多的不同，就会发现学生讲得比较直叙，而作者的讲法有他的妙处。他的妙处在哪里？

师4：让学生看完以后来讲故事，大部分情况是这样的。

师5：教会学生怎么样来读小说。

师7：如果真的要说小说的艺术表现，就是故事情节和小说情节。但是这两个东西又是穿插在一起的，结构、人物、情节这些东西，是穿插在一起的，你不能把它割裂开来。

师4：不能说，我教人物，不教情节，我人物和情节都要教。

合作专家：都要教，怎么教？这篇文章里面，一定有它独特的地方。

师2：教会学生怎么样来读小说，要区别于其他文体，和说明文、和议论文是不一样的。

师5：这是语文课要教的知识。

师1：小说几要素：人物、情节、环境、主题。我们就从梳理情节、故事情节入手。

师5：教给学生具体读小说的方法。

> 【要点提炼】把长达二十年的故事浓缩在短短的见面时间里。这是一个艺术特征。

师 4：情节梳理完了以后，教他们怎么样在矛盾当中展现人物，所以我们就抓住许多矛盾来教。

师 1：所以，这个就定好了，最终的目标，就是教学生来怎样来读小说？

合作专家：这是教所有的小说要干的事情。

师 1：在这篇小说里面读到什么？

合作专家：对的。

师 2：但是我们一般都是教普遍性的。

师 5：那么现在这个小说里面，有什么和其他不一样的。

【观察者点评】都教普遍性的内容，学习不同的作品还有什么意义？难怪学生会不喜欢语文！

合作专家：这个思路是对的。因为你是教"这一篇"小说，你把一篇一篇的小说教完了，学生慢慢、慢慢就知道该怎样去读小说了。

师 5：合起来，他就能读小说了。

合作专家：对的。那么这篇小说的独特性在哪里？

师 4：我们看不出的。

师 5：意料之外、情理之中。不是又回到这个了吗？

合作专家：怎么达到意料之外、情理之中的？

师 5：那就又要教过程了。

合作专家：不是过程，作者怎么让这个故事达到这种艺术效果的呢？

师 2：意料之外、情理之中，能不能作为最终目标呢？

师 5：因为这个是和其他小说有区别的地方。

师 2：对呀，是不是可以作为最终目标定下来。

合作专家：我现在还不知道。读了这篇小说以后，意料之外、情理之中，学生能感受到吗？

师 1：能感受到。

合作专家：我们也能感受到。那问题是，作者怎么让这个小说达到意料之外、情理之中的效果的呢？

师 1：学生已经知道了，这篇小说区别于其他小说的特点是：意料之外、情理之中。

合作专家：他马上就知道的？

师 1：用什么手法来达到这一点的。

合作专家：这个学生知道吗？就是作者怎么让这个故事产生这个效果的？

师 2：老师也不知道。

合作专家：老师不知道，我们现在在研究。

师 1：我认为，他就是设置铺垫。

合作专家：他怎么设置铺垫的？

师 1：不就是伏笔嘛。

合作专家：伏笔？这么讲太简单了。

师 2：通过人物的对话、形象的塑造，不是还有人物的描写吗？

合作专家：形象的塑造怎么塑造的，人物的描写怎么描写的？现在要的是具体的，怎么塑造的，怎么达到的？

师 4：设想自己就是欧·亨利。

合作专家：对。你看，我先讲一点。作者知不知道最后的结果，他是知道的。他知不知道这个警察叫吉米？

师 4：知道。

合作专家：对呀。

师 1：就是设伏笔嘛，换哪个词表达呢？

师 5：悬念。

师 7：不叫悬念。

合作专家：就是讲伏笔或者是讲铺垫，就这么一个东西就教过去了？

师 2：为什么能够达到这个效果，就是巧设伏笔。

师 4：这个情节怎么编，作者是一清二楚的。我现在作为欧·亨利，怎么让你看到这个开头，要不断地看下去，而不知道这个结果，你才会对小说有兴趣。

合作专家：对。

师 4：也就是说作者对这个人物的设计安排，一定要让读者永远是在迷雾当中，有一种探究的欲望，最后再给你结果。

合作专家：在这个作品里面，他是怎么做到的，这个东西就是他的艺术的技巧。

师 2：我们也只能说是铺垫。

合作专家：具体到怎么铺垫。你看，一般情况下的对话，是什么情况，我知道你是谁，你知道我是谁。但是在这个文章里面对话的特殊性在哪里？

【要点提炼】探讨本文对话的特殊性。

师1：两个陌生人。

合作专家：这个作品里面,他特殊的一些东西在哪里?就是人物的身份具有双重性:一个是警察吉米,一个是朋友吉米;一个是罪犯鲍勃,一个是朋友鲍勃。他们的身份都是双重的,但是在作品开始的时候,作者是只强调吉米的警察身份,他的朋友身份,是隐的,是在暗处的,他的警察的身份是在明处的。他往前走,碰到了一个人,这个人说他是来找朋友的,这个人朋友的身份是明的,罪犯的身份是暗的。

师2：这一点我觉得倒是挺好。

合作专家：这个时候,开始展开一番对话。对话的时候,正因为他们双重身份遮蔽了一部分,只让你看到另一部分,所以对话才能够进行下去。为什么能够进行下去呢?因为西部来的人不知道警察是他的朋友。在对话的时候,警察的心里面已经明白,来人既是朋友,也是罪犯。

师4：怎么又是罪犯了,他这个时候不能确定他是罪犯。

合作专家：对话了。

师1：对话知道了,知道他是自己要等的,也是要抓的人。

师4：为什么知道是要抓的人,就是一下擦亮了火柴?

师5：对的呀,一擦亮火柴看到刀疤了以后,就知道了。

合作专家：这时,西部来的人是朋友,他的这一身份在明处;他也是犯人,他的这一身份在警察心里也在明处了。对西部来人而言,对方是警察的身份是在明处的,但他的朋友身份,却是在暗处的。正是因为有这样一种身份的信息不对称,他们的对话才可以进行下去。

后来,警察走了,高个子来了,高个子是谁呢?是"朋友",他的"朋友"身份是在明处的,但同时他还是警察,他的"警察"身份是在暗处的。

师7：那我觉得高个子用"朋友"这两个字,就混淆了前面那个。

合作专家：带引号的"朋友",来见他的。这个地方,我们注意看看,他朋友的身份是明的,犯人的身份对他来说也是明的。正是因为还是有一个身份的差异,他们的第二次对话才可以进行下去。到最后结果是什么,是把这个暗的方面,一下子打开,所有的身份都表明了。

师2：这就是他怎样达到情理之中、意料之外的。

师1：这个之前我们没有想到。

合作专家：为什么到了最后才能揭开？如果我们仅仅去看情节的话，很突兀的，一个人来了，碰到一个人，跟他对话，走了，又来一个高个子，一番对话，那个人被捕了，就是这么一个很简单的情节。但是因为作者故意遮盖了一部分东西，让你看不到，所以他才能够使得这个故事往下发展。

师4：作者有一部分遮蔽了，如果一开始都知道了，那就没意思了。这是一个方法，能够解释他的"意料之外、情理之中"。

师5：对的。他为什么会达到这个效果，因为他就是这样设计的。

师2：简称双方信息不对称。好的，就用这个词语表达，正因如此才造成这个情节波澜起伏。

师4：博士，你刚才说的明、暗是什么呢？能不能给我们一个概念性的东西。

合作专家：我把它称之为身份的隐显：一方面是身份的遮蔽，一方面是身份的彰显。在这篇小说里面，作者就是充分地应用了双重身份，再一个是身份的彰显和遮蔽。这是使故事能够发展下去的很重要的东西，如果没有这个，这个故事没有办法讲。

【要点提炼】本文人物的身份具有双重性。人物身份的显隐、明暗的运用。

师4：用了这个之后，那他想说什么呢？

合作专家：这就是障眼法，就是一种技巧。是怎么障眼的？就是对这某个身份的遮蔽才使故事能够发展下去。如果是上来就讲铺垫，就没有讲透，没有讲到位，正是因为身份的这种遮蔽和彰显，才能铺垫下很多的东西。

师2：铺垫的这些东西没有让你马上想到他就是罪犯，你可以有很多的想象，最后才把这个罪犯想出来。如果是一开始就暴露了很多的东西，就想到了罪犯的可能了。

（二）作者与读者之间的信息不对称

师5：怎么来写教学目标呢？让学生体会到，运用信息不对称法来达到情理之中、意料之外的艺术效果，这样说吗？

师2：信息不对称，这个很好的。这个也是我们的成果，就是人物、身份信息不对称法。

师5：学生理解小说用人物信息不对称法来达到情理之中、意料之外的艺术表达效果。

合作专家：好像还有一层内容可以进一步探讨。这一层的话，是作品里面人物信息之间的不对称，更重要的是我们要看到，我们读者也被作者盖住了眼睛。要再深一层，就是作者是怎么盖住读者的眼睛的？

师3：学生也是读者，盖住学生不是盖住读者吗？

合作专家：不是，是读者和作者的信息不对称，还是说作品中鲍勃和吉米的信息不对称，这个是两回事。

【要点提炼】作品中人物之间的信息不对称，读者与作者的信息也不对称。

师2：我们说的是两个朋友中的信息不对称？

合作专家：对的，这个我们和作者之间的信息对称吗？

师3：这个不要理解的，这个是永远不对称的。

合作专家：要注意了，如果是用第一人称视角，我讲的故事，我心里怎么想的，我看到的都是你看到的，你读这样的小说的话，你的信息和作者的信息是一样的，是不是？我用第一人称写这个故事，我看到什么东西，你看到了吧？我怎么想的你知道了吧？但是我们现在说的这个东西是什么呢？

师5：如果是信息对称了，也没有这种情理之中、意料之外了。

师4：如果这篇文章用警察的视角写，发生的就是信息对称的吗？

师5：那就是要讲清楚谁和谁不对称是吗？是读者还是小说里面的人物与人物之间？

合作专家：对的。

师5：那我们统说，就是信息不对称。

师2：这个读者和作者是永远不对称的。读者是接受信息的，作者是发布信息的。

合作专家：刚才说的是作品中人物之间的信息不对称，还有就是读者和作者信息的不对称。这是两回事。

师3：那就写作品中的好了。

师5：理解小说用人物信息不对称，来达到情理之中、意料之外的艺术效果的手法。用什么来达到，用这个来达到效果的。

合作专家：作者捂住了作品中人物的眼睛，也捂住了读者的眼睛。

师3：这个是同时的。

合作专家：它可以不同时。我们讨论的这个地方，可能是一个新的发现，或者可能是一个很有价值的东西，就是捂住了作品中人物的眼睛，也捂住了读者的眼睛。还存在一种情况，可能是捂住了作品中人物的眼睛，但也可以不捂住读者的眼睛。

> 【要点提炼】作者可以捂住作品中人物的眼睛，而不捂住读者的眼睛；也可以同时捂住两者的眼睛。

师2：那就是旁白交代清楚。

师4：现在最巧妙的就是两个眼睛都捂住了。

合作专家：对的。这个是另外一种状况。

师5：就像我们看特务片，有时候你已经知道他是好人了，但是面对坏人的时候，他是坏人。

合作专家：对的！你这个例子能说明问题。我们一开始不知道他是特务，到最后才知道的；还有一种情况是一开始就知道他是特务，但是我们还是要看下去。

师5：这个就是没有捂住我们的眼睛。

合作专家：对的！我想说的就是这个意思，就是这个文章能达到的意思，怎么样能让学生体会到这点，是一个很高级的东西。

师4：我觉得这个不是我们上语文课要教的。

合作专家：这个是学生不知道的，我们老是说"伏笔、照应"有什么意思呢？如果是你教这篇文章，学生会说这个是以前没有学到的，这篇小说的价值就体现出来了。我们教这个课的价值就体现出来了。

师2：这个解读很深了。

合作专家：是很深了，我以前不知道，现在讨论之后，我们有了新的发现。这一块就是我们今天的亮点了。作者利用作品中人物的双重身份，通过身份的隐蔽与彰显造成作品中人物信息的不对称，同时也造成读者与作者之间的信息不对称，从而达到情理之中、意料之外的艺术效果。我们备课应该是备这些内容,然后我们看教给学生什么内容。

师5：刚才说了,理解小说用人物信息不对称来达到情理之中、意料之外的艺术效果。

合作专家：可以。

师5：要理解这篇小说,其他的小说不适用。

合作专家：对的！事实上应该是这样的。我觉得还要说一点,我们这个是教艺术手法,如果是还要教人物形象还有其他的东西,应该再安排一个课时,是两个课时。我们这个内容,比方说是两个课时,第二个东西,我们就再去安排别的,可以讲人物、讲主题。我们设计什么台阶来让学生达到这个目标？

师2：第一个就是前面说的区分小说情节与故事情节。你说这篇文章讲了一个什么故事,看学生怎么叙述的。可能是说二十年前两个人约定好见面,二十年后怎样。不可能像作者写出来的,一个警察怎么样的,一般是不大会的。然后教师再帮他梳理小说的情节,两者对比。

合作专家：可以。台阶1就出来了。

师3：教师引导学生梳理小说情节,再对比一下,学生的故事叙述和小说叙述有什么不同？

师5：对。台阶2就是要达到让他们意识到小说构思的独特性。这个独特性在哪,就是人物信息不对称了。

师2：对的。

师5：就是一个小的目标,小说构思的巧妙,就跟我们普通的叙述不一样,然后是怎么样的不一样。好了,那我们就赶紧写下来吧。

共同备课小结

1. **本次共同备课的成果**

终点：理解本文"意料之外、情理之中"效果达成的原因

落点2：理解小说构思的独特性

活动1:小说中一共出现了3个人物,这些人物的身份是什么?

活动2:这些人物的身份在小说中的呈现有什么特点?

活动3:作为读者我们为什么没有一开始就看出人物的双重身份?

(或:作者明明知道两人的名字和身份,为什么不在一开始就告诉我们?)

活动4:写出小说情节简图,标明人物身份的显与隐,体现作者构思与叙述的巧妙。

落点1:理解故事情节与小说情节的区别

活动1:讲故事:请同学来给大家讲述一下这个故事。

活动2:对比:同学们所讲的故事与作者所讲故事的异同。

活动3:讲解:故事情节与小说情节

活动4:探讨:导致故事情节与小说情节不同的原因是什么?

起点

1. 学习过类似的小说,对这类小说有一定的认识基础。

2. 读完小说,学生能够感受到"意料之外、情理之中"的艺术效果,但不明白是什么导致的这种效果。

2. 学员状态改变的小结

第一,从关注小说的内容到关注小说的叙述。 受经验和惯性思维的影响,《二十年后》的备课伊始,大家也是首先想到小说的四要素,一开始教师就直奔教小说的主题而去,教情与法等内容,对这篇小说的文本特质,特别是叙述技巧方面的关注不够。经过探讨之后,大家开始关注作者的写作手法、叙述技巧。

第二,从对情节的笼统认识到清晰区分情节类型。 教师们能够认识到通过对话推动情节发展,但对情节的类型并不能清晰区分,通过研讨,老师们加深了对本文对话的理解,能够清晰区分故事情节与小说情节,并能够把它们纳入教学之中作为教学内容教给学生。

　　第三，对小说的艺术手法有了更深刻的理解。在对小说手法的关注中，一开始教师们关注的是暗示、铺垫等手法的运用，对作者借助人物的双重身份以及对身份进行巧妙的隐显等缺乏认识，通过研讨大家能够认识到这方面在本文中的重要性，而且能够认识到正是作者叙述的角度与手法才使小说达到了"意料之外、情理之中"的效果。

　　第三，从一般性解读文本到个性化解读文本。一开始教师们运用小说四要素，暗示、铺垫等一般性知识进行文本解读，通过本次备课，老师们认识到要理解这篇小说的独特性，而这就开始涉及解读的个性化。只有解读出每个文本、每篇小说的个性化的内容、其他文本不能取代的内容，才真正把握了文本体式。教师们这种认识的发展是很重要的。

　　3. 本次共同备课的反思

　　第一，辨析清楚概念而后用。在本次共同备课中，对于《二十年后》艺术手法的描述，老师们用了铺垫、伏笔、悬念等概念，还提到了倒叙、补叙等概念。而事实上，如果细加追问就会发现这些概念的运用有些似是而非，原因在于并没有清楚地理解这些概念并辨析清楚它们之间的关系。正因如此，在使用这些概念时有些随意，进而导致使用得不准确。这说明教师们的专业知识，甚至一些基础性的专业知识，需要进一步学习、巩固，并能够在实际教学中转化运用。

　　第二，学习并引入必要的新的专业知识。通过这次共同备课可以发现，教师不仅对铺垫、伏笔、悬念等知识的理解和认识有不确之处，就是对故事情节、小说情节、对话的功能等知识也未必知晓或掌握得全面。这说明教师需要补充必要的、新的专业知识，并能够运用相关专业知识进行文本解读，进而做出教学内容的确定。

　　第三，站在作者角度"还原式"解读文本。通过本次共同备课还可发现，在备课时教师文本解读的进入方式是"自我式"的和"套路化"的。"自我式"的文本解读，即按照自己的理解、自己的想法进行文本解读。这种文本解读方式具有较强的随意性。"套路化"的文本解读，则是习惯性地按照以往的解读方式进行文本解读。这种文本解读方式具有较强的机械性。两种解读方式的结果是不能准确解读文本，容易出现偏差与误解。既然作品是作者创造的，那么它就承载了作者的构思和设计意图，如果能够通过文本还原出作者的设计思路和意图，那么也就解开了文本的秘密与巧妙。因此在文本解读时可以尝试进行"还原式"的文本解读，即在立足文本的基础上，考虑作者是如何精心构思故事的，如何运用手法巧妙包装故事的。这可能是比较快捷、准确地贴近文本的解读方式之一。

第四，教学内容的确定要经得起学科审视。在本次共同备中可以发现，教师容易把情与法的关系等作为教学内容，这样的教学内容在一定程度上脱离语文学科的特征。语文教学内容的确定要经得起学科审视，即所教的内容要是语文的内容，而不是非语文的内容。这就需要教师紧紧抓住语言文字及其运用这一核心，依据文本体式来确定教学内容。

4. 教学内容确定的研讨

第一，从关注小说四要素到关注小说的叙述。

一谈到小说教学，大家很自然地想到了人物、情节、环境、主题，即小说的四要素。一般都会在这四个方面或其中的某些方面下功夫，而且所讲的小说阅读的知识大同小异，如典型环境中的典型人物，情节一波三折、波澜起伏，关注主题揭示了什么、赞美了什么之类，对小说的叙述关注较少。小说是作者运用了叙述技巧的产物，没有好的叙述技巧就没有好的小说。换言之，好的小说一定有好的叙述技巧。**读小说不仅要关注小说写了什么，更要关注小说是怎么写的，即关注作者的叙述技巧。**因此，小说教学的文本解读中，不仅要解读作者所写的人物、情节、环境、所要表达的主题，还要解读作者的叙述技巧。小说教学的内容，不仅要教小说四要素，而且要教小说的叙述技巧。小说阅读教学中，教小说的叙述技巧，不是为了让学生学习运用这些技巧写作小说，而是凭借这些叙述技巧更好地理解作品内涵、欣赏小说的艺术。

第二，从关注小说的艺术效果到关注艺术效果的达成。

读完小说后，人们往往能够感受到小说的艺术效果，比如引起了强烈的情感共鸣、思想共振等，然而人们却很少关注为什么小说会产生这样的艺术效果，它是怎样达成这种艺术效果的。"意料之外、情理之中"是人们对欧·亨利小说艺术效果的一种评价。读过欧·亨利小说的人很容易体会到这一点。在教学中其实不需要花费大力气去教小说的艺术效果，只需要确认一下、点拨一下就可以了，需要关注的是这种"意料之外、情理之中"的艺术效果是怎么达成的，这才是问题的关键、教学的重点。因为学生们读过之后，并不知道这种艺术效果是何以达成的。而要关注艺术效果的达成就要关注作者的叙述技巧，这就要从关注小说的故事到关注如何讲故事，从关注铺垫手法到关注铺垫手法得以实现的前提。

第三，从关注故事情节到关注小说情节。

故事情节是事件发生、发展、结束的过程，它一般按照事件发展的时间顺序逐渐展开。小说情节则是小说叙述的事件的展开过程,它一般按照作者的叙述时间展开。故事情节与小说情节是既有联系又有区别的。小说情节是以故事情节为基础的。有时故事情节与小说情节是一回事,但有时也存在很大的差异。故事情节的展开一般是线性的,而小说情节的展开则因作者叙述技巧的不同而有各种形态。小说解读时要关注故事情节与小说情节的差异,这种差异处正是作者手法运用处,正是小说巧妙处。《二十年后》这篇小说的故事情节与小说情节就有差异,在文本解读和教学时,需要关注这种差异,并有必要通过这篇小说让学生学习这两种不同的情节,进而领略小说的情节艺术。这样的教学就比单纯让学生知道故事情节更有价值和意义。

第四,从关注作品中的人物关系到关注作品与读者的关系。

完整的小说作品的完成是读者介入的结果。换言之,读者是小说的一个构成要素。小说教学不仅要关注作品中人物之间的关系,而且要关注小说与读者之间的关系。艺术效果的达成就在于小说与读者之间产生了某种联系,正是这种联系使读者与小说作品,包括作者之间进行了沟通。因此,小说教学要关注小说作品与读者之间的关系。

《二十年后》这一小说"意料之外、情理之中"艺术效果的达成不仅仅在于作者在小说中设置了人物的双重身份并且巧妙地隐蔽了一种身份、凸显了另一种身份,从而使得小说的情节得以推进下去,而且在于作者对人物身份的隐蔽同时遮挡了读者的视线,使读者无法从开始或中间就明白其中人物的全部身份,从而达到在结尾处使读者达到"豁然开朗"的感觉的效果。不仅如此,小说还使读者回味无穷。这种回味无穷,不是像很多小说那样让读者对小说结尾之后内容的想象,而是"迫使"读者回过头来探索前文的内容:作者在哪里悄悄地作下了铺垫? 有的小说的结尾,也具有"意料之外、情理之中"的艺术效果,读者读完之后一下子就明白了,不用再回过头来重读,而《二十年后》这篇小说却是需要读者重新回过头来再读一遍甚至几遍的。这是这篇小说更为高妙的地方。因此,作品与读者的互动关系也应成为本篇小说解读的一个关注点。至于这一点要不要成为教学内容点,则可以根据实际的需要而选择。

后续学习活动

任务1: 下面是永嘉县的徐洁老师《二十年后》的教学设计,请阅读后回答问题。

《二十年后》教学活动

活动1:默读全文,请一位同学把这个故事讲给大家听听。

活动2:分角色朗读,思考"对话"的异同点。

活动3:跳读全文

以"原来_____,难怪_____"语句来说话。

A. 鲍勃是通缉犯

B. 吉米早就认出了鲍勃

C. 假吉米是个便衣警察

活动4:补充材料

欧·亨利

美国著名作家,世界三大短篇小说大师之一。他善于戏剧化地设计情节,铺设各种暗示,在结尾处创造了出"意料之外、情理之中"的极具匠心的结局。

附:教学板书

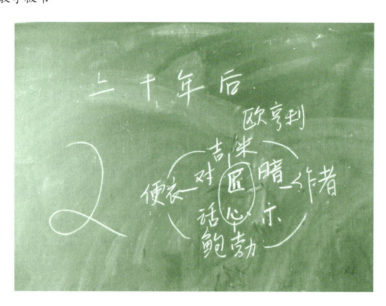

(1)你认为,徐老师的这堂课在教什么内容?

我认为,这节课的教学内容是:

_____

_____

(2)你认为,她设计的学生活动能否达成教学内容,为什么?

我的观点:

_____

(3) 这一教学设计,值得我们学习的地方和需要改进的地方是什么?

值得学习的地方有:

需要改进的地方有:

永嘉县共同备课研讨现场

任务2:下面是某组学员对《二十年后》的教学设计,请分析他们在教什么,并对他们的内容确定与教学设计进行评论。

《二十年后》教学设计

终点:1.理解达到本文结尾妙处的写法
　　　2. 体会人物复杂的内心世界

落点3:理解作者对人物身份关系利用的妙处

活动1:替换身份

活动2:再读、对比

落点2:理解暗示的运用

活动1:细读、批注:从人物行为、语言、物品上看心理与身份

活动2:全班交流:批注研究的结果,理解暗示运用

落点1:理解对话的作用

活动1:通读全文

活动2:复述全文

活动3:对比原文

对话作用:推动情节,暗示心理、身份等

起点

---

1. 学生懂的:故事情节、结尾效果巧妙
2. 学生不懂:(1) 如何达到这么巧妙的效果
　　　　　　(2) 人物复杂的内心世界

(1) 本设计的教学内容是什么?
我认为,这节课的教学内容是:

---

(2)请根据所学知识与自己的经验对本设计进行评论。

我的观点:
_____
_____
_____

任务 3:根据本次共同备课的相关成果,请设计《二十年后》的教学目标与教学过程。

(1)《二十年后》教学目标(终点):
_____
_____
_____

(2)《二十年后》教学过程

             终点:
             _____

       落点 2:
       _____

       活动 1:
       活动 2:

落点 1:
_____

活动 1:
活动 2:

起点
_____

1.

2.

3.

任务 4:造成欧·亨利小说"意料之外、情理之中"结尾的原因有共同之处,但具体到每篇小说又各有其不同原因。请分析欧·亨利下列著名小说达到"意料之外、情理之中"的具体原因。

(1)《麦琪的礼物》的"意料之外、情理之中"是什么?

造成这种艺术效果的原因是什么?

(2)《警察与赞美诗》的"意料之外、情理之中"是什么?

造成这种艺术效果的原因是什么?

(3)《最后一片常春藤叶》的"意料之外、情理之中"是什么?

造成这种艺术效果的原因是什么?

小说结构与教学内容确定
——《勇气》共同备课

教学现状描述

查阅教学设计可以发现,《勇气》一文的教学目标多定在如下方面:(1)对两种勇气的理解(理解勇气的内涵、比较哪一种勇气更可贵),(2)理清文章的思路或结构,(3)理解人称切换的表达效果,(4)理解人物所表现的精神品质。还有人教"法国女人的信仰是什么",如何理解法国女人是一个幸福的女人等。

教学这篇小说,大家很容易沉浸在法国女人和美国伞兵的故事上,而不太注意小说中的"我"和空军将领的价值与意义;很容易忽视勇气和信仰是从哪里来的,是故事本身的呈现,还是呈现加上他人的解释;很容易去探讨勇气和信仰到底是什么。这些问题的出现,与对文本体式的解读不准确有关。要走出这些困境,需要对文本体式加以准确把握。

热身活动

进入共同备课之前,请思考以下问题,并带着这些问题进入共同备课。

1. 你是不是在教学中教"理解勇气的内涵是什么?""教法国女人的信仰是什么?"这样教有没有问题?

2. 课文中第一人称与第三人称的转换,仅仅是叙述视角的转换吗?有什么作用?

3. 这篇小说讲了几个故事?哪几个故事?这几个故事之间是什么关系?

共同备课进程

【过程描述1】 教师分别发言,交流前期准备

共同备课之前,老师们已经做了准备。共同备课伊始,先请老师们谈一下,自己对这篇课文的理解,以及自己的教学分析与设想。这个过程是大家交流前期准备的过程,也是寻找问题探讨点的过程。后续的问题探讨,将从老师们在这个交流过程中出现的问题切入。

在前期的交流中,合作专家一般不打断老师的发言,也不就他们发言中出现的问题提出追问。之所以这样做,是为了使老师们能够充分地展示自己的教学准备、教学思想和教学设计,同时使所有备课老师对大家的准备有一个整体的认识,并从中得出一些基本的共识。后续的探讨,将在这些共识与问题的基础上展开。此外,一开始每个老师都能够开口发言,有助于提高大家参与的积极性,活跃讨论的气氛,促进共同备课的开展。

师1:这篇文章的情节就是逃避追捕。美国士兵两次来到法国妇女家,特别是第二次,是一个让人惊心动魄的经历。大的环境是二战胜利前,还有就是在法国的统治下。对教学而言,扣题而问是比较好的一个解读的方法。题为《勇气》，谁的勇气？什么勇气？勇气从何而来？勇气的作用、环境的问题弄清楚，也许能帮我们把这个文本解释得更加清楚。学情的起点——这个故事的背景可能学生还不是特别清楚，二战的背景，有必要给学生介绍一下。至于终点，我还没有完全地想好，但是这里面对于幸福的定义是应该理清的。

【观察者点评】
小说又不是论文，它也没有给出幸福的定义，是根本无法理清的。

师2： 我注意了这个法国妇女的形象，特别是在她第一次留住美国伞兵之后的答复，而且在第二次她能毫不迟疑地救这个美国伞兵，读到这里我觉得法国妇女的形象已经很美了。我们也读到了她的一个高度，这个学生也可以理解。学生可能对于最后三段，体现作者创作主旨这一块，不一定能够完全把握，就是为什么她是一个幸福的女人？她救助了美国伞兵，丈夫还死了，为什么她还是幸福的？她懂得她信仰的是什么，但她的信仰是什么呢？这个学生可能不一定能够把握。这里可能还要联系一些写作背景，还有诺曼底登陆等信息，可能就容易解释得通。这个妇女的信仰就是她对正义的坚持，对人性善良的坚持。就是这种信仰，让她迸发出强大的精神力量，所以这个妇女能够两次救助美国伞兵，特别是在两次救助的时候，能够毫不迟疑。在这里也要探讨她的信仰是什么。就是因为这种信仰，让她迸发出强大的精神力量，因此说她是一个幸福的女人。对文章的整体把握在这里应该是个重点。可能还要探讨一下作者。上次，李海林教授讲到散文是作者自己在说自己。他举了一个例子，以杨绛的《老王》为例，要读杨绛，而不是老王；朱自清的《荷塘月色》，要读朱自清而非荷塘。读小说可能还应该从叙事者的角度来理解的就是作者为什么要塑造这个妇女形象？他有什么用意？学生方面，对情节的把握应该是可以的，对两位主角的把握不一定到位，在两种勇气的理解上可能有困难。在写法上可能还要探讨一下，用空军将领的嘴来对两种勇气进行画龙点睛的揭示，这样写有什么好处。

师3： 信仰是什么？如果不告诉我这个是小说，我会以为它是一个故事。作者的目的好像是想用一个虚构的故事来展示一个真实的世界。好奇怪，它好像就是介绍一个人物，我就以为它是一个故事。

师4： 伞兵和法国妇女是同一种勇气，因为他们的信仰是共同的，它所赞扬的是一

共同备课工作坊

种人性美,非常伟大的一种人性美。

……

> 【要点评议】
> 　　有的教师关注的情节是逃避追捕,有的关注法国妇女的"信仰是什么",有的关注美国伞兵和法国妇女的勇气是不是一样的。教师的关注点不同,对全文的理解是点状的,没有对全文系统思考。关注点主要集中在美国伞兵和法国妇女的故事上,较少关注到"我"与"空军将领"在故事中的作用。

【过程描述2】凝聚共识与问题,讨论主人公与主题

在每个教师发言的基础上,需要对发言的话题或问题进行聚焦。这时,就需要总结大家的发言,找出大家在刚才发言中达成的共识和大家共同关注的一些问题。这些达成的共识和共同关注的问题,就是下一步展开讨论的基础和起点。

合作专家(李冲锋): 刚才讨论下来,我们达成共识的是什么?

师1: 一个是两个主人公的形象。美国伞兵写得比较多,法国女人写得比较少,感觉法国女人的勇气比美国伞兵的好像更高。还有一个就是小说的信仰到底是什么?

合作专家: 你们对这个有困惑吗?

师5: 谁是第一主人公?

合作专家: 这是一个问题。还有什么要讨论的?……没有了是吧?一个是主人公的人物形象问题,一个是谁是第一主人公,还有一个是法国女人的信仰到底是什么。我们出现了这么多问题,这是不是意味着这就是上课的时候要教的东西呢?

从这三个问题我可以看出老师读了这个文本之后的困惑。我们先把这些搁置一下,看一下学生的学情。学生的学情,主要是两个方面。一个是学生读完一篇文章后知道了什么、懂得了什么,读完之后能达到什么水平。第二个就是他们读了以后还有哪些是不能理解、不能知道的。现在,我们看一看学生学这篇文章的学情。

师1：我们刚才说的就是学情，就是他们可能在读的过程中有的困惑。

合作专家：刚才你说的是学情？

师1：对。

合作专家：刚才这三个是学情，那从老师的角度说应该教什么？不是学生有什么不知道，需要我们讲，我们就讲。教学内容的确定还有一个方面，就是我们从文本里面解读出来的，需要教给他们的内容。我们解读出来的，需要教给他们的内容是什么？

【观察者点评】教师沉默说明在思考。长时间沉默说明思考陷入困境，没有找到问题的突破口或答案。在这样的情况下，需要合作专家的介入，帮助寻找问题思考的突破口，或提供问题解答的方向与思路。

（教师长时间沉默）

合作专家：那这样，我们对刚才提出的这几个问题先探讨一下。第一个就是主人公和主人公形象的问题。这个问题如果想搞清楚，可能有一个前提性的内容先要清楚，那就是什么是主人公？确定某一个人物是主人公的标准是什么？主人公是叙事的中心人物或视角的出发点。从主题的角度看，主人公一定是和小说形成密切关系的人，是能反映主题的。如果是这样，他在作品里并不一定出现，也不一定占的笔墨最多。我们在这个基础上再往前走，看看这篇小说里面，和主题密切相关的人物是谁？

师6：伞兵。

师7：法国妇女。

师4：两个都是。

合作专家：他说两个人都是，这边说是法国妇女，那边说是伞兵。到底谁是？刚才，我们说了，主人公的确定要有根据。他要能够反映文章的主题。首先把主题确定，然后才能讨论主人公的问题。这篇文章的主题是什么。

师3：信仰。

师4：正义、和平。

合作专家：现在有两种答案出来了，一种是信仰，一种是正义、和平。

师3：应该是信仰。

共同备课工作坊

师6：应该是信仰。

合作专家：你们认为信仰是主题，那为什么这篇小说的题目不叫《信仰》，而叫《勇气》？

【要点评议】
　　教师们把"信仰"看作是主题，不能很好地解释题目为什么叫《勇气》而不叫《信仰》。所以，合作专家提出这个问题。这个问题其实有一定的尖锐性，它逼使教师们思考，勇气与信仰在文章中是什么关系，勇气与信仰和伞兵与法国女人之间是什么关系。这些关系清楚了，文章的内容与主题的关系也就在一定程度上清晰了。

师1：因为法国妇女有这样的信仰。

合作专家：法国妇女有信仰。但是，如果把主题定在信仰上，我们只能看到法国女人的信仰，这个伞兵是没有谈到的。勇气的话，有两种勇气，美国伞兵和法国女人都可以进来。如果是信仰就只是法国女人的信仰，而这个伞兵就没办法很好地体现。这个怎么处理？这是一个很尖锐的问题。学生也可能会提这个问题的：伞兵和什么信仰有关？

【观察者点评】
这个问题是进一步把思考引向绝路，以促进反思。

师7：那他为什么要到诺曼底去呢？

合作专家：派他去的啊。他是一个兵，肯定是被派去的，不一定是他想去的。那和信仰有什么关系呢？（教师沉默）

【过程描述3】分析文章结构，理清两个故事

　　要想理清主人公与主题的问题，需要借助文章的结构。因此，接下来合作专家把问题逐渐引导到对文章结构的梳理上，以使大家看清文本里面的两个故事。

合作专家：探讨士兵与信仰的关系这个思路有问题，要换一个思路。换一个思路就是思考这个勇气和信仰是哪里来的？

师3：从美国伞兵和法国女人那里来的。

合作专家：大家看，这个故事可以分成三部分，第一部分是第1段，第二部分是第2段到第18段，然后从第19段到后面是一部分，大家看看是不是可以分成三部分。

师4：总——分——总。

合作专家：总——分——总？这个不是总——分——总，这个不是议论文。

师4：第一部分是背景，中间是情节，最后是揭示主题。

合作专家：不是总——分——总。

师3：前面是个引子，中间是故事，接下来是故事的主题。

合作专家：中间是故事，那后面这部分是什么？

师3：通过空军将领进一步来写法国妇女的形象。

师1：中间好像是个完整的故事！

合作专家：对啊。中间是一个完整的故事。

师1：这样的话，它加个引子和结尾的用意是什么？

合作专家：这个结构，刚才你们没有关注。

师1：这个一看就出来了。

合作专家：你没有觉得这个结构里面可能蕴含着玄机？

（教师长时间沉默）

合作专家：勇气和信仰是哪里来的？我刚才问了这样的一个问题。实际上如果只看前面的故事，就是伞兵和法国女人的故事，你能够非常容易地读出来勇气吧？而在第18段，谈到这两种勇气的时候，这两种勇气是谁说出来的？是作品里面的"我"。是他在讲这个故事。他在转述这个美国伞兵的故事，是不是？后来18段中，他说两种勇气打动了他们，这个是谁说出来的？"我"说出来的，这不是故事本身呈现出来的。还有，信仰是哪里来的？信仰是那个空军将领说出来的，它也不是这个故事本身呈现给我们的。是不是啊？你现在就看出来了，这个里面的勇气和这里面说的信仰，包括幸福，都不是我们读了这个故事以后读出来的，而是这个讲述者直接告诉了你有两种勇气。然后是法国将领告诉你，那个是信仰，她很幸福。然后我们才知道，哦，原来美国伞兵有勇气，刚才我们读不到勇气的，可能好多人感觉不到他的勇气。法国女人的勇气,我们可能能够感受到一点,特别是第二次,她又接受了伞兵,但是并不明确。讲述者明确提出来了,她有这个勇气。再到信仰的时候,再到幸福的时候,都是哪里来的?都是那个空军将领告诉我们的。然后我们才开始觉得:哦,她是有勇气的,她是有信仰的,她是幸福的。

刚才我们是怎么进入这个讨论的?刚才我们进入这个讨论不是由这个故事本身,而是经由这个空军将领的评价进来的。你看刚才大家提的问题,她的信仰到底是什么,这个妇女的勇气到底是怎么一回事,到底伞兵还是法国女人是主人公的问题,基本上都是经过后边的评论,重新进入这个故事。大家看是不是这样?不是直接从美国伞兵和法国女人的故事里面,直接读出来勇气、信仰这些东西。这说明什么啊?

师 4:第 2 到 18 段这个故事本身就表现了勇气。

合作专家:在哪里?请分析。

师 4:美国伞兵和法国女人,这两个人都是具有勇气的,妇女身上是毫不犹豫地两次救美国伞兵,这是勇气。还有美国伞兵既是勇敢,也是一种勇气。

合作专家:这个是能看出来的吗?

师 4:第 2 到 18 段展示了一个故事,故事本身就表现了一个勇气的主题。因此,这个题目是《勇气》。再往下分析,为什么还要写第一和第三部分呢?

合作专家:好。这样,你可以做一个试验。这篇文章学生是没有读过的,你把第 2 段一直到 18 段,18 段到什么地方呢,到"两种勇气"之前,把这些内容截下来发给学生,让学生读,看看他们能读出这两个人的什么品质。你可以试一下的,看学生能不能归结到勇气上来。如果大部分的学生能归结到勇气上来,就说明我们是能够很容易地读出来的;如果学生读出来是其他的,可能是勇敢啊、可能是机智啊,或者是其他的一些东西,说明是另一种情况。

我这么说,想表明什么?当我们现在在说"勇气"的时候,还是文本后面第三部分,包括题目,给我们的信息,引导着我们到了"勇气"这个点

【观察者点评】一方面,教师坚持认为是能够看出来勇气,另一方面,又对作者的写法产生了新的困惑。可见,还是不能圆满地解释文章的结构。

上。故事的讲述者引导着我们,他说了这样的故事,这个故事表现给我们的是勇气,我们甚至可以把它引导到其他的方面去。特别是信任和幸福,如果不是后面这一段,我们就更到不了那个点上去。

(教师较长时间沉默)

合作专家: 这里面有两个故事,大家看到没有?

师5: 后面是一个故事。

合作专家: 不是。

师5: 中间是一个故事。

合作专家: 中间是一个故事,前后连起来又是一个故事。法国女人和伞兵的故事是中间的一个故事,这个有没有看出来? 它是两个故事,应该是故事里面套了一个故事。如果讲第一个故事,该怎么讲呢?"我"碰到了一个伞兵,伞兵讲了他自己的故事,这个故事是他向法国女人求救、自我逃生的故事。后来,"我"到处去讲这个故事,"我"知道他是一种勇气,但是"我"觉得不圆满,"我"不能圆满地评论他。直到有一天,"我"碰到了一个空军将领,这个空军将领给了一个评论,说这个法国女人是有信仰的,"我"觉得这个解释很到位。他说她是很幸福的,"我"有点不理解。这是一个故事,一个完整的故事。而里面的故事呢?从第2段到18段,它也是一个完整的故事。它有两个故事。

师3: 作者好像就是想表现中间的这个故事。

合作专家: 这是个关键,就是两个故事中间的一个关系。大家看,是两个故事吧? 中间是一个完整的故事,外面是一个故事,他到处讲伞兵的故事,然后碰到空军将领,这个是一个故事。中间的这个故事,你看,你看出勇气来了,但是其他老师看不出勇气来。我刚才说了,你让学生去看,很可能很多学生想不到,这个故事与勇气之间的关系不是很容易看出来的。但是,后来为什么有了勇气,有了信仰,有了幸福? 是因为叙述者引导了,引导到那里去了。

师7: 好像人物身上有勇气。

【观察者点评】
小说教学要关注叙述者的引导。

共同备课工作坊 143

合作专家：后面，说他们有勇气，说他们有信仰，在一定意义上和这个故事里面的美国伞兵和法国女人是没关系的。这个"勇气"是故事中的"我"和空军将领赋予他们的，就是通过故事中的"我"和空军将领解释出来的。美国伞兵和法国女人的行为和勇气之间是一种"行为"和"行为被阐释"的关系。

现在两个故事我们看清楚了，那么大家说，这篇文章中，伞兵和法国女人的故事更重要，还是"我"的那个故事更重要？

师 4："我"的故事更重要。

合作专家："我"的故事更重要，为什么？我要问一下为什么？

师 4："我"讲"我"的故事，"我"讲"我"的感受。

师 5："我"知道这样的一个故事，然后为大家展示。

合作专家：师 5 说的"我"是指作者。师 4 说的"我"是小说里的"我"，不是指作者。你们两个思考的"我"是两个"我"，是两个层面上的思考。

师 4：直接讲一个故事就行了。

合作专家：讲哪一个？如果说没有伞兵和法国女人的故事能讲后面的故事吗？

师 6：没法讲。

师 5：作者虚构一个别的故事也可以讲。

合作专家：那还是要有一个故事。

师 4：作者为什么要虚构这样一个故事来讲？

师 7：这个故事很感人。

师 6：肯定是生活当中的什么东西触动到她去写这个。

师 7：这就需要了解作者的写作背景，了解一下作者。

合作专家：但是什么东西触动到作者我们很难探讨的，甚至没法探讨。我们还是要探讨一下文本体式，就是这篇文章它所具有的一些独特的，和其他的小说不一样的东西，这篇小说的独到之处恰恰是我们需要教给学生的。刚才我们谈到小说的三要素，这些内容一开始教小说的时候是可以教的，但不能每篇小说都教三要素，都教三要素，学生就觉得没劲了。这篇作品区别于其他作品的东西在哪里，这个有必要探讨一下。

（教师较长时间沉默）

【过程描述 4】探讨主题呈现，确定文本体式

共同备课时会在同一个问题上绕来绕去，这是由于问题的复杂性和解决的困难性导致的。所以，经常会出现前面在探讨一个问题，后来跑到其他方面去了，探讨到一定程度，又回到前面的问题上来的情况。在这次备课中，关于小说的主人公、小说的主题等问题就有这样的特点。探讨到最后，我们要根据前面探讨的两个故事，以及两个故事之间的关系和小说主题的呈现方式来确定文体体式。文本体式确定了，也就为确定教学目标提供了一个重要参照。

合作专家： 刚才我们提出了谁是主人公的问题，是伞兵还是法国女人。讨论到现在，我们看出是两个故事，一个故事是镶嵌在里面的，一个是在外面的。现在重新来思考这个问题：谁是主人公？

师 1： "我"。"我"的感受是作为主线的。

合作专家： 现在变了是吧？不是看那个伞兵和女人了，感觉好像"我"是主人公了。那你怎么理解？

师 1： 有点变化。

师 4： 那两个人物和主题没有关系。

合作专家： 肯定是有关系。如果没有关系，就不用讲了。

师 7： 这就很奇怪了，这两个故事之间的关系。

合作专家： 问题是在讲故事里面的故事，当你把眼光集中在伞兵和法国女人身上的时候，是讲外面的大故事里面的小故事。就好像是一个大房间里面还有一个小套间一样，你只看到了小套间，而没有看到自己在大房间里。

师 7： 有关系，但是关系在哪里呢？看不到。他到处逃避，只不过他敢跑回来了。

合作专家： 敢跑回来，也有勇气在里面，因为他不知道这个女人接不接受他，他也不知道德国人会不会再回来，他是赌一把，但是也有人有不同意见，他说他赌一把是因为他没得选择了。

师 7： 对，你跑不掉了。

合作专家： 什么能叫勇气？

师 7： 主要是看社会，所以他总结出是勇敢的，有勇气。

合作专家： 也不是直接读出来的，是吧？我们刚才说他的勇气和信仰是什么？

"我"说他们两个有这种勇气,空军将领说这个法国女人有信仰,是很幸福的。到底是不是这种情况?你没去问法国女人,你也没法证实。而这个空军将领这么解释,而这个"我"认为空军将领解释得对。

(教师沉默)

那换个方式问这个问题:这篇小说主要是在讲第一个故事,还是第二个故事?还是在同时讲两个?还是怎么说?这个关系要理清楚的。小说是重点在讲伞兵和法国女人的故事,还是讲"我"知道这个故事,到处讲故事的这个故事。还是讲什么关系?

师7: 前面的故事。

合作专家: 为什么?

师7: 知道这个故事之后,后面的故事才能发生。但是这两个故事之间有关系。

合作专家: 什么关系?

师7: 找不到。

(教师们笑!)

合作专家: 你看,我们老师现在都找不到,学生肯定也找不到,那这个东西可能才是需要我们教给他们的。

(教师沉默)

合作专家: 这个故事以"我"这个故事为主,应该是对的,是不是?因为伞兵和法国女人的故事是嵌在里面的,它是在展示一个故事,所以我们可以确定,"我"听到这个故事,探究这个故事的意义,应该是这篇小说的主线。那么,现在就有一个问题了:如果这是小说主线,为什么我们刚开始探讨的时候却把更多的注意力放在了伞兵和女人的身上?

> 【观察者点评】不仅要把教师从伞兵和法国女人的故事里面"拉"出来,还要让他们明白为什么会"陷"进去,从而在今后的备课过程中,遇到类似的情况时避免再"陷"进去。

(教师笑)

师1: 占的篇幅比较大。

合作专家: 学生也会这样的,大部分的人看的时候都会关注到这个。

师1: 就是法国女人第二次救美国伞兵。

合作专家: 对。刚才说了,到第18段完全可以是一个完整的故事,完全可以拿出来独立的,我们也看到了,完全可以去给别人讲的。但问题是,这个故事后面第19段到22段的这个故事和前面的故事是什么关系?

师2：没关系。

合作专家：怎么没关系呢?

师2：其实这个空军将领是虚构的。

合作专家：小说嘛，很多东西都是虚构的。现在我知道了，你是在用作者创作的思维和逻辑来思考。

师2：对。从作者的角度，他为什么写这样的一个故事，为什么编这样一个故事，整篇都是虚构的，"我"也好，空军将领也好，都是作者。

合作专家：这个不能这么看，你怎么觉得伞兵和空军将领都是他呢?

师2：空军将领是虚构的。

合作专家：里面的所有人物我们都可以认为是虚构的。这个地方也是学生很容易问的，学生很容易在这个地方不明白，他会问这个问题的，这是很重要的一个学情。

当读到这个地方，我们不懂的时候往往会怎么做? 往往是回过头看故事，是不是? 所以，一个好的作品，其中一个标志就是当它结束的时候要让读者再重新回过头去读这个故事。这是好作品的一个标志。好的作品，比如杨绛的散文《老王》，读过之后给你留下无限的思考，那是一种好的标志。还有一种作品，当读到结尾的时候，它让你产生了新的问题，要想解决这个问题，你就要重新回去读它，像欧·亨利的作品，意料之外、情理之中，为什么会是这个样子呢，前面是怎么写的呢，这就需要回过头去重新读了。欧·亨利的很多作品都需要再读一遍，才能看清楚当时作者的用笔之妙。《勇气》这篇小说也有这个特点，到最后的时候，"我"也不明白，为什么这个法国女人的勇气经常同我们在一起，永远不会让你丢脸，还有一个就是她的信仰是什么，文章虽然没有用问号的形式，但实际上给我们留了一个问号。她的信仰是什么呢? 大家也提出来了，包括学生也可能会问这个问题，她的信仰到底是什么呢? 我们不知道。不知道就逼迫我们再去读那个故事，重新再回去。但是重新回去之后，我们能在本文的叙述里面得出她的信仰是A、B、C、D，能非常清楚地说出来吗? 说不出来的，没有的。我们可能没办法给学生一个答案：她的信仰是1、2、3，请大家记下来。

> 在我看来,她到底信仰的是什么并不重要。重要的是什么?是她有信仰。而且她的信仰到底是什么我们也不知道,但是通过她的行为,两次让伞兵进来,我们可以看到的是,她的信仰给她的力量,这个才是关键。她的信仰到底是什么不关键,关键是她有。信仰和勇气是什么关系?就是因为她有这个信仰,她有这个力量,她有这个勇气,她可以接纳他一次,再接纳一次。应该是这么解释。
>
> 还有一个问题是为什么她是幸福的一个人?信仰、勇气和幸福之间是什么关系?

师2:我觉得多亏了信仰。

合作专家:对,因为她有信仰。还有一个就是,她做了她应该做的事情,她这个信仰让她做应该做的事情。所以,她的信仰是什么,很难回答,我们也可以说她的信仰就是救人。

师1:她的幸福来源于信仰,她为什么可以信仰呢?是源于她的勇气。

合作专家:升华了。

师3:有信仰就有勇气,就幸福,勇气是信仰的外在表现。

合作专家:对。

师3:她为什么幸福,有信仰的她有幸福。

合作专家:可以这么解释。

> 这段不是很长,但是肯定有要害的地方,你只有抓住它要害的地方可能才会解开这个扣子,那要害的地方是什么?

师4:就是那个描写。

合作专家:哪个描写,它有很多描写?

师4:就是那个眼神吧,还有她的语言。

合作专家:对,两次都谈到了她的眼光,两次都谈到了她的语言。

师4:她的两次语言是不一样的。

合作专家:后面加了一个"快"字。

师2:这两句话里面肯定是有关系的。

合作专家:信仰。不是说放伞兵进来的问题,重要的是她为什么这样,她的力量来自哪里?当然是她的信仰。刚才说了信仰具体是什么不重要,重要的是她有。信仰是什么?就体现在她放美国伞兵进来,你进来,我收

留你,就体现在这里。

这个问题应该探讨的,也应该回答的,因为学生也可能会这样问。好,我们现在把过多的目光放在了信仰和女人的关系上,现在我们再转一下,这个美国伞兵,刚才大家还在讨论他是不是主要人物的问题,现在为什么又忽视了他?

【观察者点评】美国伞兵也是一个重要人物,但大家的关注点过多地放在了法国女人身上。当对法国女人的问题讨论得相对清晰了时,就有必要把目光转移一下,转到美国伞兵身上。

师1: 因为信仰,他没有。

合作专家: 那勇气又和他有什么关系呢?在作者看来,伞兵的勇气和法国女人的勇气都是可嘉的勇气,都是可嘉的行为,都是值得赞赏的,只是产生这两个勇气的来源不同而已,这个法国女人的勇气更多的是来自信仰。作者谈了两种勇气,但是在后面他有一个"不过,那个法国女人的勇气……"然后谈到了她的信仰。如果直接用《信仰》,就像刚才我们讲到的,就把美国伞兵的那块内容给抹杀掉了,因为这两种勇气都是可嘉的。但是相对来说,美国伞兵就是拼命,那法国女人可能因为有信仰,她更幸福、更伟大一些。如果是这样,**作者用《勇气》就能把这两个人全贯穿起来,因为信仰只是解释法国女人勇气产生的来源或者是力量的源泉。所以用信仰就没法把美国伞兵也被认可解释出来。**

美国伞兵第二次再回到这个家庭里的时候,实际上他也是需要勇气的, 因为他已经使人家的丈夫死了,而且他不知道德国兵会不会再来,如果德国兵再来可能会使人家有家庭性的灾难,这样的情况之下他继续去敲门,继续跑进去,他确实是需要勇气的。

师2: 他也没办法。

合作专家: 对,他没办法了。法国女人有勇气,文章里面点明了:"那位法国女人的勇气——她毫不犹豫地给了美国伞兵第二次机会。"她的勇气主要体现在这里。那么,美国伞兵的勇气是"智胜他们的美国青年的勇气",这里强调他的智慧。在作者看来,或者是在这个叙述者看来,这个美国伞兵也是有勇气的,他的勇气和他的智慧是连在一起的。这是

共同备课工作坊

两种不同的勇气,这两种勇气都是可嘉的。

师1：两种勇气他都赞同。

合作专家：赞同是赞同的,但是他好像更侧重女人的勇气。

师1：对。

合作专家：因为他有一个"不过",转折。

师2：这两个人都有勇气了,要表达的就是这两种勇气。

合作专家：关键不在这里,关键是勇气、信仰,不是从故事里面直接出来的,而是作者通过后面的一个故事揭示出来的。故事中的"我"听了一个故事,这个故事打动了"我",迷住了"我","我"就到处讲,但是讲得不确定,讲勇气好像又不到位,所以在不断地讲的过程中不断地找寻这个意义。后来,当遇到空军将领的时候,空军将领才点到了"我"想要的东西,然后才到位了。所以,我把它称之为是一个找寻意义的故事。在我看来,第19段到22段是在解读这个故事。前面是一个故事,故事里面蕴含着勇气,也蕴含着机智,也蕴含着信仰,但是"我"不能把它完全解释出来,就照实讲,讲了好多次也解释不出来,所以到最后的时候,这个故事里表达的东西,"我"想表达的东西解释清楚了。由此看来,美国伞兵和法国女人的故事已经发生了,已经在那里,但是对故事的找寻、对意义的阐释在不断地被挖掘。这两个故事是有内在联系的,没有第一个故事就没有后边的这个对勇气、对信仰的探讨,后面的探讨如果没有前面的故事作为依托,也没有办法展开。

师2：这个故事很奇怪,换成别的故事不也可以吗？这两个故事之间还是没联系的。

合作专家：不是没联系,你是不是觉得联系得不紧密？

师2：从结构上来讲前面的是后面的一个基础。

合作专家：是这样的,它内在不是没有联系,刚才我们说前面的故事是后面故事的一个基础,这只是一方面。后边如果我们要理解信仰、理解勇气,就必须回到原来的故事,还必须要回去,回去读他的勇气在哪里,他的信仰在哪里？不是勇气是什么,信仰是什么,而是勇气在哪里,信仰在哪里,应该是这样的一个关系,就是哪里体现了勇气,哪里体现了信仰。

师2：我看起来差不多嘛。

合作专家：我们讨论到现在你感觉——

师1：之前是和信仰没有关系，现在联系起来了。

合作专家：首先是这个结构很重要，我刚才一直在强调这个结构，就是里面一个故事，外面一个故事。

师2：这两个故事的内在联系到底是靠什么联系在一起？就是勇气和信仰。

合作专家：对。

师2：不仅仅是信仰。

合作专家：勇气和信仰是你知道了这个是勇气、这个是信仰，知道这个是没用的。我刚才提了一个问题，就是我们可能不是问什么是勇气、什么是信仰，而是勇气在哪里，信仰在哪里，逼着我们重新回去再读前面的这个故事，去看一下，这个勇气在哪里，信仰在哪里。因为前面我们读这个故事的时候没看出来，没看出勇气，也没看出信仰，或者是勇气和信仰我们感受不深刻，但是后面提出来了，这个故事里面有勇气，这个故事里面有信仰，我们马上就提出了一个问题，勇气在哪里？信仰在哪里。我没看出来嘛！

师2：一看就知道，题目就是《勇气》，你看到这个就想到勇气，不用看结尾。看了题目就想她写的肯定是勇气，不然写勇气干嘛。

合作专家：信仰事实上是对勇气背后原因的揭示。

师2：对啊。

【要点评议】

用题目是《勇气》来证明作者想写勇气，其实，还是想表达勇气是能够从第一个故事里直接读出来的。讨论至此，老师们又回到了第一个故事里面来思考问题。好不容易跳出来的思维，一下子又回到了原来的在第一个故事里讨论勇气的思维状态。有时，我们都有一种思维的惯性，这种思维惯性会很"执着"地把我们不断带回到原有的思维轨道。备课至此，有一种绕了一个圈好不容易出来了，绕着绕着又绕回去了的感觉。如果继续这样讨论下去，可能是仍然会在这个问题上进行纠缠。因此，需要换一个问题来讨论，通过对新问题的讨论来打开旧问题的"结"。此种情境下，转移话题就成为一种备课策略。

合作专家：现在我们再回到主人公的问题上来看看，主人公是女人，还是伞兵，还是女人和伞兵，还是这个里面的"我"。

师1：应该都是。内容是和勇气相关的。

合作专家：作者不讲勇气，直接讲这个法国女人不可以吗？我的文章就是表现信仰，也可以的。我把美国伞兵撇开，也是可以的，为什么不可以呢？

师1：那没有勇气，只显示了信仰。

合作专家：那我的题目就改成《信仰》，中间不讨论这个美国兵，直接切入这个法国女人就可以了，这么写也是可以的。

师1：就是强调。

合作专家：是强调。

师2：将故事和主题联系在一起。

师1：这篇小说表示的就是这两个人的勇气，也更加表现了法国女人的心。

合作专家：你谈的是，是不是既给他勇气又给他信仰，那我提的是，是不是既不给他勇气，也不给他信仰，给他其他的东西。

师1：它好像应该是写智慧的勇气。

合作专家：这篇小说如果讲得那么明白还有意思吗？从文本看，它对法国女人有信仰是有一种认可的。

师1：如果从作者的角度看，主要是表现这个妇女的勇气。

合作专家：为什么这么说？如果我们这么讨论就又回去了，又陷入了第2个故事里面去，就是你怎么会陷到这个故事里面去的，又陷入到信仰和女人的关系里面去了，怎么陷进去的？

刚才我说了，如果不是两个故事，提不出"信仰"这个概念的，你不会一开始看前面的故事就讨论"信仰"，现在是两个故事，后一个故事提出了"信仰"的问题，所以我们才顺着信仰开始讨论法国女人的信仰。

有一种类型的小说是无主题小说，有必要形成一种观念，不一定所有的小说都是有主题的。作者写的时候就不一定赋予作品一个确切的主题，给出一个明确的指向。无主题

【观察者点评】
因为对主题的理解有偏差，因此补充了关于无主题小说或多主题小说的知识。希望借此，加深老师对小说主题的认识。

的基本上就属于多主题的，它就是不想给你一个确定的思想，就想给你一个发散性的东西。我们的头脑里有一个根深蒂固的观念，就是小说里面是有固定主题的。不一定的。

师2： 我有一个特别疑惑的，就是"我"把这个故事讲给其他人，那我作为一个女人，为什么这么做？

合作专家： 这里要注意，这个作者是一个女性，但是小说里面的"我"不一定是女的，这个我们要搞清楚的，作者和作品里的"我"不是一个人。

这个想法是有意思的，他是讲给美国的士兵听。

师3： 是要让他们学习，才讲给他们听的吧。

合作专家： 不一定，主要是讲对两个人物的看法，这个看法是重要的，他讲这个故事好像还不是目的，他还把这个看法说出来，这个看法是很重要的。

信仰，不是这个作品里面的"我"说的，是空军将领说的，这篇小说没结束，接下来应该是什么？"我"对这个将军的话是什么反应，因为他说幸福的时候"我"已经很惊奇了，后来也懂得幸福是什么，然后这个作品里面的"我"认同不认同这个信仰，我们不知道的，你看我们知道吗？这个小说到这个地方戛然而止。不过，这个作品里面的"我"认同这个信仰吗？当然他前面说了一个，空军将领把他的感受确切地表达了出来。

师1： 他把"我"的感受确切地表达了出来，表达得非常准确。

合作专家： 他认同的应该是前面的那个，勇气。勇气表达了出来，这块是认同的，但是信仰认同不认同？不知道。可以这么理解。

师1： 也有可能不认同。

合作专家： 对。我刚才说的一个问题，我们刚才探讨的信仰是在文本里面探讨的，现在我们跳出来，作者为什么要写这篇小说？

师1： 这个故事是谁编的呢？

合作专家： 这个是牵扯到作者创作动机的问题。写作目的我们不能跑到文本之外找，要读出这个东西是什么，文本之外的东西我们也不可能把握。

师1： 通过这个故事告诉我们学习这种信仰、勇气，因为他是士兵嘛。

合作专家： 那我们教给学生什么东西呢？他想要表达的就是你刚才说的勇气和信仰？

师1：对。

合作专家：那这个东西学生能看出来吗？学生读了一遍、两遍，如果能读出来我们还教什么？学生能看出来了，问题解决了，还教什么？我发现我们讨论到现在，不知道教什么了。

> 【要点提炼】学生自己能够读出来的东西，不需要教。

师2：叙事的角度。叙事的角度和一般的不一样。

合作专家：这是一个方面。中间的是转述，"我"在转述美国伞兵的故事，这种变化对作者要表达的内容有什么影响，这个才是我们要教的。教"转述"很容易，大家一看就看出来了，问题是作者为什么用这样的一种方式来写。作者为什么要写两个故事，为什么要用两个故事来讲？

师1：这个学生又不关注。

合作专家：可能这就是学生需要的呢。两个故事之间是什么关系？好像是不能解释的。

师4：那就不要教了。

> 【要点评议】
> 　　学生不关注的，未必就是不需要教的。学生不关注，但有价值的内容，恰恰是需要教的。
> 　　碰到自己不能解释的内容就不教了，有些避重就轻。不能轻易放弃有价值的教学内容。

合作专家：我不是说不要教。教什么？主题的话，刚才谈到是信仰，这个学生能看出来吧？比较容易看出来啊，学生觉得这篇文章就是信仰，这就解决了。

师4：那就不教主题。

师1：教文章的结构。

合作专家：结构是服务于内容的，不能纯教结构，纯教结构没有意义。我们可以看到第1段开启一个故事，第2—17段实际上就是在讲一个故事，到了 18 段跳出了这个故事,回到第 1 段的层面上开始谈论、评论伞兵的故事,刚才我讲这是在解读这个故事,小说中的"我"一直在试图解读这个故事。这个可能是它和其他小说不同的地方。其他的很多小说就是在讲一个故事,在讲这个故事的时候把某些意思蕴含在里面,让你自己去体悟。这是一种常见的小说的类型。

这个故事不是那种类型。它讲了两个故事,里面的故事和讲这个故事的"我"是很远的,他之所以讲这个故事,是因为它打动了他。在这个作品里面,有两个人在讲这个故事。一个人是那个美国伞兵,他先讲了这个故事,然后"我"再讲这个故事。这个美国伞兵讲的是什么?美国伞兵讲的是自己的故事,重点是在讲这个法国女人救自己的故事。然后,我再去讲这个美国伞兵的故事,而这个空军将领再去评论我讲的这个美国伞兵讲的他和法国女人的故事。你看,在这里面有好几圈,一圈一圈,然后才出来了勇气,出来了信仰。它有故事套故事的结构,一环一环的,勇气和信仰才出来的。首先我们要看清这个结构。

现在的问题是,作者为什么要用这样的方式去讲这个故事。(教师沉默)他用这样的一个方式去讲这样的一个故事的价值和意义在哪里?

师 5:刚才我们讨论的不有这两个嘛,一个是为什么写这篇文章,一个是为什么用这种方式来写。

合作专家:大家可以思考,为什么用"我",而不用伞兵的角度去讲里面的那个故事。在我看来,这是一种表达的需要。如果是伞兵讲自己的故事,他可能要讲的、要突出和强调的东西与作者想讲的不一样,不是作者想要表达的,所以作者不用伞兵的角度和口吻来讲里面的这个故事。作者不需要表达那块内容,所以不需要去写。这是由表达需要决定的。

师 5:这个故事和《孔乙己》有点相像。

合作专家:这个故事和《孔乙己》有区别吧?

《孔乙己》也是由一个局外人来讲孔乙己的故事。小伙计看孔乙己、讲孔乙己,最后小伙计又回来了,说"大约孔乙己的确死了"。这个故事,先是"我"与美国伞兵碰面,他给"我"讲了个故事,然后"我"又到处去讲这个故事。这两个故事一样吧?

师 2:不一样。

合作专家： 不一样在哪里？

师2： 孔乙己的故事是那个小伙计看到的。

合作专家： 对。这是有区别的，这个视角是不一样的。你看《孔乙己》里面，"我"看到孔乙己，"我"说孔乙己，我们读者跟着作品里面的"我"一起看孔乙己。小伙计是在孔乙己的故事里面的，而这篇小说里面，"我"是在伞兵和法国女人的故事之外的。这就意味着，我们读者是在美国伞兵和法国女人之外在看这个故事。问题是，我们在这个之外在看这个故事，我们怎么又进去了呢？

这就牵扯到后边"我"讲这个故事，我们读者通过"我"讲这个故事，又进入到美国伞兵"他"的那个故事。这是有一点区别的。这就是小说的技巧、写法的问题，而小说的技巧和写法是为了所写的内容服务的。对学生来说，这个东西能不能看出来？他们看不出来。学生看不到的东西可能是我们需要教的。这个可不可以作为一个点来教呢？

对主题来说，学生是很容易看到的，因为在小说后面提到了就是勇气和信仰。现在学生看不到的是作者在这篇小说里面是怎么表现这个主题的。表现主题的方式有很多种，需要我们研究。有一种类型，主题是寓于故事里面的，阅读之后，读者自己通过对故事的分析，把这个主题分析出来，或者是提炼、挖掘出来。《勇气》这个故事的主题，不是让读者去挖掘的，它是通过人物评论的方式，去揭示这个主题。这个是它的一个特色吧，它和其他小说不一样的地方。文本中不一样的地方往往是值得关注的点。

其他的一些小说，它的主题是在蕴含在故事里面的，外面做了很多的包装，你看完这个故事以后，通过挖掘才能挖掘到这个主题。但是这篇小说就相反，主题是在外面的，最后都讲出来了，而主题里面包了个故事。你现在不理解的是，为什么她是一个幸福的女人，她的信仰是什么，为什么她是勇敢的。想理解这个主题就必须要回到那个故事里面去，要再回去。有没有这样的区别？有那么点是吧？其他的小说，主题是包在故事里面的，你要剥、剥、剥，才能剥出主题来；这个故事到最后主题就在外面，它的题目也是《勇气》，但问题是勇气表现在哪里，信仰表现在哪里，这就需要再回到故事里面去，好像有倒逼的味道。

师5：主题是从题目和后面的谈论中出来的。光看这个故事看不出来。

合作专家：对。光看这个故事看不出来。题目和结尾已经揭示了这个东西，揭示了以后再读他的勇气在哪里，他的信仰在哪里，再回去。我们可以看到，两个故事谁也离不开谁，两个故事之间有一种互注的关系，即相互注解。可不可以把这篇小说的文本体式定为两个故事互注式的主题外显的小说。这个也是我刚刚想到的。

师5：可以的。

合作专家：好的。接下来，根据我们的讨论，大家归纳总结一下，并据此设计一下教学方案吧。

共同备课小结

1. 本次共同备课的成果

小组汇报：

我们组的台阶尽管不成熟，但是我们组成员对这篇文章的内容层次的理解还是蛮清晰的。

我们把这篇文章的体式设定为两个故事互注式的主题外显的小说。什么叫两个故事互注式的，就是两个故事分别为对方服务，做注解。主题外显，就是主题很明显，不用我们去挖掘，小说中直接揭示出来了。

学生的学情是，对"二战"的背景可能不太了解，需要我们补充。还有学生会问"信仰"这个词是什么含义，他们也不太理解。

根据上述情况，我们把学习目标定为：理解伞兵故事和"我"的故事之间的互注关系，为此我们设定了三步台阶。

台阶一，落点是理清两个故事之间的关系，理清故事，明确文章的主题。 通过两个活动来达到这个台阶。活动一，是请学生来复述故事，理清故事情节。我们预计学生应该会有几种情况。一个是跟全文一样，按课文的顺序来复述；另外一种情况是只复述美国伞兵的故事。有这样的差异，我们就会给学生指出，其实文章中是故事套故事的，一个外面的故事，一个中间的故事。活动二，是让学生直接指出本文的主题是什么。我们可以看到在外围的"我"的故事当中直接表现了主题，关于勇气，关于信仰。

台阶二，我们的落点是，主题当中的勇气和信仰在伞兵故事当中的体现。 学生很容易发现主题,但是到底文章中哪里体验出了勇气和信仰呢?我们设置的活动就是让学生通过寻找文章中伞兵的表现和法国女人的目光、语言去体会一下勇气和信仰到底体现在什么地方。

台阶三,上升一定的层次,我们决定要让学生明确小说的特色,也就是刚才体式讲到的什么叫互注式的,什么叫主题外显式的小说。通过一篇大家比较熟悉的小说《孔乙己》来进行对比阅读。可以让学生明确到,《孔乙己》当中也是有两个人物,小伙计和孔乙己,但是这个小伙计是在孔乙己存在的故事当中的。我们这篇小说的"我"是在伞兵故事的外面的,是故事和故事的互注。我们会发现,《孔乙己》的教学,我们要通过整个故事当中的一些细节去挖掘主题,而《勇气》这一篇却是带着明显的主题回到故事中看哪里表现了主题。以上就是我们小组共同备课的成果。

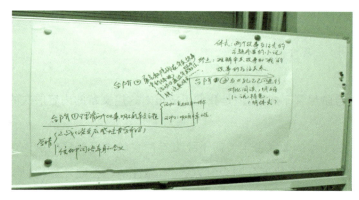

《勇气》共同备课教学设计简案

2. 学员状态改变的小结

第一,从关注小说四要素到关注小说叙述。备课开始时,教师们还是从情节、人物、主题等方面来思考小说的教学,而没有关注到小说的叙述对小说的影响。经过备课研讨,大家逐渐放弃原来的想法,开始关注小说的叙述。

第二,从关注美国伞兵与法国妇女的故事到故事之外有故事。备课开始时,大家的关注点主要集中在美国伞兵和法国妇女的故事上,基本上没有关注这个故事之外还有一个"我"听故事、讲故事的故事。经过共同备课,教师们关注到了这样两个故事,而且注意到了两个故事之间是有关系的,但对这两个故事之间关系的理解很简单,经过进一步的深入研讨看清了两个故事之间的关系,加深了对小说的理解。

第三,对勇气和信仰的来源有了清晰的认识。备课开始时,教师们把勇气和信仰看作是来自于美国伞兵和法国女人的故事,通过备课研讨大家认识到,勇气和信仰,甚至法国女人的幸福,都不是故事直接体现出来的,而是故事中的"我"和"空军将领"解读、揭示出来的。大家对于主题的来源有了更为清晰的认识。

第四,对小说的文本体式有了突破性、创造性认识。备课伊始,教师对这篇小说的文本体式的把握是很欠缺的。经过研讨,提出了"两个故事互注式主题外显型"小说的文本体式,并据此进行了教学设计。大家对文本体式的认识有所改进。

3. 本次共同备课的反思

第一,在文本比较中确定文本体式。通过本次共同备课可以发现,教师在确定文本体式方面的意识还比较薄弱。正因文本体式意识弱,所以对这一篇小说的独特性的研究就不到位。文学体式的理解也是很重要的,只说一篇文章是小说、是散文,是基本没有区分度的。对文本体式的分析要能够揭示"这一篇"和其他文本的不同,然后是用这个文本体式和学情结合起来确定教学重点和目标。学"文本体式"要学到这个程度。在如何确定文本体式方面,即文本体式确定的方式、方法、策略方面,还需要继续研究,以提供方法指导。

在本次备课中,这篇小说文本体式的确定是在与其他类型小说的比较中,与同类型但有差异的小说《孔乙己》的对比中最终确定的。由此,可以推导出文本体式确定的一个基本方法:**在文本比较中确定文本体式,即在同类型或不同类型的文本比较中确定文本体式。**

第二,合理分配文本解读与教案设计的时间。由于在文本解读上花费了过多的时间,在教学过程的设计上所花费的时间相对较少。共同备课中,很容易出现文本解读占据了大部分时间,而教学方案设计很仓促的情况。这会导致教学方案的设计准确性不足、精致性不够、实用性不强。因此,要合理分配文本解读与教案设计的时间。

4. 教学内容确定的研讨

对小说教学而言,一篇小说中可教的内容很多,除了常规的情节、人物、环境、主题这四要素之外,还有叙述视角、叙述时间等。**具体到每一篇小说到底最适合或最应该教什么,要根据每篇小说的文本体式和学生的学情来进行。**对《勇气》这篇小说而言,小说的结构是应该教的一个重要内容。

小说结构是作者谋篇布局的结果。凡是作者在写作时费了心思的地方,都应该加以特别关注。作者之所以费心思,是因为他想在这个地方表达某种东西。作者精心谋篇布局所形成的结构,无疑也应成为特别关注的对象。对小说结构的关注,不仅要关注它的结构是什么，更要关注作者为什么要运用这种结构，即这种结构能够带来怎样的表达效果，或者作者的表现意图是什么。结构是为了更好地表现小说的内容、呈现小说的艺术魅力、表达作者的意图而存在的。结构与小说内容或主题之间具有内在的联系。小说解读时要能够解读出这种联系。如果学生不能读出结构与内容或主题之间的关系，小说教学时应该设计相关活动，让学生读懂结构对内容表达所起的作用。这也是小说教学的重要内容之一。

之所以重视《勇气》这篇小说的结构，是因为作者没有直接把美国伞兵和法国妇女的故事作为一个独立的故事来写，而是通过"我"的转述来写，并且"勇气"意义是经过不断寻找揭示出来的。这就形成了一种故事里有故事、故事里套故事的独特结构。这种结构就把故事变成了一种意义找寻的故事，它改变了单一的从故事里读出意义的传统的意义揭示模式，而赋予所转述的故事以解释性意义。

小说结构与小说的叙述仍然是密切联系在一起的，在探讨小说结构时，不能忘记小说叙述的作用。在《勇气》这篇小说中，作者写道："他的拘束消失了，给我讲了下面这个故事。"接下来，可以由美国伞兵用第一人称的方式来讲述自己的故事，也可以像现在这样由小说中的"我"来转述。作者没有采取第一种叙述方式，而是采用了"我"来讲述或说转述美国伞兵的故事，这就说明作者还不想把美国伞兵推到前面来，他想突出"我"才是这个故事的讲述者，才是其中的主动者，这样才有利于讲接下来的找寻意义的故事，才能够形成"故事之后有故事"的结构。可见，在探讨小说结构时，要关注作者的叙述及其与结构之间的关系。这是解读小说所需要注意的，也是教学内容确定的点。

后续学习活动

任务 1：请从网络或书刊上查找一下《勇气》的教学设计或教学实录，对照一下，他们的设计与上面这次共同备课之间的区别在哪里，并对此做出评论。

任务 2：下面是一篇"金牌获奖教案"《勇气》的教学目标，你是否认同？如果认同，谈一下它的合理性；如果不认同，谈一下为什么。

《勇气》教学目标

（1）理解文中两种"勇气"的含义。

（2）了解作者怎样用文字表现他们的勇气。

(3) 通过分析人物外貌、语言、神态描写,归纳人物性格。

任务 3:下面是《勇气》教学设计中的部分内容,请对此做出评论。

一、课文可以分为三个部分,写出起止段,并说明分别使用了第几人称叙事?

第一部分(第 1 段):偶遇美国伞兵,引出故事。第一人称叙述。

第二部分(第 2 至 18 段):通过美国伞兵两次被救的故事,表现两种"勇气"。第三人称叙述。

第三部分(第 19 至 22 段):通过"将军"对法国妇女的赞扬揭示主题。第一人称叙述。

第一部分是引子,是文章的开头;第二部分是故事,是文章的主体;第三部分是文章的结尾,是升华主题的部分。

二、小说的叙述视角

叙事作品中,故事与叙述者之间的关系叫做叙述视角。第一人称叙述视角,叙述者是故事中的一个人物。第三人称叙述视角,则有两种情况。一种是作者叙述视角,叙述者不是故事中的人物,可以对读者讲话。另一种是人物叙述视角,叙述者是故事中的一个人物,可以以特定的身份感受、观察、思考。

从《勇气》全篇来看,这篇文章用的是第一人称叙述视角(开头和结尾用第一人称,故事的主体部分用第三人称)。这样写显得真实感人。这种视角有利于作者直接表达他对事件的感受,使议论抒情更充分。第三人称是"全知视角",用第三人称叙述故事,能够更加客观、完整地描述,也利于作者直接表达对事件的感受。

任务 4:建议教师(备课组)按共同备课的样式选择一篇小说进行备课讨论,并形成备课成果。

按照共同备课的成果,进行试教和教学研讨。

根据此次共同备课、试教与试教研讨活动,撰写一篇共同备课的反思。

阅读图式与教学内容确定
——《十八岁出门远行》共同备课

教学现状描述

在教学《十八岁出门远行》时,常规的教学内容主要集中在如下方面。

1. 介绍作者余华及先锋小说的特点,意在为理解小说主旨作好铺垫。

2. 通过讨论探究等方式,引导学生理解荒诞情节背后隐含的寓意,把握小说人物的情感变化和主题。

3. 体会新奇独特的语言给小说带来的很强的可读性,以及独特的修辞方式在表达内容上的作用。

4. 和学生的生活紧密联系,重视学生的情感体验和个性化认识,渗透健康快乐的生活态度和积极乐观的人生观、价值观教育。

常规教学的不足,在于并没有很好地研究文本体式,而是用常规的小说阅读知识和阅读图式去解读这篇课文,结果是无法很好地解读文本。要想读懂这篇小说,需要运用新的知识和阅读图式,并把这些新的知识和阅读图式教给学生。

热身活动

进入共同备课之前,请思考以下问题,并带着这些问题进入共同备课。

1. 当遇到读不懂的小说时,你通常是怎么做的?在教学时又是怎么做的?

2. 对学生读不懂的小说，我们应该教给他们些什么以让他们读懂呢？

共同备课进程

【过程描述1】各抒己见论教学内容

师1：这篇课文是在"想象和移情"的单元，所以重点应该是让学生通过作者余华的表达方式去想象，以他们现在的生活体验去感受，作者想用这种表达方式来表达一种怎样的情绪，怎样加以言说的。我想问问，教学想要传达的东西，各位是怎么理解的？

师2：我们想通过这篇课文告诉学生什么？大家都觉得这篇课文，有一种特别浓厚的后现代感觉，感觉它特别的抽象。到底应该去教学生什么？

师3：我觉得里面出现了几个东西是学生难以理解的。这篇课文有一个方面的内容——"旅店"，出现的次数特别多，在后面提到"汽车"稍微多一些。到了28页提到，"我只有自己的心窝也是暖和的，我一直在寻找旅店，没想到旅店在这里"，把汽车的座椅当成了旅店。这个"旅店"和"汽车"到底代表的是什么？

最后的那个自然段写到，主人公想起了自己出门前的场景，跟他被打得遍体鳞伤的感觉完全不一样，他在回忆着自己出门前样子的时候，自己的心里感觉非常的温暖。在解读文本时，我觉得这个地方就是一个难点。

如果以我现在所教班级的学生为例，他们根本就不知道这是一个怎样的故事。如果让他们概括，他们也就只知道，主人公在18岁的时候出门远行，远行的时候遇到一伙人，他想找一个旅店结果遇到了这辆车。我认为最简单的第一步，就是要把这几个情节给学生讲清楚，至于怎样讲，我自己的思绪还比较乱。

师4：作者在文章当中，写出许多在我们看来很奇怪、很荒诞的情节，但这些情节

要表达什么？让我们明白什么？这个我们要特别探究一下。作者的语言风格非常特别，这点也需要把握好！

师5：我同意各位前面说到的观点。在读这篇文章的时候，我本人有几个困惑。

第一，这个司机车子坏了以后，他为什么要去做广播体操，这让我感觉非常的纳闷。

第二，到后面的时候这个司机和这个人有什么关系？在文章开始的时候，感觉这个司机和这个人没有任何的关系，但到后面的时候，这个司机竟然跳到了拖拉机上，所以他们之间到底是一个什么关系？

【观察者点评】由自己读不懂想到学生读不懂，推己及生。

这个我们自己都读不懂，到学生那里肯定也会成为一个难点，学生也会有一个疑惑，所以这点也要让学生掌握得明白一些。

师6：还有一点我们要强调一下，应该让学生注意，这篇课文当中的主人公他18岁了，应该让学生换成自己，刚要成人的那种心态，会怎么去想做广播体操的那种感觉。

师7：文章开始的时候是说，主人公18岁出门时的开心，但在一路上所描写的是主人公的勇敢，就比如说他保护苹果的这个过程，因为他信任着身边的这个司机，所以他才会奋不顾身拼命去保护苹果，这就体现了年轻人的正义，但他最后却被事实给打垮了。

我想从几个方面，来简单说一下我的理解。

从叙述人称上讲，学生们会因为第一人称而非常关注"我"内心的描写，所以有点意识零乱的感觉。

从写作手法来说，文章的手法是倒叙的形式，让人有一种戛然而止的感觉，不知道作者到底想要做什么，这是一种独特的手法。

从情节上来讲，情节比较简单，完全可以使用寻找到暂时的找到，到失去到自己一无所有，然后主人公又开始新一轮的寻找来简单地概括，但在这种简单的情节当中又有一种深刻的含义。就像是在说我们人一开始的时候在寻找意义，寻找意义时又在开始失去意义，然后再开始新一轮寻找，这种循环的过程。这个故事的情节会含有深刻的含义。

【观察者点评】这位教师的思路很清晰，从几个方面对文本内容进行条分缕析，是研究文本体式的路子。

从环境的角度来看，主人公在整个旅途的过程当中发现,人来人往是一种非常迷茫的环境,这篇幅文章从环境的角度来讲,会让人感觉非常的具体,非常的具有意味。

再从主题上来讲,一篇文本有无限可能的解读性,根据每个读者的不同可以解读出不同的主题,尤其是对于比较好的作品来说,主题越丰富,读者就会有更丰富的解读的可能性。

师 5：从这篇小说的描写上来看,我感觉周围就只有主人公一个人,虽然他的周围有一些人,但这些人都像妖魔鬼怪一样,都是突然之间冒出来的,让我感觉非常的恐怖。

师 8：从情节上来说,大家都说到了这篇文章情节的荒诞性。

师 7：所以,我们还是要归结到课文的主旨上,看看作者通过这篇文章,到底想要表达些什么东西。

师 5：如果是咱们的学生,如果刚看到这篇小说,大家觉得最难理解的是什么？

师 4：就是不明白作者在这篇文章当中要说什么。

师 7：学生肯定不能理解司机为什么会来嘲笑他。

师 3：我们的切入口,一定会从形式来找到这个故事的主题。

师 2：我们先从课文的情节入手,先把表面的情节拿出来,然后让学生自己去发觉这个情节下面说了些什么,所以我们刚开始要从表面处理,就因为表面上的东西太多,所以一定要找出一个切入点。

师 5：我觉得最后的一无所有不太合适,因为主人公到了故事最后的时候,他还是得到了一些感悟,就像在一生当中一直都会去寻找,在每次寻找的过程当中,都可以获得一些感悟。

【观察者点评】这位教师是想把情节的荒诞与小说的主旨联系在一起,并不是想叉开情节荒诞的话题。

【过程描述 2】讨论情节的荒诞问题

当教师无法确定教什么时,说明大家还没有找到一个共同的、能够让大家认可的内容。而要想确定出合宜的教学内容,必须要回归到文本体式上来。为了不浪费更多的时间,需要回归到"文本体式"来进行研讨。在备课专家介入后,开始追问教师提出的观点,试图帮助教师澄清什么是"荒诞",然后在此基础上理解课文中的荒诞情节。

共同备课工作坊　165

合作专家(李冲锋): 我们也讨论了一段时间,现在把大家往回拽一拽,我们备课的方式怎么说的? 怎么定终点? 怎么定起点?

师2: 研体式,定终点;研学情,定起点。

合作专家: 为什么要研体式去定终点? 这篇文章的体式搞清楚了,文章的特点、特征、独特之处也就清楚了,我们才能知道这篇文章要教给学生什么东西。

教学很重要的就是"明白地教,教得明白"。明白地教,就是说老师自己心里是明白的;"教得明白",就是要到最后把学生给教明白。问题就是我们自己还没明白,然后说了一大通话,想把学生教明白,这是不可能的事。

这篇文章的体式即独特之处是什么? 请大家列出来。

师1: 我就感觉这篇文章非常的荒诞、离奇,一点都不符合常理。

【要点评议】
　　教师谈到了"荒诞"、"离奇",但只是一种"感觉",未必真正理清什么是课文中的"荒诞",还需要理性地去认识"荒诞",这样才能清楚地去教学。这就需要促进教师对这种观点的反思。那就运用追问的方式来促进他们反思吧。促进反思的一种方法是站在一种观点的对立面。因此,就从课文的"不荒诞"针锋相对地切入,以促进反思。

合作专家: 情节荒诞吗? 我们一下子说出来有荒诞的情节,然后再反问一下,情节荒诞吗? 我的作用就在这里,就是在这里推大家一把。我感觉这个情节挺顺,"我"出去旅行,然后想找个旅馆,但找不到旅馆,找到了一辆车。这个情节很正常。找旅店找不到,然后就碰到了一辆汽车,然后我就想办法搭上这辆车,然后司机就拉着我走,但后来车又坏了,然后就来了一群人,结果这群人抢走了车上的苹果。

【观察者点评】
这个问题看上去突然,其实很有价值。

师9: 我问一个问题,你们觉得什么叫荒诞?

师 2：就是不符合常理。

师 9：什么叫常理？大家都同意情节荒诞，我们只要把什么叫荒诞情节理清楚就可以了。

师 3：是在现实当中无法实现的事。

师 9：就比如说像旅行时在找旅店，这些是在现实生活当中无法发生的吗？

师 1：这个可以，我说的是另一些。

师 9：如果同意这些是可以的，我现在就问什么叫荒诞？

因为刚才说到了情节荒诞，你可能是对荒诞的定义理解得非常清楚，这样你就告诉我们什么叫做荒诞？把这个说清楚了，你的命题也就成立了。

师 1：就是作为一般的读者，遇到了这样的情况下，他会怎么去做。

合作专家：她现在说的是，你首先要把什么是荒诞搞清楚。搞清楚什么是荒诞以后，再拿着这样的一个理解，去看文本里面什么地方是荒诞的，这样你的命题才能够成立。

你现在一下子就想到一个"荒诞"，如果你这样讲出来，学生也不会理解什么是荒诞，而且你理解当中的"荒诞"，跟我理解当中的"荒诞"还不一样。

师 9：大家都同意这个情节荒诞，一定要搞清楚什么叫做"荒诞"。

师 2：荒诞就是不符合人们日常当中的行为习惯。

师 9：哪个地方？

师 2：就是那个司机的苹果被抢的时候，他没有任何的反应。

师 9：现实生活当中没有这样的人吗？

师 2：他们抢完苹果以后，这个司机还和他们一起走了。

师 9：你说的还是这文章，在这个地方比较荒诞，而我问的问题是说，你要把荒诞理解清楚了，才可以说这个地方是荒诞的。

合作专家：她说的是一个普遍意义的东西，而这篇课文当中说的是一个具体、特殊的东西，要先把普遍的东西讲清楚，然后再去讲个别的东西。

师 9：就是说你要把你认为的"荒诞"说清楚，大家都认同以后，你再拿这个标准去定义，这个地方所说的"荒诞"，跟我说的"荒诞"是一回事。

你现在说的"荒诞"是什么？你可能心里非常清楚，但你没有把"荒诞"给表述清楚，这样就会导致你说的是什么，我完全都听不懂。

师8：我想说的是，不要被李老师哄住，你就忘记了他事实上就是要激发我们。还有一点就像刚才代老师说的一样，她是让你们走这个形式，并不是要大家背诵一个经典、规范的"荒诞"的定义。如果问我，我就会直接告诉她什么叫荒诞。

第一，违反逻辑。

第二，违反常识。

什么是违反逻辑，违反常识呢？就比方说，任何人的东西被抢，都会去维护自己的财产。这个时候很显然，作者本人的想法和我们一样，否则"我"根本不会去打，而且还感觉到司机为什么不去打？或者是我打的时候，为什么不从这个角度来赞扬我呢？非常明显不仅"我"认为他非常的荒诞，而且作者也认为这个行为非常的荒诞。他为什么出去打？因为维护自我的财产是天经地义的事情，哪怕你自己不去维护，我来帮你保护，我至少是你的恩人或者是你的战友。反过来，你好像是一个旁观者，最后不仅是旁观者，甚至还是对方阵营里面的人，跟他们站在一起。这个事情是一件荒诞到底的事情。所以，我认为是荒诞的。

你这样清清楚楚地告诉代老师，这样她这个时候一旦说不荒诞，她就要举出另外一个不荒诞的概念，来推翻我们"荒诞"的概念。

我们的"荒诞"还是会回到"违反逻辑"。我们的逻辑都非常清楚，是自己的东西，你就要处处去维护，如果是对方来维护你的东西，你肯定和他是一伙人，这就肯定会是一个基本逻辑。

师9：好，在这里我已经基本清楚了，接下来我们要思考的就是，"我"的逻辑是什么样的？"我"的常识是怎样的呢？然后那帮人的逻辑是怎样的？那帮人的常识是怎样的？他们为什么会有这样的逻辑？而我为什么会有这样的逻辑？

这样就可以抓住整篇课文的切入点，这是一个非常好的切入点，这样就打开了我们的文本。

师8：也就是说站在我们以及作者的角度，我们是非常合乎逻辑的，而他们是荒诞的。反过来抢苹果是荒诞的事情，司机那个人也是荒诞的。

我们认为荒诞的事情，对方看起来一定会认为我们才是荒诞。所以作者认为"我"帮你，你认为"我"是荒诞的，甚至为了陌生人的这车苹果，你去维护，你会显得更加的荒诞。

合作专家： 这样就讲清楚了。

师8： 我就要围绕着荒诞与不荒诞，看看到底是谁荒诞？然后又荒诞在哪里。

合作专家： 如果这么去看，有很多荒诞的东西就都合理了。大家在讲课的时候，一定要讲得这么清楚，这样学生才会明白。

【要点评议】

　　文本解读，并不是从文本到文本，就文本论文本，而是需要有文本之外的理论、视角、知识等的引导来完成。在运用某些理论、知识、概念进行文本解读时，首先要弄清楚这些理论、知识、概念的内涵与外延，然后把它们运用到文本解读中来。否则，就容易出现因为概念理解不一，而无法沟通的情况。

　　就《十八岁出门远行》的解读而言，需要教师先具备清晰、准确的"荒诞"的"新"知识，然后再运用它去进行文本解读。上述共同备课的过程，其实就是进行文本解读时知识的准备过程。这个过程表现为"荒诞"概念的介入、"荒诞"内涵的澄清和"荒诞"在文本解读中的运用三个步骤。

师9： 这个荒诞的事情，我们只要让学生理解就可以了，接下来要让学生明白，作者要表达的到底是谁荒诞，就可以把这个课文的主题给揭示出来。

合作专家： 这样就把主题给揭示出来了。

【过程描述3】讨论教学目标问题

　　在上述讨论告一段落时，教师又提出要达成什么目标的问题，围绕这一问题，大家进一步展开讨论。其中，涉及考试中教师们关心的"考点"问题，如何处理日常授课与考试考点的关系，成为教师们讨论的一个热点。

师1： 我想问一个问题，就这篇课文来说，在给学生讲课的时候，我们要达成一个什么样的目标？

师8： 你所谓的目标，就是要讲这篇课文的主题吗？还有其他的吗？刚才两位老师讲的是对这篇课文解读的切入点。这个切入点非常好，是讲好这篇课文的前提，打开这个切入点以后，是不是要把你认为切合学情的目标融进来？

这个我们还可以再来讨论一下。

作为高中老师教了十几年,我有一些感触,假如说没有考点这堂课几乎就是失败的。如果没有任何的考点,学生就会问:这篇课文和高考有什么关系?这是一个现实的问题。

我们要以达成一个目标为主线,该目标在一堂课里面是必不可少的。在同一所学校,为什么一个班级学生高考出来的分数,跟另外的一个班级相比会差十分之多?这就是一个问题,应该把这个现实的问题考虑进去。

合作专家: 你觉得这篇文章,就考点而言,应该教学生什么呢?

师1: 我们要有明确的考点的观念在里面。

合作专家: 我们还是跑回这篇文章上,你既然谈了这个问题,在你看来这篇文章要教给学生哪几个考点?我就问这个问题,因为你既然提出了这个问题,就说明你有一定的想法。

师8: 我首先说我的提问方式。第一点,这篇课文的主题到底是什么?这是一个提问的方式。第二点,这篇课文可能会考什么?这是第二个提问方式。这两点我们确实都要去关注。

从我的角度来讲,这两种提问方式,都有值得商榷和保留的地方。我第一次读的时候,什么都不会去想,就只全力以赴地进入到文章当中。这样我就可以马上回答出,这篇文章的切入点是什么,这篇课文的考点是什么。根据刚才前面说到的这篇文章的荒诞与否,我们可以从这个地方自然地推出,这篇文章高考会考什么?

合作专家: 高考会考什么呢?

师8: 高考如果用到这篇文章,第一是文章当中相关字句的理解。如果是我出题,会问学生"我感到这个汽车遍体鳞伤,它还是健全、还是暖和"我会问这个用意是什么?请你在下面的空白处,写出这段话的用意,并限制只可以用35个字。

下一个问题:爸爸叫他去认识的外部世界,跟他真实当中认识到的外部世界,是不是同一个世界?请按照你自己的理解,用简短的语言来回答。这样的考点是考什么?

第一,是对文本语意的理解。

第二,是对某些词句含义的理解。

第三,就是对一些用词的替代。比如说"这个汽车趴在这里",这篇文章,用了三个

"趴"字，请你用其他的词语替代一下。

第四，是让学生把这篇课文用五句话把作者的心情给写出来。

合作专家：就是这些吗？

师8：高考最在乎的，无非就是对文本的理解。如果我知道荒诞与否的话，这篇课文的主题是什么，我们就从这个主题推出来，关于荒诞的世界，在我们成人来看，从我们传统的教育来看，孩子进入到成人现实的世界，真的有很多东西都觉得不可理喻。

这个时候，我们要让这个东西变得可以理喻，要改变自己的目光。

更重要的是这个荒诞的东西，我们看到以后确实觉得有点不可信，但我们不会觉得这个事情无聊。为什么会觉得它不无聊呢？

第一，它是小说的样式。

第二，它的语言已经美得让你过目不忘。

第三，整体的荒诞运用到整体细节的时候，每一点都真实无比。

第四，甚至我认为荒诞的地方，在现实生活当中都可以找到真实的写照。

合作专家：大家真正操作这篇课文的时候，有没有什么特别一点的方法是根据你们本地学生实际情况的呢？

【要点评议】

在讨论内容的同时，要考虑教学方法的问题。既然已经提出了这样一些内容，那么就要趁热打铁问一下用什么方法把这些内容教给学生。教学内容与教学方法是紧密联系在一起的。内容决定方法。

师8：如果我来上课，就会问学生，他在旅行中要找什么？他要找旅店。旅店总共出现多少次？每次出现旅店的时候是在第几句话，这个问题会非常有意思。

旅店还是旅店，我的脑袋当中想象出了一个旅店，都在寻找着旅店。

第一，有多少次"旅店"这个词？

第二，每次出现"旅店"时，那句话是怎么表述的？

"我"现在根本不在乎什么旅店。也就是说你们在17、18岁的时候，还不需要考虑工作,不需要考虑家庭,不需要考虑住房公积金的贷款,你根本就不会在乎什么"家",也就是在外面玩。

后面说附近有旅店吗?就证明他在开始找家,开始找归属,开始找价值,开始找意义。

眼下我又想起了旅店,旅店又重新回到了我的脑中,就像这样的词汇。我一直在寻找旅店,没想到旅店你就在这里。

合作专家:设计这样的活动很好!

师8:我就直接告诉学生是什么活动,是怎样的荒诞?

第一,怎么一路都没有旅店?这样学生就会感觉很奇怪。

第二,怎么一路都会找不到旅店?

第三,宁可饥不择食走回头路。这些都是荒诞。

但"我"始终就是找不到旅店,在找旅店的过程当中可能会有回旋,而且还有重复,这样文章就又不荒诞了,始终回到了这里来。

这样,高考试卷当中就算出现了"旅店",每次出现的意义是什么?学生也可以回答出是本意、引申意、象征意。这样同时是在回答高考卷上的问题。就是说要让学生,把整个身心先投入到文本当中,无论是从主题、象征意义,还是语言的运用。

师3:除此之外,还有没有其他的活动?

师8:在给学生上课的时候,我还有一个活动。**如果给这篇文章起另外一个名字,叫什么好?学生可能会说这篇文章应该叫《旅店》,或者是《人在旅途》,特别是"旅店"这个词学生们可以呼之欲出。**

我就给大家举个例子,如果我给这篇文章重新起个名字会叫什么?我就叫它《旅店》。因为"旅店"贯穿着文章的始终,主人公一直都是在寻找着旅店,他在最后找到的虽然不是一个真正的旅店,但他想象出的那个旅店,就是一直所寻找的旅店。课文当中的旅店,既有实际意义,而且又有象征意义,最后的时候象征的无论是人生的归宿,还是人生的价值、意义的追寻,都是旅店这个词。

师3:大家刚才谈到了很多的情节,在以情节举例的时候,好像说这个情节是"我"旅行的过程当中搭上了车,然后是司机被抢苹果,大家关注的好像都是后半截。

围绕着唐老师的话题,他的整个教学好像应该是寻找旅店,抢苹果这个情节只占了整个篇幅当中很少的一部分。大家刚才谈的时候,好像都特别在关注抢苹果的这一块，大家应该在刚开始的时候就要关注到，课文其实写的是一个寻找旅店的情节。主人公寻找的旅店才是目标，而抢苹果是寻找当中的情节。

师8：我刚才已经完全进入到了这篇小说当中，完全是在和文章中的人物对话，我在真的为文章所触动的基础上，再来进行理性的反思，再来进行主题分析、学情分析。这篇文章的终点、切入点，我都会在这个基础上进行，而不是在开头的时候，就会去想这篇文章可能在高考当中会考什么，它的主题是什么，然后再来读书。我是先读书，先和作者进行一个思想上的充分对话。当然我现在觉得这个对话还远远不够充分。这篇文章我读了三遍，而且读得也非常激动，所以我完全是在这个境界当中在和你们谈，在这个基础之上指引我们的学生。指引学生这篇文章的主题是什么，这篇文章的风格是什么，还有"我"和苹果、司机、旅店、山和云的关系是什么。

在给学生指导的时候，我都可以从我的角度自圆其说地回答，或者说按照合作专家李博士说的那样，我可以清楚地回答出来。而不是事先去想它可能会是什么，我再从哪里进去。没有那种发自内心，非常基础地、实实在在地把一切都抛开，一个人进入到文章当中的过程是不行的。

师9：刚才有一个贯穿主题的方面，我们刚才认为什么叫荒诞？这样我们就可以把荒诞的定义导出来，接下来就是去对照文本当中的情节。

比如说，"我"的逻辑是什么样的，还有那个司机，那些抢苹果的人的逻辑是什么样的。这些就是唐老师讲的那一点，就是说"我"的逻辑，好像和读者的逻辑是一样的。"我"认为应该是这样的一个逻辑，但他们却是违反常识的，所以我们才会认为他们是荒诞的。这个"我"当然指的是小说当中的"我"。接下来司机会认为，"我"才是荒诞的。

师9：接下来可以追加一个关键的问题，这个文本当中出现了故事当中的"我"，另一个是故事当中的司机，我们来看一下作者认为，谁才是荒诞的。要去问学生，这个问题有没有在文本当中体现出来。如果我要教这篇小说的风格，追加这个问题以后，你就可以看到，实际上在文本的语言表述上，你无法看出那帮人多么的荒诞，也无法看出那个小伙子多么的荒诞。

这种荒诞是什么呢？我们是通过何种东西感受到的呢？这篇小说的语言表象上没有的东西，恰恰是现代小说当中最主要的东西，就是小说当中在语言上最大程度地去隐藏，让你自己去领会而形成的这样一种张力。现代小说的语体风格，也就体现出来了。

  师5：作为老师，对文本的解读是非常重要的。不是我们老师教得好不好的问题，关键是能不能引导学生学的问题，这是一件很大的事情，我们的教和学是完全不同的两码事。

  关键是在文本的理解上，如何想方设法让学生理解，让学生明白怎么去学，这才是最大的问题。

  像一些优秀的老师，无论他教得多好，学生不理解这样的课也是白上。像这样的文章，我今天也是第一次见到。我个人也不喜欢余华，而且他的文章当中有很多的东西都看不懂，这些东西也都非常的抽象。

  假如说这篇文章，我们按照"荒诞"切入进去是可以的，也是不错的。但我们想想，学生能理解吗？是要把我们的观点呈现给学生吗？我感觉现在肯定不行，我们要去引导学生。

  从体验来说，《十八岁出门远行》这篇文章跟学生的实际比较切合一些，学生会有感触。就像以前有老师说过，一堂课里面假如超过了三个问题，这堂课也就失败了。我自己也一直在执行这个观点，效果也不错。三个中心的问题展开以后，要怎么让学生学会，我觉得这点一定要在起点的时候做好，这样的话可以在这堂课上把学生的学习主动性、积极性调动起来。刚才合作专家老师也说到了后面的几个台阶的问题，我觉得是前后效应，是全部都贯彻在一起的。

  在刚开始，定起点、定目标的时候，就要把这几个问题考虑出来，这个问题绝对不是在网络上可以查到的，绝对是自己动脑筋了解学生情况，然后才定出来的问题，这也是学生实际上需要的东西。这样在上课的时候，把问题抛出来，学生的反应就会完全不一样；假如把教材当中的问题抛出来，学生会比较反感。

  合作专家：我们还是回到文本上来，我们今天还是讨论这个问题，不是讨论怎么去备课的问题，我们是以这个文本来搞清楚怎么去备课。

  刚才听了两位老师发言受到启发，我们备课的时候，有没有像唐老师一样，把这20个"旅店"给找出来，给它进行数字化。

  师1：我觉得很多。

  师4：我也觉得"旅店"很多。

  合作专家：感觉很多与准确统计是两回事情。这就是唐老师和你们的不同，不论是多少的"旅店"都好，但唐老师这个方法，他把20处"旅店"数出来，这意味着什么？意味着这20个句子，唐老师是清楚的。还有刚才唐老师还谈到了基本义、引申义、象征义、修辞义等一系列的东西，这些唐老师都非常的清楚。因为老师非常清楚，所以学生随便谈都可以。这一点非常重要，我刚才也谈到了，为什么一定要明白地去教，教明白。

还有，唐老师刚才为什么那么激动？因为他进入到了文本当中。事实上对我们的教学来说，很大的一个问题就是学生不能融入到文本当中去。特别是在读这篇小说的时候，一般学生都读不懂，现在首要的问题，就是让学生怎么去读懂这篇小说，怎么把学生带进去。

这个带进去，就是老师要去设计什么活动。我们设计活动的时候，也一定要清楚为什么要设计这个活动，而这个活动又会指向哪里。

比方说，刚才谈了两个活动。一个是找那些"旅店"，然后找出"旅店"当中的含义。为什么要设计这个活动？这个活动指向哪里？这个活动是想通过找旅店的顺序，让学生来理解整篇文章的脉络和情节。

接下来第二个活动：换题目。为什么要换题目？换题目是为了教什么？我想检验学生什么？这肯定是在后面的一个环节，不可能一上来就在前面的环节当中换题目。必须在学生把整篇课文当中的东西都理解了以后，在这个基础之上才可以换题目。

如果学生去换题目，除了《旅店》以外，还可以叫其他的题目，还可以叫《我与司机》，或者是《我的一次奇特经历》，还可以有其他很多种不同的题目。但学生在讲这个题目的时候，要讲为什么换这个题目。只有学生理解了以后，他才能够把换题目的原因讲出来。通过换题目，也可以促进学生进一步去理解文本，所以说你要知道这个活动设计，它到底是指向什么、干什么、我的目的是什么。这个是一定要非常清楚的。

还有一个代老师刚才给我们的启发是什么？本来我们就在文本的内容当中翻腾，而代老师跳了出来，跳到了作者的层面上去。她不是作者，她是在看作者写司机、写"我"，作者用这样的一种语言、这样的一种风格，要表达出一种什么思想。

而我们刚才一直是在文本里面。我们备课的时候，既要进去又要出来，里面的东西我们要教，外面的东西我们也要教。

还有一个，刚才我们一直都没有说完，我们是在一起共同备课，我们每个人分享智慧，都会是一种共同的进步。就比如说刚才提到旅店，就可以借着旅店，有一条完整的线索下来，这样基本上就不荒诞了。

我想说什么呢？大家如果仅仅是看到这篇文章，它这里面确实有很多荒诞的地方，这只是看到了一部分，还没把文章看全，整个文章的情节，实际上具有一定的逻辑性。但在一些具体的情节上，这篇文章却具有反逻辑性，或者是不合逻辑性的一面。

这篇文章在情节或者是结构上，一个非常重要的特点：文章整体上的东西都符合逻辑，但在具体的情节上却又不合逻辑，是荒诞的，反逻辑的。这个我们必须要把握住。

如果把这篇文章完全是定位在荒诞上，或者完全定位在反逻辑上，这样就会不全面或者说是不准确。这个是要从整体上去把握的一点。

【过程描述 4】讨论作品的"两个我"

上一问题告一段落后，进入另一个问题的探讨。这个问题与作品的叙述角度有关联。小说写作注重叙述角度，那么小说的解读也必须注重叙述角度。只有这样才能真正走进文本，抓住作者的表达意图。

师6： 这篇文章当中其实还有一个情感的张力。这篇文章当中出现了两个"我"。刚开始的这个"我"是经历了远行，从家里出来踏上旅程的"我"。后面还有一个"我"，"我记得自己在外面高高兴兴地玩了半天，然后我回家了，我在窗外看到父亲一个人，在屋内一个人整理红色的背包"。肯定有很多人都发现了，这是后面发现的一个情节。这样看来，这篇课文当中实际上是出现了三个"我"。一个是"我"在写"我"的故事，这里的视角也体现在这个地方"我看到那个司机，高高翘起的屁股，屁股上有晚霞，司机的脑袋我看不见，他的脑袋正塞在车头里"。这个地方就是他对司机的描写，我想问一下，大家读到这里以后，会有什么感受呢？

比如说，在写马路的时候，用的那种比喻好像和别人不一样，这只能说是语言上的一种兴起。这种感情和跟他描写司机的情感，大家可以探究一下有没有被体现出来。这样的语言有没有给你带来一种不同的感受？

作者为什么会这样写呢？实际上两个"我"就在这个地方出现了，一个回忆中的"我"在写故事中的"我"，这个才能叫做视角，第一人称视角就是这样的。就像有一架摄像机，比如说本来是两个"我"，"我"用这个摄像机就像是语言，然后用这架摄像机在看故事当中的"我"，然后把故事当中的"我"全部滤掉。

实际上就是说"我"在回忆这件事情的时候，"我"是非常的愤怒，或者是"我"带着某种惆怅的东西，但他把这些东西都给滤掉了，这就是第一人称视角很独特的功能。

在这篇文章当中，还是有一些地方体现了第一人称视角，那种情感的张力，它给你留下了这种让你去回味的意思。"我"在讲"我"遇到的这种人生，其实是很痛的成长过程。我为什么要这样轻松地去讲出来，其实这种轻松的背后一点都不轻松，这里面有一个情感上的空白。

老师不一定让学生知道，但老师一定要体验到，才能把这个文本的深度读出来。这篇课文当中，有很多的情感，包括刚开始的那种轻松，为什么会用这种奇特的方式？实际上都是在那种经历以后，用一种很复杂的心情来看这段经历。大家在读这篇文章的时候，一定要把两"我"之间的张力读出来。

合作专家：谈到这点，我提醒一下，事实上很多文章当中都有两个"我"，特别是在回忆性散文当中都会有两个"我"——那个时候的"我"和写作时的"我"。

师7：大家有没有数一下小说中出现了多少个"我"？我倒是把小说当中的"我"全都标了出来。这篇小说有一个特征，就是"我"怎么样。在我看来有很多的"我"可以删掉，但作者没有这样做。不需要"我"的句式，一直都贯穿着整篇文章，为什么这样表达呢？这就要用到一个信息。

举个例子，张三的老婆叫李四，李四被张三打了。你会发现，凡是用到句首的地方，往往就会成为关注的一个焦点。在这篇文章当中为什么会用到第一人称？要把"我"突出出来，就要让你关注"我"这个情感的出发点，而有很多人过多地纠结在司机的行为上。就是说大家会把太多的注意力，都放到司机身上，特别是放到抢苹果的那些人身上。

其实作者一直都在有意识地引导大家，整篇小说中心都是"我"的内心当中，怎样的一个阵痛的地方，所以作者故意用了很多"我"，实际上是有一个信息，把这个"我"作为主信息的出发点。

合作专家：讲到这个地方特别好，也触发到了我。我曾经写过一篇文章，《小说教

共同备课工作坊

学教什么》,其中一个很重要的观点,小说教学应该把作者的写作手法教给学生,作者恰恰是通过这样的一种手法,来表达出这样的一个东西,我们只有去把握这样一个东西的时候,我们才能够把握好作者。

刚才代老师谈到这点,给我很大的一个启发,就是我们前面是沉浸到了"外在"当中,更多是司机怎么样,然后是再往里面深入,而实际上我们在跳出来看这篇文章的时候,为什么我们会被"导"到那里去?

是因为作者用了一种手法,把我们"导"到那里去的,就像刚才谈的一样,文章当中有那么多的"我",作者就是为了让我们以"我"的这个角度去看,这个司机的做法不合理。反过来你也可以让学生去想,你从司机的角度来重写这篇文章。

改写文章的梗概

那天我的车坏了,来了个人给我递了一根香烟,我没有搭理他,结果他跳了上来。到了后来有人来抢我的苹果,我感觉还是保命要紧,我就在那里不搭理那些人,就让他们把苹果拿走吧。结果这个小伙子跑上去保护我的苹果,被人揍得遍体鳞伤,到最后的时候,我看天也晚了,车也坏了,我哪里都去不了,我还不如坐上他们的车把自己救出去。这个小伙子这么傻,我也就没有必要去管他了。

你让学生重新去写这个故事,从这个视角去看待这个故事,这样就会发现又不一样了。

师9:这实际上就是刚才韩老师讲的那样,这篇文章有两套逻辑,这个就是另一套逻辑,这样就肯定了"我"的逻辑。

合作专家:让学生从另一套逻辑去看这个故事,就会发现有很多的不同。

我刚才说的是司机的角度,如果反过来还可以再回到18岁出门远行上,它是说一个司机和18岁男孩的经历。用第三人称来叙述。两个人聊过以后,司机知道了他18岁,知道了他第一次出门。让学生在写的时候,也要关注到这种视角,让他们用第三人称的视角写。这样大家再去看的时候,就又会感觉不一样了。

这就说明，我们在教学生小说的时候，要关注作者的手法，作者要通过这个手法来达到这种效果。一定要让学生去关注这种手法，正是因为这种手法才让我们感觉到小说的跌宕起伏，小说语言的那种美。所以说，关注作者的手法，这点是非常重要的。

包括唐老师刚才特别感兴趣的语言，感觉那些语言那么好，这恰恰就是作者的手法。作者就是用比较"混搭"的比喻来创造一种不和谐，然后在这种不和谐当中，又会创造出一种很复杂的感情、状态，像晚霞非常的美，但它却落到了屁股上，在屁股上又感觉很美，就是这种复杂的情感。本来是很痛苦，而到文中却看上去非常的搞笑，这就是这篇文章在语言上的一种非常奇特的效果。这篇文章当中还有很多其他的地方，都有类似这样的东西。

师 2：所以说这篇小说真的非常经典。

【过程描述 5】共同备课总结与拓展

在备课快要结束时，需要对内容进行梳理，对在共同备课过程没有谈到但对教师理解文本有价值的内容加以补充与拓展。共同备课的总结阶段主要是在做这两项工作。

合作专家：这篇小说当中有很多很妙的东西，问题是要怎么去引导学生，让学生们去体会到这个妙。我们语文老师的作用就在这里，要不然要语文老师干什么？就是因为学生自己体会不到，所以才需要我们语文老师慢慢引导学生去体会。学生们一开始不懂，甚至不喜欢这篇文章，学完这篇文章以后，如果学生们感到这篇文章太好了，我们的工作也就成功了。

还有其他的一点东西，我再提示一下。刚才已经谈到了一点，就是整体情节上有逻辑性，具体情节上的反逻辑性。还有就是诗意事物的反诗意化，本来有些东西非常的诗意，但作者用了一种反诗意化的写法。另外，这篇文章的开头和结尾的笔调，跟中间的是不一样的。这个大家也可以关注一下。开头、结尾非常地让人感觉高兴，最后的结尾也很温馨，而中间的笔调就感觉有点怪诞。笔调也是大家可以关注的一个东西。

实际上很多文章，都会涉及笔调的问题。就比方说，鲁迅的《藤野先生》前后的笔调就不一样，还有一篇文章写的是《我的老师》，前后的笔调也是不一样的。笔调，有的时候在文章当中，也是一个很重要的东西。

对这篇文章的主题大家有不同的说法。

一个是戏剧性地揭示世界的荒诞，还有人对世界的一种迷茫。这是一种主题。

还有一种主题，把这篇文章理解为是一种成长的寓言。以为成长是一次快乐的旅行，结果却是一次坎坷的经历。像这篇文章，就是在写一个无知无畏的少年，跟一个非常坚硬的现实的一种碰撞。

这篇文章的成长寓言跟《小马过河》这一类的成长寓言不一样。《小马过河》也是一种成长寓言，但那是一种比较常规的寓言，受到教育然后就去按照教育的方式去做。而这篇文章的寓言方式不一样，它在一定程度上，以一种荒诞的方式来揭示荒诞的世界，或者是一个真实的世界。

还有这篇文章为什么会有张力？因为它就是在荒诞和合理之间的一种力量，还有一个就是这种少年的心智跟社会上的东西之间的碰撞，也有一种属于张力的东西。

还有一点，对语文教学来说，事实上一个是要增长学生语文的经验，再一个就是增长学生人生的经验，语文经验和人生经验，应该是一起增长的。我们要让学生在读这篇文章的过程当中，增长人生的经验和体验，同时也应该提升学生语文的知识和能力，就是增长学生的语文经验，这个事实上是应该并重的。

还有一个需要谈一下，语文教学不可能把所有的东西都教给学生，只能一篇一篇地去教，有的时候我们要做到"以篇达类"。就比如这篇文章，它是一篇荒诞类的小说，它最起码有荒诞小说的性质，我们可以把它看作是一篇荒诞小说。这样可能有必要，要给学生讲一些荒诞小说手法方面的东西，但这也不是专门去给学生讲，而是把这一部分放到讲课文的过程当中去讲。让学生知道以后读荒诞小说的时候，可以用到像刚才唐老师说到的那些荒诞、反逻辑等知识去读荒诞小说。因为我们不可能教学生那么多的荒诞小说,所以说要有"由篇达类"的一种意识。

还有这篇小说,学生一开始的时候读不懂,为什么读不懂呢?就是因为原来我们用的是一种常规小说的阅读范式,或者是阅读的图式,但这篇小说是另一种范式、另一种图式,用常规的小说阅读经验,学生无法去解读这篇小说。这个时候就必须给学生新的阅读小说时必要的那些知识,给学生们增加新的可以去阅读小说的经验。

我们教这样一篇荒诞小说,实际上功劳是非常大的。就是要改变学生传统阅读的图式,然后给学生们新的阅读知识,让他们由此去开辟对新的小说类型的阅读,就是通过这堂课给学生们一个端绪。我们的语文课只能是开启一个端绪,这样学生就可以去阅读更多的作品,不断地进行积累。

师1:我再来简单地总结一下,这次共同备课我们各位老师都受益匪浅,重构了我们对这个文本的理解,真的是一场头脑风暴,对我们来说是非常解渴的。来参加"国培计划"以后,这样的备课方式让我有了非常大的收获。我们会在以后自己的工作实践当中,深入地进入文本当中进行探究。

共同备课小结

1. 本次共同备课的成果

这次共同备课主要有如下方面的成果。

第一,认识到先弄清相关概念再作文本解读。本次备课中,学员先界定"荒诞"的概念,违反逻辑、违法常识的东西是荒诞,然后以这样的界定来解读文本,从而解读出文本中的荒诞。

第二,认识到小说中的两个"我"。一个是作为作者的"我",一个是小说中的叙述者"我"。理清两个"我",有助于理清作品中叙述者的层次与作品的层次,从而有助于深入打开文本。

第三,认识到作者语言表达的方式、风格与作品内容之间的关系。作者是通过一定的表现方式来表达特定的内容的,正是这样的表达方式才产生了这样的表达效果。特定的内容与特定的表达方式相关联、相匹配。

2. 学员状态改变的小结

第一,对"依体式,定终点"有了更深入的理解与认识。一开始大家还是按照各自的经验来解读文本,经过讨论认识到要根据文本体式来解读文本。由一开始大家各自从自己的视角出发去谈论对小说的理解与认识,逐渐走向从比较统一的从文本体式出发来解读文本。学员对"依体式,定终点"有了进一步深入的认识与理解。

第二,对如何教小说知识有了进一步深入的认识。那就是首先搞清楚教的知识的内涵,然后在此基础上分析解读文本,再在此基础上教给学生。比如,如何教"荒诞",首先需要理解和界定"什么是荒诞",然后以此去解读文本,再把解读出来的内容通过教学设计和教学活动教给学生。

第三,对小说的表现方式有了进一步认识。比如,作者为什么以第一人称的视角来讲这个故事,这种视角对整个故事有怎样的影响。由于对叙述视角的理解加深了,从而把目光由过多地放在"司机"、"抢苹果"的人,转移到"我"的身上。这个转变是本次备课过程中的一个重要转变。

第四,在一定程度上弄清了文本解读、日常教学与考试考点之间的关系。

有些教师认为,教学要围绕考试的考点展开,这样才有助于提高教学成绩。殊不知,学生成绩的真正提高是基于对学习内容的真正理解。而要想真正让学生理解所学内容,教师必须对文本进行深度解读,并在此基础上设计教学。换言之,教师对文本进行深度解读,是进行日常教学的前提和基础,在此基础上,教师才能做好日常教学。日常教学做好了,学生才能真正理解和掌握知识,进而在考试中考出好成绩。通过这次共同备课,教师们认识到了文本解读、日常教学与考试考点之间并不是脱离的,而是具有内在的一致性。

3. 本次共同备课的反思

第一,紧扣话题展开讨论。有的教师在研讨时,会自觉不自觉地把话题牵引到另外的话题或层面上去。由此,会导致讨论话题太多而不聚焦,同时存在发言远离文本,答非所问等情况。这需要做两方面的工作。一方面是共同备课专家在发现出现这样的问题时,及时把话题聚焦。另一方面,在共同备课开始前,有必要对发言规则做一定的规定。这样或许可以避免无谓的讨论和不必要的时间浪费,从而提高共同备课的效率,节约时间。

第二,合理分配备课时间。本次共同备课在文本解读上花费的时间多,而在教学设计上时间少。这是很多共同备课时常碰到的问题。这既体现了比较深入和透彻地解读文本的困难与复杂性，也体现出在文本解读与教学设计时间分配上有待改进。

4. 教学内容确定的研讨

在学习《十八岁出门远行》时，很多学生一开始会读不懂这篇小说。他们会对小说中很多奇怪的事情表现出不可理解。为什么会这样呢？主要原因在于他们运用已有的阅读图式解读这篇具有荒诞性质的、先锋派小说时无法行得通。那怎样才能让学生读懂这篇小说呢？只有帮助学生建立新的阅读图式，学生才能真正地、更好地理解这篇，甚至这类小说。这就需要我们思考阅读图式与小说教学内容的确定问题。

图式（Scheme）是由德国哲学家康德（Kant Immanuel）提出的一个哲学概念。20世纪初，格式塔心理学家们以及瑞士心理学家皮亚杰（Piaget Jean）把图式概念引入心理学的研究。1932年，德国心理学家巴特利特（Bartlett）在《记忆》一书中又对"图式"进行了新的解释。后来，随着现代认知心理的产生和发展，图式获得了更新、更丰富的含义。图式最通常的涵义是指一种有组织的知识结构。也有人将其定义为：关于一类课题、事物或情景的一般的知识结构。图式理论是一种关于人的知识是怎样被表征出来的以及关于知识的应用的理论。图式是长期储存在人脑中相互作用的知识系统，具有一般性、知识性、结构性和综合性等特点。图式中不仅含有命题的或概念的网络结构，也含有解决问题的方式步骤。一般认为，图式可应用于广泛的情境，作为理解输入的信息的框架。从知识来看，在记忆中存在的图式就像是人所知道的东西；从结构来看，图式是围绕某个主题组织的；从理解来看，图式中含有许多空位，这些空位可以由某些具体的信息填补。

阅读图式是读者在阅读时所运用的长期储存在脑中的相互作用的知识系统。正是因为读者已经在头脑中储备了大量的知识系统，所以才能够理解作品。与阅读相关的图式主要有语言图式、内容图式、形式图式和策略图式等几个方面。

语言图式是指语言知识及运用语言的能力，主要包括阅读者对词汇、语法和语言习惯的掌握和使用能力。语感从某种层面上说，也是一种语言图式在起作用。阅读教学中，教师要通过领读、让学生朗读、背诵等途径，让学生在大量言语实践基础上，掌握汉语言的表达图式，形成准确的语感，建立语言图式。

内容图式包括篇章的图式和相关背景知识的图式。篇章图式是有关文章内容的图式，它是读者阅读的基础；相关背景知识的图式是储存在读者大脑中与文章内容相关的图式，它可以在阅读目标的相应领域建立起知识架构，帮助读者理解文章所隐含的意义。阅读教学中教师要促使学生与课文内容进行对话，在头脑中重新输入、储存和整合课文信息，建立内容图式。教师还应通过补充知识、引导课外阅读等途径为学生提供广阔的知识背景，使得学生既能理解文章的言内之意，又能理解弦外之音。

形式图式是文章的组织样式，不同题材和体裁的文章，其篇章和结构特点也不同。比如，记叙文的人物、情节和环境，说明文的说明方法和结构，议论文的论点、论据和论证。形式图式的掌握有助于对内容的理解，有助于对文章的信息表达方式、内容的衔接和连贯手段的理解。阅读教学中应使学生对这类图式知识熟悉掌握并使之在实际阅读中得到灵活运用。

策略图式是人脑对认知过程的监控和调节，阅读的策略图式是对阅读过程的监控和调节，表现在阅读的全过程中。学生如能掌握阅读的策略图式则可以有效地进行阅读。比如，中心句的把握有助于学生理解课文。中心句一般出现在段落的开头或结尾，极少数在中间。把握这一规律，可以使学生较快地找出中心句，而不必逐字逐句地阅读。又如，有的教师列了如下七项目让学生每次阅读都依次进行。题目→作者→出处→主要内容→创新之处→争议之处→读后感想。这是一种阅读的策略图式，它可监控和调节学生阅读，使之遵循这一图式，迅速而有效地掌握阅读的必要内容。

上述四个方面的图式，并不是完全分开的，而是具有一定的内在关联性。就《十八岁出门远行》这篇小说而言，学生之所以难以理解它，主要在内容图式上出了问题。要想很好地解决这个问题，就需要补充与"荒诞"有关的知识，它的内涵、达成手段等。在此基础上，考虑解读的形式图式、策略图式的匹配等问题。

总之，**小说教学，特别在教学新的小说类型时，需要教给学生一种新的阅读图式。新的阅读图式的教学，需要给学生补充相关的阅读技巧、策略等。**学生掌握了新的阅读图式就能够更好地理解难以理解的课文，进而能够推广到阅读"这一类"小说，从而达到"以篇达类"的效果。

后续学习活动

任务 1：请从网络或书刊上查找一篇《十八岁出门远行》的教学设计或教学实录，对照一下，他们的设计与上面这次共同备课之间的区别在哪里，并对此做出评论。

	网络教学设计	本次讨论	主要区别
教学目标			
教学重点			
教学内容			
教学方法			
教学环节			

任务 2:阅读董瑞兰的《"有意味"的文学形式——余华〈十八岁出门远行〉叙事时间艺术》(载《厦门广播电视大学学报》,2008 年第 1 期),想一下本文对这篇小说文本体式的把握有何价值。

本文的主要观点:

本文对小说体式把握的价值:

任务 3:下面是一则《十八岁出门远行》的教学目标,你是否认同?如果认同,谈一下它的合理性;如果不认同,谈一下为什么。你会为本课确立怎样的目标?

(1) 通过了解情节,把握小说的主题。
(2) 品味精彩语句,体会其新奇独特的表达效果。
(3) 探究"旅店"在文中的内涵,明确其象征意义。

我的观点:

我的理由:

我的教学目标:

任务4:根据《十八岁出门远行》的内容,请从司机的角度来写一篇《三十八岁驾车回家》的小说,在手法与篇幅上与《十八岁出门远行》相当。写好后体会《十八岁出门远行》与《三十八岁驾车回家》在写法、内容等方面的区别,并谈一下如何据此确定教学内容。

叙述视角与教学内容确定
——《桥边的老人》共同备课

教学现状描述

《桥边的老人》的教学内容,常定位在以下几个方面。

1. 了解海明威的人生及其小说的艺术特色,运用"冰山理论"解读本文。
2. 掌握小说的叙述视角和叙述人称,掌握有限视角中第一人称的运用。
3. 理解本文刻画人物的主要方法,分析老人形象。揣摩人物的内心世界,理解小说的主题。关于小说主题有以下认识:战争对生命的摧残与漠视,表达了对战争的控诉;战争给人民带来的灾难和人民渴望和平的愿望;对战争的控诉,对生命的怜悯;尊重生命的主题等。

多数教学中关注"老人"的形象较多,而对"我"关注较少,即使有关注也认为"我"无足轻重,"我"只是充当故事中的一个人物、一个观察者,并没有发表议论和流露感情。通过对有关战争的场面描写和与老人的谈话以及催促老人离开这些细节,还是可以看出"我"是对老人同情的,对战争厌恶的。

在学生方面,学生对这篇文章没有多少好感,认为这篇文章有太多对话,是写"老人"的,内容比较乏味。

在教学中,怎样才能使学生体会到这篇小说的艺术魅力,使他们的认识由"乏味"走向"有味"呢?

热身活动

1. 思考并回答与叙述视角有关的问题。

   (1) 什么是叙述视角?

   (2) 叙述视角与叙述人称是什么关系?

   (3) 叙述视角在小说中有什么作用?

2. 这篇小说的主人公是谁?为什么?

共同备课进程

一、关于文本内容的探讨

合作专家 1(李冲锋): 大家已经读过全文,现在我们讨论一下《桥边的老人》这篇课文应该教给学生些什么。

师 1:从学情的角度考虑,能不能让学生用自己的笔,去描写出这个战争的场面。小说里面虽然没说出来,但凸显出的是战争的场面。学生不能看出这篇小说的情节。

师 2:情节的把握可以让学生用压缩的方法概括出来,因为情节非常简单,就只有一幅画面、一场对话,讲课时没必要专门提出情节。

师 3:这里很精彩的一个场面,就是战争马上就要发生了,是一种战争越来越近了的感觉。

师 4:这是在战争的背景下产生的一个故事。

师 5:在战争逼近的时候,人们的心情、遭遇,这些是应该让学生感受到的东西,而不是战争当中要发生的什么。

师6：这不是一场战争即将发生，而是这场战争早就打响了。

师3：应该让学生了解到战争背景下，当时的民众、动物们的遭遇，他们的心里那种对家乡的眷恋。

师4：这篇小说，一面表现的是老人的善良，另一面表现的是人性当中"善"的一面。

师2：你的理解角度错了，只能是战争的灾难给生命带来的创伤。

师3：**这篇课文主要表现的是老人，体现出弱势人群被压迫在战争下的场面。**

师5：**这篇小说的目的是为了刻画人物形象，就是桥边的老人。小说当中隐含的内容非常多，要学生体会的主要是课文中所隐含的东西。**

> 冰山理论，即1932年海明威在他的纪实性作品《午后之死》中提出著名的"冰山原则"。他以"冰山"为喻，认为作者只应描写"冰山"露出水面的部分，水下的部分应该通过文本的提示让读者去想象补充。他说："冰山运动之雄伟壮观，是因为它只有八分之一在水面上。"文学作品中，文字和形象是所谓的"八分之一"，而情感和思想是所谓的"八分之七"。前两者是具体可见的，后两者是寓于前两者之中的。

师6：像《老人与海》太长，而这篇课文比较短，我感觉正好可以引入冰山理论。

师2：我第一次读的时候，也知道表述的是战争时的情景，看完以后我感觉挺模糊，经过大家这么一说，就没有这么模糊了，但如何让学生也体会到像我们这样变化的过程？

师6：这就需要给学生搭几个台阶。

师4：先要给学生介绍，这样就会让学生很容易生成背景，这篇小说描述的就是在20世纪时西班牙的内战，是他自己去参加的这场战争。

合作专家2（高晶）：你说的是谁去参加战争？

师4：海明威自己去参加的战争。

合作专家2：在这里一定要让学生注意，海明威、"我"、老人这三者之间的关系。这篇小说当中，有作者海明威吗？

师6：虽然没有作者，但学生读的时候可以把作者给读

> 【观察者点评】从这里可以判断至少存在两种混淆。一是混淆了小说中的人物"我"和作者，把"我"当作作者海明威了。二是混淆了小说与散文、报告文学之类的写实的文章，把这篇虚构的小说看作是写实的文章了。

共同备课工作坊

出来。

合作专家 2：可这里的作者是在背后的。

师 7：只要让学生把"我"分析明白就可以了，不需要带上作者去分析了。

师 2：在这篇小说当中"我"是谁？

师 6："我"是个侦察兵。

师 2：在这篇小说当中的"我"可以分析清楚，但海明威在这篇小说当中，也没有作为一个侦察兵去参加这场战争。

师 4：这是可以让学生去解读的地方，这是叙述艺术，"我"是一个士兵，所以才能真切地感受到这个场面。之所以让学生去概括，就是要把小说的背景拿出来，然后去理解这篇课文。

师 3："我"的任务不是和这位老人对话，"我"的任务是侦查情况，去查明敌人知道了什么，"我"在无意当中发现了这个老人，然后与老人对话，都是一些无意识的对话，他们两个人的对话很多都是答非所问。

【观察者点评】为什么答非所问？作者的用意何在？这恰是文章关键处！

师 4：这篇课文前面有一段场景描写特别有意思，这篇课文的场景描写不论是老人、小孩、车，都要到对岸去，其实这位老人可以过河，但他为什么又不过河？这是一个很大的问题。

师 1：这主要还是体力问题。第一段的场景就是说这场战争带来的创伤不是某个人的，既然有那么多的车和人涌过去，这就代表着战争带来的创伤的范围非常大。

师 6：其实，除体力以外，老人还是在牵挂着他的那些动物们。因为老人的未来，他自己基本上预料到了，是凶多吉少的。

师 5：这篇小说的特质，首先说这个文体是外国短篇小说，而且是海明威的短篇小说，更进一步地阐释一下，描写的是战争背景中，一位桥边的老人孤苦无依，感情也无所寄托，凄凄凉凉，并且非常迷茫的状态。这篇小说就是为了表达这种状态的。

师 2："我"这个侦察兵和老人的对话那么多，"我"为什么不问他的姓名呢？这是因为"我"故意不问。小说就是这么写的，小说是有意忽略掉了老人的姓名。

老人的轮廓也不是很清晰,除了知道他的衣服上都是尘土,再加上他戴着眼镜,76 岁以外,我们不知道其他的信息。这一切都是海明威特意这么去描写的。

师 6:这就是小说的叙述风格,典型人物、典型环境随便拿到哪篇小说里都可以套用上。

【观察者点评】你赞同这种观点吗?为什么?

【反思】

1. 拿一套知识套到每一篇小说上教学的做法,有什么问题?

_____

_____

2. 如何才能防止出现套路化教学的情况?

_____

_____

师 7:《老人与海》里的老人,跟这篇小说里的老人其实不一样,《老人与海》里的老人充满着象征意味。

师 3:这位老人就是在战争环境中孤苦伶仃的底层百姓。

师 4:这里有一种对生命的悲悯情怀。

师 5:写老人牵挂鸽子等,是为了刻画出老人的善良。如果这位老人是个很可恶、十足的坏蛋,他就不会去关注这些比自己更弱小的生命,但从小说当中可以看到,老人关注小猫、山羊,这说明他是一位很好的老人。这篇小说把老人描述为好人,也是为了增加小说的悲凉。

二、关于叙述视角的探讨

师 1:作为选修课第一单元的第一课,是不是还要把这篇小说上升到解读小说的方法上。

师 2:作为单元训练的重点,这篇小说是为了让学生了解为什么以"我"作为第一人称的方式来叙述。

师 6:要让学生知道,第三人称跟第一人称的叙述有什

【观察者点评】这是教材编辑的意图。

么不同。比较一下就知道了,第三人称可以是全知全觉,而第一人称是那种身临其境的感觉,第三人称是达不到这种效果的。

师5: 第三人称就是全知的一种视角,而第一人称是身处其中,给人的心理上的感受会不一样。

师6: 这样学生就有比较了,在叙述过程当中,采用第三人称的全知视角,跟现在第一人称有限视角起到的效果是不一样的。

合作专家1: 第三人称也可以是有限视角。第一人称不一定意味着是有限视角,这一点请注意。

师7: 有限视角是第一人称,或者是第三人称,所以不能让学生把这篇小说换成第三人称的视角。

合作专家2: 叙述视角并不只是人称的问题。我们刚才谈到叙述视角的时候,就直接等同于第一人称。这时的叙述就是叙述者,这里看到的就是"我",是第一人称,就把叙述视角直接等同于第一人称。

师7: 这不是叙述者的身份。

师2: 叙述者的身份也在叙述角度里,但第一人称不一定有身份在其中,就是"我"嘛。"我"身临其境的事情,以"我"为第一人称都可以。但是刚才我们显然没有考虑到身份,就是"我"作为一个战士,他的独特的角度在哪里?

师3: 我们是不是可以从这场战争的进程去了解?再有这个"我"的具体事件又是从哪个角度去看?是不是这样的意思?比如说"我"在这个叙述视角内,"我"又是怎么去叙述这个的,这里就又有了一个叙述视角:这个叙述的人对这件事情的叙述。

合作专家2: 还包括他的腔调。

【要点评议】
　　叙述视角不是一个孤立存在的概念,不能简单地把它等同于叙述人称。叙述视角其实包含了叙述人称、叙述者的身份、心理状态、观点态度、说话的腔调等内容。要关注叙述视角与这些内容之间的内在关系及其表达效果,这样才能更好地解读文本。

师6： 这是不是和他侦察兵的身份也有关系？他作为一名侦察兵，只了解到这些信息，而关于整个战争方面的信息，他作为一名士兵是不了解的。

师3： 这个战争短时间的进程，他是知道的。

师6： 最后剩下的就是他和老人，他要不是个士兵他就不能留下来了。要是普通人的话，如果没有什么事，他为什么不把老人背走，这也有可能。

【反思】

他能把老人背走吗？他为什么不把老人背走？

_____

_____

_____

师5： 因为他是侦察兵，他有任务在身，所以不可能去管老人。就算任务完成了，他也要看着。

师2： 这个士兵还在凝视着浮桥的另一头，你看这边他"眺望着"，后面是"期待着第一阵响声"。

师4： 这个不是桥的问题，士兵过了桥以后还有要解决的问题，也就是说他解决不了战争的危险性。

合作专家1： 实际上，桥是一个象征。你在桥的这边不走就意味着什么，到桥那边又意味着什么。这篇小说的意义在这里，老人过不过桥只是一个象征。过了桥意味着暂时的安全。

师2： 这是一个浮桥，而浮桥是临时搭建的。

合作专家2： 查阅相关资料："叙述视角也称叙述聚集，是叙述语言中对故事内容进行观察和讲述的特定角度。同样的事件从不同的角度看去就可能呈现出不同的面貌，在不同的人看来也会有不同的意义。"我理解叙述视角是这样的，就好像我们拿一个东西来看，我就是作者，我让作品中的人物来看，然后，读者跟着作品中的人物来看。学生到底去体会什么？是让学生体会通过这个视角看到的他？还是我为什么要让读者通过这个视角来看他。

师 1：小说中事件的观察者看到的，就是小说中的人物看到的。说得简单一点，就是事件的观察者看到了什么。

合作专家 2：这是一个层面，还有一个层面，我是海明威，我为什么要把这个聚焦点放在这里看他，这里肯定有我的想法，这是我叙述的技巧，决定我要表达什么东西。如果我用这个视角看他，或者说换一个视角，这一定取决于我海明威。我要表达什么肯定会通过这个呈现的，包括这个人物如何去动，这些都是被我限制住的。现在我手中有张纸，我要让你看到这张纸全部都展开或者不展开，这也是我运用手法的，跟我要表达什么完全是相符的。我是说它和我要表达什么是相关的。

师 4：也就是说海明威为什么要以"我"为视角来表达这个内容。

合作专家 1：我确认一下，刚才高博士的有限视角讲清楚了没有？

师 8：讲清楚了。

合作专家 1：讲清楚了，这样我就来进行下一步。如果把小说中所有的"我"，全部都换成"侦察兵"，"侦察兵"的任务是过桥，"侦察兵"问："你从哪儿来"，等等。现在由第一人称换成了第三人称，这样会不会还是有限视角？

师 6：肯定还是。

合作专家 1：那么，剩下的问题是什么？

师 4：找有限视角要干什么？

合作专家 1：就是这个问题了。实际上有限视角如果换成"侦察兵"还是有限视角，用"我"也是有限视角，问题的关键就在这里了。

师 6：如果用第一人称"我"，最主要的特点就是可以反映出一个人的心理特征。

师 1：这篇课文就是两个人交流，用第一人称交流在语言对话上更方便一些。

合作专家 1：为什么用第三人称就不方便了？把"我"换成"侦察兵"，这样也完全可以。

师 3：如果用第三人称不是让人很信任，用第一人称有亲切、可信的成分。

合作专家 1：第三人称的有限视角也是有的。

师 3：第三人称和第一人称有区别。第一人称亲切、接近，第一人称有个缺陷就是观察方面会比较有限，所以才把第一人称放到了有限视角内。

师 1：不论是第一、第三人称都会有各自的优点。

师 4：我在想这个选修单元研究人称的意义是什么？

师 3：这个单元训练的重点，就是让学生找出叙述的角度，让学生找出全知视角和有限视角，有限视角的叙述就是第一人称的叙述。

合作专家 1：我刚才刻意把问题破成了两个问题。一是第一人称有限视角和第三人称有限视角。刚才把"我"换成"侦察兵"还是有限视角，我刚才问第一、第三人称用有限视角的区别，这是第一个问题，我们先把这个问题抛开不去管它。

第二个问题：如果说我们要教有限视角，在这个地方不论是第一人称还是第三人称，都是有限视角，有限视角对这篇小说的价值和意义在哪里？就是这样的两个问题。

如果说这篇文章要教有限视角，不论是第一人称还是第三人称，反正都是有限视角。有限视角在这篇小说的表达过程中的价值和意义在哪里？把这个问题讲清楚，才能把这篇小说的有限视角讲清楚，而不是讲第一、第三人称。当然我们也要考虑到第一人称的特点会在里面。

师 6：按您说的意思，这篇文章的重点是叙述有限视角？

合作专家 1：我只是提出这个问题，供大家思考。

师 1：有的教材上没有讲视角这个问题。

师 5：这篇小说讲视角至少对中学生来讲意义不是太大。

师 6：让学生明白叙述视角有什么必要吗？读书真的不是一件很麻烦的事情。

师 2：视角的概念是教材的编撰者加进去的，他是按教材的主题编的，其实不见得这一单元的每一篇文章都要体现叙述的角度。

师 6：这篇课文，如果这样去教学生，学生肯定会非常迷茫。

合作专家 1：这篇文章要给学生讲什么问题，大家现在有没有搞清楚？

师 2：本来是清楚的，不过现在让我们又搞糊涂了。

师 5：不是视角的问题。

师 4：视角的问题是不是属于知识的问题？

合作专家 1：是。这篇小说要教有限视角，这是教材编写者的看法，不是我本人的看法。

师 7：现在要抛开教材，我们也不知道是怎么教的。

【观察者点评哈哈！糊涂恰是进步的表现。】

师 2：我们是立足于文本而不是立足于教材。

师 3：这个单元是"用事实说话",下一个单元是"诗意的栖居",这个你要怎么对付它？我从来不看它,因为没用。

师 2：我们拿到课本从来不看前面的单元解释,如果你看单元解释,下面就没法教了,所有的文章都要到一个道路上去。

【反思】

1. 这种对教材的看法,你认同吗？为什么？
_____
_____

2. 我们应该如何对待教材中的单元解释？
_____
_____

师 1：考试的时候,设题的时候,肯定是叙述的问题。

师 7：那不一定的,小说考试主要是在人物上。叙述视角这个话题是一家之言,并不能通行。

师 8：一般出题的时候就会考人称,问用第一人称有什么好处。

师 2：如果从叙述视角出发,考题最多会问用第一人称跟第三人称有什么区别。

三、聚焦人物对话,关注"我"的问话

大家认为视角意义不大,因此不再在这个问题上深入探讨。

师 7：用平常心教就好了,如果让我教这篇课文,就教对话了。

师 5：我要从思想情感上让学生了解到,在战争背景下一个非常孤弱的老人,他的凄苦的生活状况,然后让学生对战争有一个认识。作者是通过作者的对话描写来传达的,通过对话的欣赏,让学生达成共识。

师 6：不全是对话。

师 5：主要就是对话。

合作专家 2：这个故事看起来非常简单：一个场景、两个人物、一段对话。这篇文

　　　　　章特别有张力，就是这两个人物在对话。刚才有老师一直都在说要归纳出战争的场面，但不一定都是归纳，隐含地透露出的这种信息也可能是有价值的。大家讨论到老人的形象好像是很简单的，就是一个孤苦无依……

师5：战争背景下一个善良的百姓，他对小动物的这些怜悯之情，相对来说是比较复杂的。实际上作者是用动物来表现出人性的一种美。

师7：是用动物来描写出人性的善良、人性的悲悯，越是这样就越可以描写出战争是多么的罪恶。

师2：只要把战争慌乱的场面给学生刻画出来，而且老人就在其中，这样形象一对比不就全都出来了。

合作专家2：如果全部聚焦在老人这里，作者为什么不停地让这个侦察兵问很多次不同的问题，中间还问过老人的政治态度，这又是为什么？如果是写战争对底层劳动人民的影响，为什么不让两个难民在这里对话。同样一个逃难的人，也跑不动了，他俩在这儿对话。

师3：如果同样是难民，他们就会同病相怜，感情会是一样的。

合作专家2：那不也是战争对我们的摧残吗？

师2：侦察兵问老人的政治态度怎么样，言外之意可能还有什么想法。

师7：从老人的回答来看，他说"政治跟我不相干"说明他对战争是很厌恶的。

师8：战争发起的原因很可能是政治上的冲突、利益上的矛盾。战士其实跟战争的启动是有关的。

合作专家2：没有。我刚才偶尔看到了个政治态度。侦察兵发起过几次不同的问话，刚开始问的是"你从哪儿来？""你没家？"，问的是各种各样的问题。

师5：因为这是海明威构思出了一个战士，如果写的是两个难民，那就是另外一种构思了。关键是这位战士对这个老人这样做，还真的不理解。

合作专家2：是不理解吗？我想问这个战士对这位老人到底是什么感情。他问老人，是因为没事跟老人闲聊？

师2：我在后面再加上一点，为什么要用"我"作为叙述人称，而不直接用侦察兵。

合作专家2：我们还是过多地把目光，聚焦到老人始终在谈论的保护动物上。

合作专家1：我们现在把目光聚焦到这位战士身上，看能看到什么。

合作专家2：他也是其中的一个人物啊。

师7：可以看到一点，至少战士对战争是有热情的。

合作专家1：我们现在把目光聚焦到战士身上来看看，我相信过一会儿会看到更多。这篇小说当中有两个人物，我们现在的重心全部都偏向到了老人身上。当然这个题目是《桥边的老人》，可能会产生一种导向性。

师5：从实际来看一下，出现了两个人物，特别是这样的短篇小说，就应该把主要精力集中到老人的身上。

合作专家1：为什么？

师5：因为他是小说的主人公。

合作专家1：因为题目的原因，所以这位老人就成了小说的主人公？

师5：还有下面的对话。

合作专家1：对话是两个人一起的对话，而且对话的发起者是侦察兵。

师5：而侦察兵的对话都是问。

合作专家1：问问题的人恰恰是发起者，是主动者。

师2：什么是主人公，从语文教学的角度来说，他是可以体现出这篇课文主旨的。

合作专家1：你说的这点，我完全认同。我现在就要问了，难道这名士兵就不能体现出主旨吗？请深思了之后再回答。

（沉默。说明教师在思考）

师6：士兵问老人的政治态度怎么样，正是因为政治态度不同，不能调和才发生了战争。这位老人虽然从来不关心政治，但在这样的一个政治背景下，他也是一个受害者。

合作专家1：刚才我们的主要精力集中在老人身上，现在暂且把老人搁置一下，我们把士兵作为主线，来探讨一下这位士兵，看一下能够看到什么，然后我们再把这两个人放到一起来看。

（沉默）

现在我们先不关心这位老人，先来关心这名士兵。我们从头到尾梳理一下，看看这个士兵在干什么，他在这个过程中起到什么作用，他

【观察者点评】仍然沉浸在对老人的关注上，执着于对老人的分析和探讨。有必要进一步介入，把关注点从老人身上引导到侦察兵身上。

想干什么。因为这个士兵是叙述者，是这场提问的发起者。

师2：政治态度这个问题，在士兵的问话当中是最具有实质性的一段问话。这个士兵也是一个非常善良的人，他也不是一个坏人。

合作专家1：为什么会这么看？为什么这句最重要，其他的几句就不重要？在我看来其他的几句也同样重要。

师2：政治跟战争是相关的，其他的跟战争关系不大。

师3：这个士兵，他是战争的受害者，他也是战争的参与者。他同样也是战争的观察者。

师6：他对战争是热情的。

合作专家1：士兵对战争是热情的？课文当中讲到了吗？

师6：有。他期待着战争的爆发。

合作专家2：他在完成任务，他就是一名职业的战士。

师3：他不是在期待着战争爆发，而是在期待着消灭法西斯。

师2：这就证明这位士兵他是有态度的，而且他是积极的一方面，是正义的一方面，海明威在这里肯定是反对法西斯的。

师6：我们大部分老师的看法，就是这位侦察兵只能作为战争的观察者出现，作为作品的主人公来看，这个主人公还应该是老人，这是肯定的事实。"我"只是一个陪衬，相当于《孔乙己》里面的小伙计的角色。

【反思】

1. "我"只是一个陪衬吗？《孔乙己》里小伙计的角色起什么作用？

_____

_____

2. 你怎么看《桥边的老人》中的"我"与《孔乙己》里小伙计这两个角色及其作用？

_____

_____

合作专家1：你们认为主要人物就是桥边的老人。我们看电影有第一主演、第二主演。现在我们就把桥边的老人作为第一主演，战士作为第二主演。第一主演既然是老人，那就先这样。第二主演也很重要的，我们现在来把第二主演分析一下。

师 2：教学目标上没有确定"我"。

师 5：原来没有定，但如果有价值、有意义现在也可以重新定。

合作专家 1：我认为这个士兵也是重要的，而恰恰从这个地方，我们能看出一些东西来。

师 1：这个侦察兵他肯定是一个比较正义的人，他反对法西斯的战争，他非常同情老人的遭遇。

合作专家 2：刚才说到这个士兵，他对战争可能是有热情的，我想问一下他是不是一个很激进的人？

师 2：这些都不需要我们去考虑，因为战争只有正义和非正义之分，而士兵现在已经站到了正义的一面。

合作专家 2：刚才那个问题还没有回答，老人就在桥边，他把老人背过去就好了，但他为什么没有把老人背过去？

师 4：他现在是一个战士的身份，一个侦察兵，他还有自己的任务。

师 5：他任务完成了。

师 4：士兵把老人背过去，能把他送到车上去吗？这个老人过桥以后又会怎么样？

合作专家 2：关键是这个士兵，没有说过一句要背老人过去的话。

师 6：结尾的时候说："我催他，'站起来，走走看。'"所以"我"是催促老人走过去的。

师 3：小说到这里说明老人就是走不动，如果"我"把他背过去，这又是另外一个构思。

师 2：这里的桥只是个象征的意思，过这段桥也就几米，真正背过去就没有意义了。

师 6：如果"我"把老人背过去了，这样主人公就变成侦察兵了，这样就可以在战争当中体现出人性的光辉。

师 5：侦察兵不可能把老人背过去。

合作专家 2：现在战争已经非常紧迫了。如果我是战士的话，我第一句话应该是催老人赶快走，而不是到最后再让老人走，不应该去问老人从哪里来。**在这么紧迫的状态下，侦察兵问的问题似乎是无关生死，但是走与不走是关乎生死的。**为什么？请解释一下。

（沉默）

师 1：这不是老人想不想走的问题，老人也在犹豫着，老人不想走是因为他惦记着这些动物，如果侦察兵真的要背老人走，还会有一个老人想不想让他背的问题。

（长时间沉默）

合作专家 1：刚才高老师说了一句话，士兵问的话是无关乎生死的问题，而走与不走是关乎生死的。应该说**士兵的问题，看似是无关乎生死的，实际上是句句关乎生死的**。大家可以顺着这么一个思路去考虑。"你从哪儿来？""什么动物？""你只得撇下它们了？""你没家？""你对政治有什么看法？"等等，**这些问题看似无关乎老人的生死，但实际上是关乎老人的生死，而这篇文章的妙处就在这里，在这个地方可能是一个关键点。**

师 5：为什么会是个关键点？

合作专家 1：**这个地方可能是个关键点，他问的几个问题，看上去是无关乎老人的生死，但实际上却是关乎老人的生死的。**

师 5："你从哪儿来"，这个问题是人之常情，然后士兵没有再问，老人就把这个问题给解决了。老人说他养动物，士兵问老人"什么动物"，这里应该没有什么特别的深意。然后问"你没家？"这就是老人的生活状态，这比"你从哪儿来"更深入了一步，涉及老人个人生活状态的更具体的问题，这个问题也很合乎逻辑。

然后，"你对政治有什么看法？"这个问题第一，可能是表明了士兵对政治的关注；第二，政治态度可能也会影响到老人的生死，比如说他是一个倾向于法西斯的人，或者是怎样的一个人。这个问题可能有一点探讨的必要。

然后，他说巴塞罗那那边我没有熟人。往下的问题我就觉得没有太多可探讨的地方，但也表达了士兵是一个善良的人，他要不是一个善良的人，就不会和老人说这么多的话。

但你从哪儿来，你们家就没有别人吗？这都是非常生活化的问题，是为了这篇小说有真实感的需要。

【要点评议】

  如果这样分析下来,这篇小说的对话就没有什么稀奇之处了。而对话又恰恰是这篇小说的主要表现手法,那这篇小说的对话还有什么价值和意义呢?既然作者把对话作为小说的主要展开方式,那么对话就含有意义,就不能轻易放过。在看似平淡无奇的对话中,读出其中隐含的深意,才能体会到这篇小说的妙处。这就启发我们,在读小说时,遇到平淡无奇的对话,不要轻易放过,要试着分析对话所蕴含的意蕴,以及对话的作用与效果。

师 6:我突然想到一个问题,那个士兵为什么要过去和老人说话?

合作专家 1:对!

师 6:"我"是一个侦察兵,从"我"作为侦察兵的眼光,"我"看到了人们都过桥,但那个老人却坐在那里一动也不动,他太累了,走不动了。这是士兵观察到的。"我"的任务是去侦察对岸的桥头堡,完成任务以后我又回到了原处,"这时车辆已经不多了,行人也稀稀落落,可是那个老人还在那里",所以"我"过去和他谈心,"我"谈心的目的其实就是了解他,让老人过河。

合作专家 1:对的。所以说侦察兵问"你从哪儿来"的时候,并不是随便地问了一句。"我"先上来和你套近乎,不是随便的一个人他都去管的。小说妙就妙在这里,看上去好像都是家常话,却是另有意图。比方说,"你没家?"为什么要问这个问题呢?如果说有家的话,就有家人啊,就还会有挂念。如果老人有家人,士兵就可能会从家人的角度去和他交谈,让老人考虑考虑家人,但老人没有家人,士兵就再找其他的话题。其他的话题找什么?想来想去,再看看老人的政治态度,结果老人又和政治态度没有关。而士兵还没有放弃努力,又问了一句:"鸽笼没锁上吧?"老人不是一直都在谈他的动物吗,这样士兵就选择了老人最挂念的东西来拨动他的心,你还有牵挂啊,你还得走啊。

虽然士兵没有明确地说出来,但事实上,士兵是在寻找可以触动老人心弦的东西,能够让老人有牵挂、不要放弃生的愿望,这个士兵一直在努力。

师7： 是这样的。实在说不动他，最后"我"再催他："站起来，走走看"。

合作专家2： 最后还有一句话，"我""对他毫无办法"等于"我"想了很多。这就说明前面他真的是想了很多办法。

合作专家1： 他已经是很努力了。

师6： 他为什么没办法呢？因为老人是木然地说，所以"我"的努力对老人来说毫无办法。

合作专家2： 我们一直说，海明威的语言是电报式的语言，是简洁的语言，可这里说的话跟战争场景下的生死一点关系都没有。这怎么会简洁？反而会显得很啰嗦。

合作专家1： 见了面以后，士兵和老人两个人就像是在聊家常一样，但是在战争背景之下的聊家常，这样的意义已经完全不一样了，看上去无关生死，但士兵在努力地说服老人过桥。所以我说，如果可以把这层突破掉，可能是解读文章很关键的一个地方。我刚才说的就是这个意思。

师8： 解读到这一层以后，对小说主题的认识还会有哪些呢？

合作专家2： 就是包括我们说到的老人对动物的关怀。

合作专家1： 现在是士兵对老人的关怀。

合作专家2： 而且他的这种关怀，不像是直接说"走吧"。

合作专家1： 现在还有一个问题可以提出来：为什么一开始的时候，士兵不直接让老人走，而是在我们看来用很啰嗦、很边缘的方式让老人走？为什么？

合作专家2： 很显然这个士兵，已经看出这位老人已经是走不动了，不想再走了，但士兵在这里是比较尊重老人自己的意愿，士兵没有直接对老人说"走吧"。所以士兵劝老人走就会看起来这么隐讳，而不是那种直接劝老人走的方式。

师7： 我的看法也是这样，士兵没有直接劝老人走，有两个方面：一是士兵现在有任务在身，二是老人是士兵偶然间遇到的人。

师8： 这好像和他劝不劝没有关系。

师7： 因为这名士兵不是难民所里收容队的队员，他们偶然在这里相遇，他也没有责任和义务去劝老人过桥。

合作专家1： 所以说士兵的可贵在这里。

师1： 虽然他没有职责，但士兵对老人的态度是显而易见的，第二段说"我"完成任务以后，"我"又回到了那里去。这就说明他的任务已经完成了，但他又做了一件职责之外的事情。

合作专家 2：老人显然是接收到了战士对他劝告的信息，因为他两次表示感谢。士兵说这里不是久留之地，你还是走一会吧，老人就问他车往哪开？士兵说是巴萨罗那，然后这位老人说那边我没熟人，不过我还是非常感谢你，以及到后面"我"再次劝他的时候，他说谢谢你。两次感谢说明老人其实读懂了这名战士对他的劝说。但他也很明确地表示出自己最后的决定。

四、小说主题与教学环节的设置

师 8：我们现在来最后形成结论。教学目标是什么？

师 7：通过语言对话让学生了解老人的形象。

师 5：老人的形象重要吗？我感觉老人的形象不重要。

师 9：通过小说当中人物的对话来了解老人的内心。

师 2：可以设计两个问题由老人的形象引申出主题。

师 5：从品味对话的角度去理解小说的主题。

师 8：是从品味语言的角度，还是从品味对话的角度去理解这篇小说？

师 7：从品味人物对话。

合作专家 1：品味语言太宽泛了，在这篇小说当中最核心的部分是对话。

师 8：这样的话，就是品位人物对话来理解作品的主题。

师 7：小说的主题是揭示对战争的残忍。

合作专家 2：我还是说刚才的那个问题，走和不走其实是关乎生死的问题，但为什么对话的内容，却始终是不关乎生死闲谈式的内容？我不知道要从哪里开始，但这就是个核心问题。

我想让学生探讨一下，士兵和老人的对话到底是在干什么，然后进入课堂当中，其实士兵是关心老人的。

师 6：士兵关心老人，不是这篇小说最重要的地方。

合作专家 1：为什么？

【观察者点评】
老人的形象到底重要不重要？为什么？

【观察者点评】
这里是想进入教学设计层面，已不是在进行文本分析了。

师6：因为这篇小说反映的就是在战争当中弱者生存的一种状态。

合作专家1：这个士兵是强者的代表，还是其他的代表，这一点我们还没有深入下去，但在这里已经停住了。

合作专家2：刚才也说到了学海明威的语言，海明威的语言是电报式的语言，如果这篇文章也是这种语言方式，那么，为什么海明威不用简洁的方式去描写老人的形象？而是用这种有一搭没一搭的问话？他是在浪费笔墨吗？

师4：海明威的语言是以简洁著称，但在这篇小说当中，为什么要写那么多看似无关紧要的对话？

师7：这个问题如果拿到课堂上，必将会石沉大海。

师9：回答一些紧要的问题，因为老人就关注这个事，他不关注其他的事。

合作专家1：当侦察兵问"你从哪儿来"的时候，我们可不可以问问学生：侦察兵为什么要过去和老人说话？

【观察者点评】这个问题的切入，是想把学生的目光引到"我"身上。

师6：我也是有差不多这样的问题。我一共设计出了三个问题。

第一个问题，其他人都过河了，而老人为何没有过河？

第二个问题，为什么侦察兵要去与老人说话？这是他的职责吗？

第三个问题，老人会过河吗？

师7：士兵就在桥这边完成任务，他完成任务回来看到这位老人还在这里，所以他才会去和老人说话，去搭讪一下，他不是专门来找老人的。

合作专家2：他去搭讪是为什么？

师7：他同情这位老人。

师5：那为什么老是问一些无关生死的问题？

合作专家2：我的理解是这样，你有选择的权利，我也必须要尊重你，士兵显然是看出了这位老人不想再生存下去了，要不然老人不会总谈原来的动物。但这位士兵希望可以给老人生活下去的希望，他们谈论的是这个问题。

老人对士兵说我原来还有生活的希望，但现在已经没有了，而士兵问老人，你是不是还有别的希望，士兵在试图给老人一个希望。但在文章的最后说"那时我只是在照看动物"就告诉了士兵，我的生活希望

共同备课工作坊 **205**

在过去,我选择放弃了。所以,"我"对他毫无办法。

士兵始终在进行劝说,你告诉我你放弃了,我告诉你也许你还有别的希望,我是在试探地问你,所以这个对话有道理。

合作专家1: 这个对话有一种张力在那里,一个要放弃、不走了,一个要给他希望、让他走。

师6: 最后一个问题,这篇小说的主题是什么?

合作专家1: 你觉得呢?

师6: 一是老人对动物的关怀,表现出老人对这些动物们即将遭受灾难的悲悯情怀。二是士兵对老人的关怀,表现了他处在战争背景当中对人的关怀,体现了一种人情的温暖。三是对于法西斯的厌恶,还有反映战争的残酷,战争要毁灭美好的家园。这些都在这里面。现在虽然有这么多的方面,但我们表达的就是战争将要毁灭一切。

师2: 这太复杂了。

合作专家1: 可以先列出来,然后再看哪个是主要的。比方说刚才谈到的对法西斯的憎恶,在小说当中表现得不强烈,可以省略掉。谈战争的破坏力,这篇小说当中当然谈到了战争的破坏力,但不是最主要的,也可以省略掉。大家可以一起来选一下,这篇文章中要表现的最重要的主题是什么。

师5: 战争中的人文关怀,在灾难来临之际时的人文关怀。

师7: 最主要的体现,一个是老人对动物的关怀,还有一个是"我"对老人的关怀。

师8: 老人就只有这些小猫、小狗,而这些被战争给破坏了,这个表现出了战争破坏力的强大性。

师1: 从战争场面去概括可以反映出对战争的厌恶。

合作专家1: 我比较认同,战争中人性的关怀和温暖。

师2: 你指的人性的关怀,是指对动物的关怀吗?

合作专家1: 对动物的关怀是一方面,最重要的是对生命的一种情怀,或者是对生命的一种悲悯。说得大一点,不论是动物、人,在战争过程中会产生无助、毁灭的情绪,但在这个过程中,又有一种人对动物的关怀,人与人之间的关怀。

师6: 把两个主题合并成一个就可以了,不论是对动物的关怀,还是对老人的关怀,都是对生命的关怀。

第一个环节设置两个问题。第一,他人都过桥了,老人为什么不过桥?第二个问题,侦察兵为什么要与老人说话呢?

第二个环节,海明威的语言是以简洁著称的,为何小说花那么多的笔墨去写"我"与老人看似无关紧要的对话。

合作专家 1: 这个地方学生是不好理解的,老师要能引导学生理解对话。

师 6: 在此基础上,再探讨一下小说的主题就可以了。好了。接下来,我们抓紧时间写一下教学模板。

共同备课小结

1. 本次共同备课的成果

       终点:品味人物对话,理解小说主题
      ————————————————

    落点 3:理解小说的主题
   ————————————————

    活动 1:小组讨论:这篇小说的主题是什么?

  落点 2:品味人物的对话,理解"我"的努力
————————————————

    活动 1:思考:"我"的话是无关紧要的吗?

    活动 2:讨论:"我"是怎样努力帮助老人的?

  落点 1:理解老人的处境与"我"的动机
————————————————

    活动 1:通读全文并思考:老人为什么不过桥?

    活动 2:思考:"我"为什么要与老人说话?

起点
————————————————

1. 学生感到这篇小说平淡无味,对话平常无奇。
2. 会把目光过多置于老人及小动物身上,看不到"我"的作用。
3. 认为小说的主题反映了战争的残酷,是反法西斯的、向往和平的。

2. 学员状态改变的小结

第一，对有限视角及其作用的认识有所转变。备课前期，受教材单元导引的影响，教师关注小说的叙述视角，关注第一人称与有限视角，经过研讨，大家认清了叙述人称与叙述视角之间的关系，认识到教有限视角对这篇小说的意义不大，不再把有限视角作为教学内容的重点加以探讨。

第二，对作品中人物的认识有所转变。备课前期，受小说题目《桥边的老人》的影响，教师们认为这篇小说的主要人物就是桥边的老人，目光更多地放在老人身上，关注老人对小动物的牵挂所表现出来的意义，而很少关注小说中的"我"。经过专家引领与共同研讨，大家把目光转身"我"，认识到"我"在这场对话中扮演着重要作用以及我为唤起老人求生的愿望所做的种种努力。

第三，对小说对话的认识有所转变。一开始大家认为对话就是一场普通的对话，就像日常聊家常一样，并没有特别之处。经过研讨，大家认识到"我"的问话，看似无关乎生死，实际上却关乎关老人的生死，战争背景下的这场看似平常的对话具有着决定生死的意义。大家对小说对话的认识加深了。

第四，对小说主题的认识有所转变。受以往教学战争类小说或历史学习的影响，一开始有人认为小说主题是反映战争的残酷，对法西斯的厌恶，反对战争，向往和平等。应该说小说中多少会有这些方面的因素，但在这篇小说中这不是最主要的。经过研讨，大家认识到战争中的人文关怀、人性光辉，才是这篇小说的主题。

3. 本次共同备课的反思

第一，打破条条框框的束缚探讨文本体式。从本次共同备课来看，教师备课时受到多方面的影响：教材单元导引的影响（教有限视角）、文章题目的影响（更多地关注老人）、以往教学经验的影响（本文是反映战争残酷的）等。这些影响会使教师沿着教材编者的思路、沿着作者"引导"的方向、沿着自己经验的方向进行思考。有时，这些引导是有助于更好地理解文本的，但如果不加思考地沿着他人划定的方向和自己的经验进行"滑翔"，它们就会成为理解的障碍，反而会把理解导向错误的方向。因此，面对每一篇文本进行解读时，要打破以往的条条框框的束缚，首先要进行独立自主的思考。这样才能真正探寻到"这一篇"文本的独特之处，从而揭示它的文本体式。

第二，对相关知识把握与问题的研讨要透彻。从本次共同备课看，教师在备课时，很多问题并不是没有涉及，没有探讨过，而是没有对问题进行全面、深入、透彻的学习、理解、分析与把握。比如，对叙述人称与叙述视角的关系及相关知识的掌握，多是限于教材所提供的知识,而缺乏这方面知识的系统学习。再如,对谁是小说主人公,这样的关键问题缺乏深入细致的学习与思考。关于小说的相关知识,是进行作品解读的重要前提。因此,建议教师加强文学理论的学习。

4. 教学内容确定的研讨

第一,关注叙述视角在作品中的作用。

叙述人称与叙述视角是小说的构成要素。叙述人称与叙述视角之间有一定的关系,比如第一人称的叙述往往是有限视角,第三人称的叙述则既可以是有限视角,也可以是全知视角。然而,有时第一人称也可以是全知视角,第三人称也可以是有限视角。什么是"全知"?不一定说全知道人物的内心世界才叫全知。知道事情的来龙去脉、事情全部的真相,也叫全知。因此,第一人称也可以是全知视角的。在教学中,让学生明白叙述人称与叙述视角的作用有助于学生更好地理解小说。然而问题是,**不能只是简单地告诉学生一般意义上叙述人称与叙述视角的作用,而应该结合具体的小说,分析这种叙述人称、叙述视角在这篇小说中所发挥的独特作用。**

《桥边的老人》一文由于教材编写上引入了"有限视角"的概念,所以有些人在教学中教"有限视角"。然而出现了一个问题,把"第一人称"的运用等同于了"有限视角"的运用。下面一段是有些人教学中所教授的内容。

"我"来讲故事的好处:首先,这种角度给了我们一种"亲历"的感觉,仿佛这是一篇来自战场的报道,一个真实的特写,可以增加一些真实感和亲切感。其次,由"我"来讲故事,故事的每一个环节都是"进行时",使读者对故事的未来保持期待,吸引读者。由"我"讲故事的缺点是,"我"所知道的内容有限,比如小说中老人的身份及未来,很难把故事完整地呈现出来。

上述分析不无道理,但就有限视角在这篇小说中的作用的独特性而言,似乎仍然没有能够透彻地分析。有限视角的知识是教材补充的材料,备课时没有用这个知识去解读,有贴标签的嫌疑。**只有把有限视角在这一小说中运用的独特作用挖掘出来,才能达到讲授有限视角的目的。**

第二,关注被忽视的小说中的叙述者。

小说的叙述者,就是在小说中讲述故事的人。对小说而言,有两个叙述者:一个是真实的作者,比如《桥边的老人》的作者海明威,《孔乙己》和《祝福》中的作者鲁迅;一个是小说中讲述故事的人,比如《桥边的老人》中具有侦察员身份的"我",《孔乙己》中咸亨酒店的小伙计"我",《祝福》中回乡的"我"等。前者可以称之为小说外的叙述者,后者可以称之为小说中的叙述者。当然,小说中的叙述者是小说外的叙述者所设置和控制的,是体现小说外的叙述者的表达意图的。在小说中,除了叙述者还有叙述对象,比如《桥边的老人》中的老人,《孔乙己》中的孔乙己,《祝福》中的祥林嫂等。

在小说教学中,人们多把目光聚焦到叙述对象上,如桥边的老人、孔乙己、祥林嫂等,却忽视了小说中的叙述者。作者之所以选择这样一个人来讲述这个故事不是随意的,而是别有用意的,因此,与小说的叙述对象一样,小说中的叙述者也是小说的组成部分,也是作者意图的承载者,在解读小说时应该给予足够的关注。

关于叙述者在小说中的角色,即他是主人公,还是线索人物,或是观察者,或是一般参与者,倒是需要认真讨论。在《孔乙己》中,小伙计"我"是一个观察者,是一个线索人物,如果把小伙计抽离出去之后,孔乙己的故事虽然有损伤,但还可以大体存在。但在《桥边的老人》中侦察员"我"却不是一个线索人物,而应该是一个主人公。因为如果把"我"抽离出去,这个故事就不成其为一个故事了。我们可以看到"我"在整个故事中所起到的作用:他是对话的发起者,他是情节发展的推动者,他也是体现战争中人性光辉的意义承载者。因此,虽然小说的题目是《桥边的老人》,但我们不能只把关注的重心放到老人身上,还应该放到"我"的身上,甚至在一定程度上,"我"的行为更重要。因此,**在解读小说时,不仅要关注小说的叙述对象,还要关注小说中的叙述者,并且仔细分辨小说中的叙述者在小说中所扮演的角色、所起的作用。**

后续学习活动

任务1:根据本次共同备课的相关成果,请设计《桥边的老人》的教学目标与教学过程。

(1)《桥边的老人》教学目标(终点):

_____

_____

_____

(2)《桥边的老人》教学过程

终点：
_____

落点 2：
_____

活动 1：

活动 2：

落点 1：
_____

活动 1：

活动 2：

起点
_____

1.

2.

3.

任务 2：归纳《孔乙己》、《祝福》与《桥边的老人》中的叙述者及叙述对象，看它们之间的共同点、差异处及所起的作用。

项目	小中的叙述者	叙述对象	叙述者的作用
《孔乙己》			
《祝福》			
《桥边的老人》			
得到的认识			

任务 3：找三篇小说来，对它们的叙述视角作一下分析，并思考运用这种视角的好处是什么？可以通过替换视角的方式进行比较。

课例研究
工作坊

小说课文改编本的教学
——薛法根《三打白骨精》课堂教学研讨

执教教师简介

薛法根，特级教师，江苏省吴江市盛泽实验小学校长。教育部"国培计划"专家库专家。著有《薛法根教学思想与经典课堂》（山西教育出版社）、《薛法根文丛》（教育科学出版社）等。

课例导读

语文教材中有些课文是节选或改编自著名的长篇小说，对这类课文应该怎么教呢？

《三打白骨精》改编自著名长篇小说《西游记》。教师在教学时，大多关注三个方面。一是掌握课文中的生字词，二是理清课文脉络了解故事的主要内容，三是概括人物的性格特点。在教学中存在的主要问题是，孙悟空的人物形象并非只来自于课文本身，还来自于学生记忆中以往的孙悟空的经典形象。有些教学是在学生原有经验的基础上进行"谈论"，这就失去了"这一篇"课文学习的独特价值和意义。这篇课文的教学该如何让学生感受和理解孙悟空的形象，又该借这篇课文把学生引向何方呢？

热身活动

你可曾读过长篇小说《西游记》中"三打白骨精"的内容？请找到小说原著进行阅读，并拿小说原文与课文进行对照，看一下两者的区别主要在哪里，并思考这种差异对教学会产生什么影响。

项目	课文	小说原文
不同之处	1. 2. 3.	
对教学的影响		

教学实录

版块一：学习生字词

师：今天我们学习一篇课文，请大家先把题目读一遍。（生齐读课题）课文中有些词语，老师分了两行，你按照老师的格式写下来。写完了立即举手。直接写词语，不写拼音。

　　　yāo　　　　　　zhāi　　　　　　　há ma
（　　）精　　（　　）饭　　癞（　　　　）

　　　　　zhòu　　　　　　mán
紧箍（　　）　　隐（　　）　　　＿＿＿＿

（生在练习本上书写，请写得最快的两名学生在黑板上写。师提示：黑板上还有一个空行，请你写一个你认为课文中最重要的词语。）

师：请大声、整齐地读读这些词语。（学生读，师纠正"妖"、"斋"、"咒"等生字的写法,并订正。)

师：空行这里,你写了个"山势险峻"。为什么写这个词?

生：因为"山势险峻"的"峻"比较容易写错。

师：容易写错的字,要及时把它记下来。还有理由吗?(生思考片刻,答"没了!")课文中写,来到一座高山前,山势险峻、峰岩重叠。为什么不写"山清水秀"呢?

生：因为有句话叫做——山高必有怪。

师：哦,山势险峻、崇山峻岭、荒无人烟的地方经常会出现妖怪!你刚才说这个"峻"字难写,所以选择了它,其实这个词在课文中是非常重要的,知道了吧?(生点头)

生：我写了"金箍棒"。"箍"字比较难写,而且孙悟空打妖怪一直要用这个。

生：我写了"喝道"。因为"喝"是多音字。

生：我写的是"造化",因为我读完整篇课文只记得"造化"这个词语了。

师：那我考考你,什么叫"造化"?

生："造化"有两种意思。第一个意思是运气、福气,第二个意思是指自然界的创造。

师：课文中的"造化"是什么意思?

生：我觉得应该是第二个。

师：它是看到谁来了说"造化"的呀?(生答"唐僧")唐僧来了,它说造化啊,造化!什么意思?

生：它抓住唐僧吃了唐僧肉就可以长生不老了,"造化"是运气来了的意思。

(读词语后,老师擦掉读过的词语,最后剩下一个"妖精"。)

【要点评议】

这个环节的精彩之处在于让学生在空行中写出自己认为课文中最重要的词语。然而,什么是最重要的词语?是针对什么而言的重要?从后面的教学可以看出,学生所写的词语并不是从课文中最重要的词语的角度来写,多是"容易写错"的字、"比较难写"的字、多音字等。如果教师想要的就是这类字,把开始的提示修改为:写一个你认为难写的、易写错、读错的字,则更切合

课例研究工作坊　217

实际。如果教师想要的不是这些而是对课文内容重要的词语,则应该向这个方面引导学生。让学生关注"最重要的词语"是从词义的角度教学,而容易写错、难写字的教学则是字形的教学,教多音字是字音的教学,这是三个完全不同的教学方向。在识字教学中,教师对教什么应该有明确的教学定位。

版块二:复述课文

师:这篇课文中没有妖精就没有故事。这妖精有什么本事?

生:可以变成不同的人。第一次是变成了一个女施主。

师:什么叫女施主呀?(生哄堂大笑)这个小说中不叫女施主,叫——(生答"村姑")"村姑"前面还要加一个修饰词。

生:漂亮的村姑。美貌的村姑。(师板书:美貌村姑)

生:然后变成一个年迈的老太太。

师:年迈? 70岁是年迈,90岁也是年迈……

生:80岁!

师:刚才是美貌村姑,现在是?

生:八旬老太(师板书:八旬老妇)然后变成一个老爷爷。(师板书:白发公公)

师:连起来说一遍。(生连起来说)

师:变了几次?

生:三次!(师板书:三变)

师:正因为有这样一个白骨精,所以就有了《三打白骨精》这故事。快速浏览课文,想想:孙悟空是怎样三打白骨精的? 唐僧是如何看待孙悟空打白骨精的? 等会儿要请你来讲故事。

【要点评议】

情节是小说教学中的一项重要内容。怎样教情节呢? 复述故事是小说情节教学的一个办法。只提出让学生讲故事是不够的,特别是对小学生而言,还要为他们提供复讲故事的思维支架。"孙悟空是怎样三打白骨精的?

唐僧是如何看待孙悟空打白骨精的?"这两个问题是紧扣小说情节的,回答这两个问题就必须要复述情节。这两个问题提得好,为学生提供了理清故事脉络的思维支架。

(师板书:孙悟空、唐僧。师提示:每一次是怎样打的?画下关键词。)

生:第一次打是"劈脸一棒"!第二次是"当头一棒"!最后是"一棒打死"!

师:这三个词多好呀!请写下来!

师:现在请大家把书合起来。**请你说三句话,把《三打白骨精》的故事简要地复述出来。**可以先和同学互相练习。

【观察者点评】
画下关键词是抓住故事关键处的办法。

【要点评议】

　　复述,是把别人说过的话或自己说过的话重说一遍。语文教学上指学生把读物的内容用自己的话说出来。概述,是大略地叙述。

　　复述可以和原话一模一样,也可以用自己的话来说,只是在语言表达上略有区别,复述时故事的主要信息和次要信息是都有的。概述则不同,概述只取主要信息,次要信息基本上没有了。复述主要靠准确或相对准确的记忆能力和重现能力,概述则主要靠概括能力和叙述能力。因此,复述与概述的要求是不一样的。

　　要求学生用三句话简要地复述《三打白骨精》的故事,准确地说,不是复述,而是概述。这样的指令只能把学生导向概述,从学生后面的回答可以看出学生是在概述故事。

　　像这样一篇故事,能够用"三句话"来概括也是值得商榷的。前面是提了两个问题,现在是要用三句话把这两个问题的内容,即整个故事的情节,概述出来,这对学生的概括能力的要求是非常高的,很难完成。

生： 白骨精看到唐僧经过就摇身变成村姑，孙悟空火眼金睛看出它是妖精，就劈脸一棒打去；白骨精不甘心，再变成老妇，孙悟空又给它当头一棒；第三次它又变成公公，孙悟空把它一棒打死了。

生： 白骨精看到唐僧经过，就摇身变成村姑假装给他们师徒送斋饭，孙悟空看出它是妖精，就劈脸一棒打去，妖精化作轻烟逃走，唐僧责备孙悟空。白骨精不甘心，又变成八旬老妇，孙悟空认出它来，便给它当头一棒，妖精丢下假尸体逃走了，唐僧非常生气，念紧箍咒责罚孙悟空。第三次它又变成白发公公，孙悟空并没有立即打死它，而是暗中找来众神，最后才把它一棒打死，现了原形，是一堆骷髅，上面写着"白骨夫人"。

师：（问前一个讲述的学生）她哪些地方讲得跟你不一样，哪里比你好？

生： 孙悟空打死了白骨精，唐僧有反应，对白骨夫人的复述也很生动。

师： 同学们，读完故事要简要地概括和复述。这是一种本领。

【要点评议】

让学生复述或概述故事情节，可以有不同的教学指向。一是指向教学生复述能力或概述能力，一是指向通过复述或概述来梳理故事情节，帮助学生更好地理解故事。因此，教学的重点也会有所不同，一个重点在培养学生复述或概述能力，一个重在培养学生理解能力。小说教学中，两个重点都是可以的，但必须要有所侧重。

从薛老师的总结发言强调"这是一种本领"来看，他应该是想教概述能力或复述能力。但他没有细致地区分是教复述能力还是概述能力。在这一点上，老师在认识和言说上始终有些模糊和游移。所以，在话语表述上会出现"说三句话……简要地复述出来"、"读完故事要简要地概括和复述"这样的有些冲突的话语。对语文教学而言，对教师语言指令的清晰，以及用语的准确还是应该有比较高的要求的。

对两位学生的概述，教师让后一个学生反思哪些地方不一样、哪里更好。除此之外，没有进一步的指导。如果是教概述或复述能力，教师还应该给予更为细致的指导，应该有规律性的知识的归纳或提升。比如，概述时主要信息要全,第一个学生的概述只涉及了白骨精和孙悟空,而没有唐僧对孙悟空行为的反馈。再如,概述时也要讲究生动,等等。只有对学生进行概述或复述的规律性指导,学生才能学到更为扎实的知识和能力。

版块三:分析人物性格

师:白骨精三变,孙悟空三打,你有什么发现吗?

生:孙悟空比白骨精厉害,它三变,他三打。

生:怎么变都瞒不过孙悟空!

生:悟空三打的时候,唐僧越来越生气,孙悟空越打越谨慎。

师:很好!他讲到了你们讲不到的地方。唐僧是越来越生气。如果给唐僧的三次举动起一个名称,那是什么呢?

生:三气。三骂。三怒。三责。(板书:三责)

【观察者点评】学生的这个发现好啊!

【要点评议】

这是在教概括。小说教学需要概括吗?小说教学,让学生通过具体语言描写,深刻感受和理解人物形象比概括人物形象更重要。当然,并不是不需要概括,概括是为理解文本服务的。概括时要注意概括是怎么出来的。教学至此,可以顺着学生的话问:唐僧是怎么越来越生气的,孙悟空怎么越打越谨慎了,你说一说。这样就又把学生带入了文本,重新带回了情境。等学生回答完之后,再问给唐僧的三次举动起一个名称叫什么,就比较好。即使要概括,也要先让学生进入文本,然后再出来,即要让学生在对文本的深入理解和把握中进行概括。小说中的概括应该是在学生体验、理解文本的基础之上,顺水推舟出来的结论,而不是直接空降下来的。

师:妖精——(生接:三变)于是孙悟空——(生接:三打)唐僧就——(生接:三责)整个故事就"一波三折"。打一次就完的故事好听吗?(生摇头)因为一波三折，老师要提三个问题。**第一个问题：为什么孙悟空要打村姑、八旬老妇、白发老公公？**当这个美貌的村姑出现在他们面前的时候，唐僧师徒三个人的反应不一样，这是怎样一个美貌村姑呢？原文是这么说的：

冰肌藏玉骨，衫领露酥胸。柳眉积翠黛，杏眼闪银星。月样容仪俏，天然性格清。体似燕藏柳，声如莺啭林。半放海棠笼晓日，才开芍药弄春晴。

师：**这个村姑美吗？**（学生笑）本来师徒四人很正常。村姑一出现，反应不一样了。（听课师生大笑）师徒什么反应？

生：孙悟空知道它是妖精，很提防它。

师：**你看，在悟空眼里它就是妖精！**

生：唐僧认为它是个村姑，是善良的人。

师：**以为是送斋饭的善人。**

生：那个八戒对村姑动了凡心。

师：**什么叫动了凡心？**

生：他觉得这是个美貌的女子。很喜欢！

师：**就是想娶她做老婆。是吗？**（众笑）

师：**（板书：八戒）还有沙僧呢？**

生：沙僧没反应。

师：**整部《西游记》里，他一直都没反应。**（学生大笑）唐僧认为这是个善良的村姑，八戒认为"她"是个美貌的女子，沙僧没有任何反应，而悟空认为"她"是妖精，所以要打。你可以看出悟空什么呢？

生：孙悟空是是非分明、嫉恶如仇的人。

师：**是妖精就要打！不管变成什么。哪怕你变成我的亲娘也要打！**

【观察者点评】
学生为何笑而不答？很可能没有听懂老师引用的原文，没有领会原文的内容。

【观察者点评】
应该有再向前走一步的，对第一个问题的总结和概括。

【要点评议】

　　在对比的情境中让学生领悟孙悟空的人物性格,这是一种教学的方法。但在此处是否合适?从人物的对比中,直接看出"是非分明、嫉恶如仇",这其实是有些跳跃的,中间缺乏支持这一观点的支架。从人物的对比中可以看出孙悟空什么?可能可以看出不同的东西,比如,可以看出他"法力高强"(相比唐僧、八戒、沙僧)、"没有色心"(相比八戒)、"是妖必打"(孙悟空的理念)等等。如果,仅仅看出"是妖必打"还是无法看出人物性格。因此,小说教学中,人物性格的分析不能直接出来,而要有具体的分析。

　　其他人看不出村姑是妖精,而孙悟空能够看出,这说明孙悟空法力高强。孙悟空有一种信念"是妖必打",所以,不管在别人眼里村姑是什么,他都要坚决地打。这说明孙悟空除妖的信念坚定。如果这样分析,才能够把孙悟空的性格分析得有理有据,分析透彻。也就是说,人物性格,不能直接"看出"或"悟出",而要根据文本有理有据地分析出来。

师:提第二个问题:孙悟空为什么到第三次才把它打死?快速浏览课文。其中白骨精每次的变,孙悟空每次的打各有什么不同?哪一次打是不一样的,不一样在哪里?

生:第三次找来了众神坐镇,所以打死了白骨精。

师:以后读关于"三"的文章,《三打祝家庄》、《三顾茅庐》、《三气周瑜》等,重点关注一下最后一次。(学生读第三次打的内容)第三次打有什么不同?有什么发现?

生:众神在天上看着。

师:不仅仅是看着,《西游记》中说妖怪可以元神出窍。众神在上面守着,元神就逃不掉了。还有什么不同?

生:这次孙悟空假装到老公公身边。

【观察者点评】其实每一次打都是不一样的。

【观察者点评】学法指导,由课内引导到课外。但为什么要"重点关注一下最后一次"呢?老师没有讲,下次学生可能还是不会。应该给学生一些知识或思考的支架。

师：哦，假装的。课文中有一个非常重要的词。"走上前迎着妖精，笑道"，为什么"笑"？

生：要让妖精麻痹大意。

生：是孙悟空设的圈套。

师：不好这么说。

生：是陷阱。

师：也不好这么说，形容好人想的办法叫什么？

生：计谋！

师：还有补充吗？

生：为了迷惑唐僧，不让他再念紧箍咒。

师：这次笑，还告诉妖精，他已经胸有成竹了。可以看出悟空怎么样？

生：聪明！

生：精明。

师：有更好的词吗？

生：足智多谋。

师：老师给你一个词——机智善变！妖精它善变吧？但是它的"变"有没有变化呢？变个人，再变个人。还是变个人！逃的时候化作一缕轻烟，再化作一缕轻烟，还是化作一缕轻烟。但孙悟空就厉害了，你妖精再变再逃，我这次让众神给我看着！你看，谁"变"得过谁？

生：孙悟空！

师：孙悟空这叫——机智多变！从"三打"可以看出人物的形象。

师：提第三个问题：孙悟空把妖精打死了，是坏事还是好事？（生：好事！）如果你看见，你会怎么样？

生：高兴。

师：你除了高兴，还会做什么呢？

生：（纷纷回答）：欢呼雀跃。鼓掌。载歌载舞。欣喜若狂。鼓励他。表扬他。

师：一般人都这样，鼓励，表扬。可是他师父怎么样？

生：责骂他。念紧箍咒。

师：第二次念了多少遍？

生：二十多遍。

师：脑袋都缩成葫芦样了。第三次把妖精打死后，看到"白骨夫人"后照例应该表扬了，但唐僧怎么做的？

生：把他赶走了。

师：如果你碰到这样一个师父，第一次打死妖精，他念紧箍咒，第二次打死妖精的时候念了二十几遍，你心里怎么想啊？

【要点评议】

　　小说教学，不仅仅是教知识，让学生认知，还要教体验，让学生有情感体验。小说教学要能够引领学生进入文本、进入小说世界，进入小说中人物的内心世界去体验人物的情感与感受。做到这一点，学生才能对小说中的人物和事件有更加真切、更加深刻的理解与认知。

　　在这里，薛教师让学生变换角色，把自己想象成孙悟空，去体验他被师傅误解时的内心感受，这就是一种引导学生进入小说世界，进入人物内心世界的一种方式。通过让学生变身成小说中的人物，置身到此时此地的情境中，可以帮助打开进入小说世界的大门，从而对小说有更好的理解。

　　因此，选择合适的方式让学生进入小说所描绘的外部世界与人物的内心世界是小说教学的一项重要工作。

生：这样的师父真是是非不分。

生：我感到很委屈。

生：跟着这样的人没前途！（生大笑）

师：你如果做了件好事，我给你念紧箍咒，你以后还干不干这件事？（生摇头）一般人都不干了，而孙悟空却不这样，为什么孙悟空受到师父的责罚还要打妖精？

生：他对师父忠心不二。

生：虽然师父是非不分，但却明白师父这样做是有原因的。

生：师父本身就是凡夫俗子，没有我的火眼金睛，我原谅他。

生：师父对他有恩，他有义务保护师父，很有责任感。

师：你从孙悟空受了责罚还要打妖精，可以看出孙悟空有什么性格？

课例研究工作坊

生：责任心强。忠心耿耿。惩恶扬善。

师：不管受到多大的委屈，他还要惩恶扬善。这就是孙悟空！对于保护师父去西天取经这个使命他矢志不移，坚持到底！一般人不具备的性格，但是孙悟空却具备了。所以这个人物形象显得——

生：高尚。

师：是的，我们一读《三打白骨精》，孙悟空就好像跳到我们面前一样：三打白骨精，为什么打，怎么打死的，为什么受委屈还要坚持打……这些，都可以看出孙悟空嫉恶如仇、机智多谋、矢志不渝。还有对师父的——（生：忠心），对取经这个事业的——（生：执著）。

【观察者点评】学生的概括也不错，为什么老师板书时用的是这三个词？老师也没有讲这三个词比学生的更好。

师：白骨精变了三次；孙悟空也很有趣，打一次被罚一次还要打；唐僧也是这样，念了一次又一次。小说就是这么有意思，你发现了吗？这故事里的所有人都是这样。这叫什么？

生：坚持自己的想法。

师：坚持不懈用在谁身上最恰当？

生：孙悟空。

师：形容妖精用什么词？

生：执迷不悟。

师：唐僧呢？

生：是非不分。固执己见。

师：其实，所有的人物都是"执迷不悟"，都是执著的。为什么作者要这么写？在这样一波三折的情景中，整个《西游记》人物的表现始终是"执迷不悟"。有这样的性格，才有这样执著的表现。这就是这部小说的特色。今天这个故事主要讲的是孙悟空。唐僧这个人，我们可以再去看看，也是这样。

【观察者点评】说得有些以偏概全了。

【要点评议】

　　对三个不同人物使用三个不同的词语来形容是很好的。这可以让学生体会到词语的褒贬义不同，适用的对象不同。但教师在所有人物身上都是用"执迷不悟"又把上述词语的区分力给取消了，而且"执迷不悟"这个词语是带有贬义的，用它来形容孙悟空和唐僧是不妥当的。语文教学应该让学生体会不同词语所具有的不同的表达区分度和区别力。

师：猪八戒这个人物原文是这样的。第一次打，八戒是不相信的，是挑唆；第二次也是挑唆；第三次还是这样，搬弄是非。八戒和唐僧、孙悟空不一样，在读《西游记》原文的时候要注意，孙悟空人物形象、性格特征很鲜明。八戒很复杂，他有多面性。

师：如果让你表达情感，你最喜欢谁？

生：孙悟空！

师：都不喜欢唐僧，为什么？

生：看不起他，帮他还不讨好。

师：八戒呢？

生：呆头呆脑。

师：他有可爱的一面，也有令人憎恨的一面，还有他也很忠心。你知道他的耳朵里一直藏着什么？

【观察者点评】说得有点以偏概全了。

生：钱。

师：两分银子。他一直有回高老庄的自私想法。他是很复杂的。原文中读猪八戒要特别当心，谁读懂了猪八戒就读懂了原文。（再次指读课题：三打白骨精）以后读到带有"三"的故事，要注意为什么是三次？为什么第三次会成功？

【要点评议】

　　在课文功能上，其中一种功能是"引子功能"，即把课文当作"引子"教，指

"由节选引向长篇作品","由选篇引向整本书阅读"。这对长篇小说节选文本的教学来说是适用的。《三打白骨精》改编自《西游记》,把它引向《西游记》的阅读是可以考虑的。这只是教学的一种指向。教学还有另一种指向,即薛老师所指向的通过《三打白骨精》把学生引向带有"三"的故事上。这也是可以的,而且可以说是一个很好的指向。因为在中国(甚至外国)确实有很多带有"三"的故事。从两次提醒学生,可以看出老师在这方面的企图和努力。不足的是,本课中向这个方向所做的努力,都是蜻蜓点水,点到为止,并没有提供进一步的知识和方法,这使得这种提醒难以发挥出应有的价值。当然,这与这方面的知识与方法的开发不足有关。因此,在指引学生进行类似阅读时,为他们提供适当的知识和方法的指导是十分必要的。

板书:

三打白骨精

妖精 (三变)	孙悟空 (三打)	唐僧 (三责)	猪八戒 挑唆
美貌村姑	劈脸一棒		
八旬老妇	当头一棒		
白发公公	一棒打死		
	嫉恶如仇		
	机智多谋		
	矢志不渝		

(张勍整理)

> **问题研讨**

《三打白骨精》这篇课文不是节选自《西游记》,而是改编自《西游记》,改编的结果是原著中很多原汁原味的东西变得概括化、干瘪。比如,原著对白骨精所变换的村姑的外貌有一段描写,但到了课文中就变成"美貌"两个字。教材的改编可能是为了适应学生的阅读水平,但无疑会对原著的精神有所损害。或者说,故事原来的框架还在,但有滋有味的神韵流失。《三打白骨精》这篇课文有点这样的情况。在这样的情况下,教师要从教材里确定一些可教的点难度就比较大。

教《三打白骨精》还有一个难度在于,学生对孙悟空都不陌生,不论是看电视剧、看动画片、看儿童图书,还是听父母或他人讲故事,他们或多或少都对孙悟空有一些认识,也就是说学生是带着心中已有的孙悟空形象走进课堂的,在学习这篇课文时,学生搀揉了很多以往的经验在里面。面对孙悟空这样一个很经典、已经基本定型、大家很熟悉的人物形象,再进行"这一篇"的教学,想要教出一个与"这一篇"相关联的孙悟空,而不是原来大家经验中的孙悟空,其实是很难的。教师如何让学生从"这一篇"课文中学习到孙悟空的人物形象,给学生一个怎样的孙悟空就成为一种挑战。

上述两方面背景,使得《三打白骨精》这篇课文并不好教。在用现有的教材的情况下,薛教师在教学上的某种试图与努力是很可贵的。在教学内容上,他抓住了"劈脸一棒"、"当头一棒"、"一棒打死"等三种不同的打法,在课文内容很概括的情况下,抓出这样的教学点,在教学内容的确定上是有价值的。但教师并没有把这"三打"进一步地展开,从里面生发出人物性格等内容来,这有点可惜。教师还抓住了第三次打时孙悟空的"笑",从笑中分析出孙悟空的"机智多谋"。这一点相对较好。

理解人物形象是小说教学的重要内容。但怎样理解小说中的人物性格或形象呢?要在人物的矛盾和关系中理解人物性格与形象,不能孤立地来理解。《三打白骨精》其实为我们提供了一个很好的文本。

《三打白骨精》中主要有三组矛盾、三种关系。一是白骨精与唐僧的矛盾,多样迷惑与不识迷惑的关系。二是孙悟空与白骨精的矛盾,坚决打杀与多方逃避的关系。三是孙悟空与唐僧的矛盾,尽心保护与斥责惩罚的关系。其中,后面两组是主要矛盾。教学中,只有抓住这三组矛盾才能在关系中分析人物性格或形象。

教学中,教师基本上抓住了人物之间的矛盾关系进行人物性格分析,但主要分析了孙悟空的人物性格,对白骨精和唐僧的性格分析似乎少了

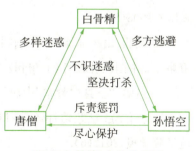

《三打白骨精》人物关系图

些。课文中猪八戒只出现了一次,教学中教师有所拓展。其实,这时的教学已经脱离课文文本,开始基于《西游记》的原文了。学生的回答也不是基于课文而是基于先前的经验了。拓展是可以的,但要为教学内容或目标服务。

这篇课文的教学定位可以定在"引子"的功能上来进行。把如何阅读小说中带有"三"的故事作为一个教学内容来教,通过这篇文章试图引导学生学会阅读与"三"有关的作品是可以的。教师已经意识到这里面有东西要教,因此,两次提醒学生注意。老师抓的教学点是正确的,但落实得并不到位。比如,由于与这个内容有关的知识、方法、策略等的准备或挖掘不足,没有讲清楚到底该怎么去做。如果教师能够把这方面的知识讲出来,那么就可为学生今后阅读与"三"有关的作品提供指导,甚至,对其他与数字有关作品的阅读,如《七擒孟获》之类,也会起到一定的指导意义。这篇课文的教学是教师临时接到任务之后准备的一堂课,在教学准备上还有些不充分。这也是导致有些地方教不透的一个重要原因。虽然如此,在面对改编得有些干巴的教材,教师能够做出这样的教学努力已经是很不容易了。

总体上,我们认为,这堂课没有落入在学生已有"孙悟空"经验的基础上谈论的教学境况,能够紧扣课文文本来教学是可取的。这是一堂探索中的课,虽然在教学上还有不到位的地方,但教师的努力方向是对的,这种探索的精神是可贵的。

资源链接

1. 杨海波.《三打白骨精》文本解读与教学设计[J].教学与管理,2011(1).

2. 窦桂梅.谈主题教学深度备课——以《三打白骨精》为例[J].江苏教育研究(实践版),2008(8).

3. 戴燕.由一篇课文到一本书——以《三打白骨精》为例谈名著节选改编的教学策略[J].中国校外教育(上旬刊),2012(9).

4. 赵聪."三打白骨精"中唐僧师徒形象比较研究[J].文学教育,2010(4).

5. 杨仁立.慈悲情怀还是刁狠心态——从孙悟空被逐解读唐僧形象[J].遵义师范学院学报,2012(6).

6. 金望、志军.金睛火眼无容赦,哪怕妖精亿度来——"三打白骨精"赏析[J].古典文学知识,1999(4).

后续学习活动

任务1：请思考长篇小说名著的节选（改编）课文应该如何教？

_____

_____

任务2：把课文当作"引子"教，特指"由节选引向长篇作品"，"由选篇引向整本书阅读"。把《三打白骨精》当作"引子"来教学，是引向《西游记》的阅读好，还是引向与"三"有关的故事好？为什么？还可以引向哪里？

A. 引向《西游记》的阅读好

B. 引向与"三"有关的故事好

C. 引向_____

我的理由：

_____

_____

任务3：窦桂梅老师在教《三打白骨精》时，设计了如下的教学思路。

（1）利用小说中"环境"的描写，渗透《西游记》中的环境描写。

（2）借助小说中"情节"的研究，探究《西游记》中的写作特色。

（3）通过小说中"人物"的评价，导读《西游记》中的意义主题。

请把她的课堂教学实录找来看一下她是如何实现这些教学思路的。请对她的教学思路进行评价。

_____

_____

任务4：《三顾茅庐》也是一篇与"三"有关的小说课文。盛新凤老师有《三顾茅庐》的教学设计（盛新凤著：《盛新凤经典课堂与创新设计》，太原：山西教育出版社，2006年4月版，第263—266页），找来看看，她的教学设计与薛法根老师教《三打白骨精》在内容与教法上有何异同。

课例研究工作坊　231

项目	盛新凤《三顾茅庐》的教学	薛法根《三打白骨精》的教学
不同之处		
相同之处		

任务 5：请选择一篇长篇节选或改编的课文当作"引子"来设计教学方案。

小说技巧与教学技巧的结合
——马骉《河豚子》课堂教学研讨

执教教师简介

马骉,1963年生,浙江宁波人,上海市虹口区教师进修学院副院长,语文特级教师,全国青年语文教师课堂教学比赛一等奖获得者,上海市优秀园丁,上海市浦东新区"马骉初中语言语教师培训基地"导师,上海市虹口区政协常委,虹口区中青年知识分子联谊会副会长。长期践行的语文课堂教学"研读、发现、思考、对话、释疑、留疑"的六步问题教学法在全国有一定影响,曾赴全国26个省市作现场教学和学术报告达200多场,广受师生好评。

课例导读

小说教学中存在一种比较普遍的现象是对人物形象进行归纳、概括,脱离课文文本对故事和人物进行分析谈论。这样的教学,走上了小说分析与小说议论之路,脱离了小说教学的轨道。小说不同于故事,故事以叙述事件为主,小说以刻画人物为主,因此小说的教学应该"以人为本"——以小说中的人物为本。以小说人物为本的教学,不是追求对人物分析、概括、评论,而应以对人物的感悟、理解为追求,应该引导学生走进人物的当时处境、情感世界,产生共鸣。换言之,小说教学应该由分析概括走向移情理解。

在情感态度价值观的教学方面,不能抓住与小说有关的情感态度价值观作无限的放大,而要紧扣文本进行适当地教学。

《河豚子》一文的教学,从目前的资料来看,主要集中在教人物和教情感两个方面。在人物方面,通过品析课文关键语句分析父亲的形象;通过背景,对父亲的做法有更深的体验。在情感态度价值观方面,有教师要培养学生"一种胸怀,两种情感"。"一种胸怀"是理解、宽容别人的胸怀。"两种情感",一是在面对挫折的时候积极向上,不悲观、不绝望,尊重生命、珍爱生命的情感;一种是要有"爱"这种情感,懂得去爱家人,懂得只有爱才是维系家人生死与共的前提。

马骉老师《河豚子》的教学是一堂非常成功的小说教学课,有许多可取之处。他摒弃了对人物的分析概括路线,引导学生走向了对人物处境和内心的理解。在情感态度价值观方面的教学也是自然而然,毫无勉强。在学情探测、分析、利用方面也值得我们学习借鉴。现在就让我们走进马老师的课堂,看他是如何做的吧!

热身活动

教人物分析、人物概括与教人物理解,是小说教学的不同取向。请思考小说阅读教学中到底教什么更合适?为什么?

A. 人物分析

B. 人物概括

C. 人物理解

D. 其他

我的理由:

___

___

___

教学实录

教学说明:借班上课,"生"为小学五年级学生。

一、导入新课,营造氛围

(上课前学生已整齐地坐在座位上,在语文课代表的组织指挥下齐声背诵着唐代

著名诗人张继的《枫桥夜泊》。此时,下面已围坐了不少听课的教师)

(师悄悄走近学生,对个别学生询问:"谁要求你们这么做的?"学生答:"我们的语文老师说今天有一位有名的中学语文老师给我们上课,叫我们一定要好好表现,好好配合。")

(师示意学生可以停止朗读,大家才把注意力集中到老师身上)

师:同学们,我就是今天给大家上课的中学语文老师,同学们都背诵得很棒,除了张继的《枫桥夜泊》,谁还能背诵哪些诗人的哪些作品?

(生一时安静无语,不少同学低下了头)

师:就只会这一首?不会吧!

生:(有一男生挺身而出)我能背李白的《静夜思》。

师:你是领头羊,我相信其他同学都能背诵不少唐诗宋词。除了刚才两首,还能背的请举手!

(绝大多数学生举了手)

师:今天由于时间关系,不请大家一一表现了。我相信大家的能力和对语文的兴趣,我更希望大家能在课堂里自信满满。

(师发现有不少学生双手紧扣,手指上翘,正襟危坐,一脸严肃)

师:同学们,请大家轻轻拍拍双手,然后将手放到自然状态。手还要用于写字和翻书呢!

(同学们相视而笑,气氛和身体逐渐轻松)

(上课铃响起)

二、展示课件,了解河豚鱼的特点

(师使用PPT,逐一展示四张有关河豚鱼的彩色图片)

师:(展示第一张PPT)请大家看这张图片,猜猜这是什么鱼?

生:哈巴鱼!

(同学大笑)

师:哈巴鱼?我孤陋寡闻,只听说有哈巴狗,没听说过哈巴鱼。有这种鱼吗?

(那个学生伸伸脖子不作回答)

生:(有些迟疑)好像是河豚鱼!

生:(另一个同学不请自答)是河豚鱼,而且是日本的河豚鱼。

师:何以见得?鱼上又没日本的标签。

生：老师，我在新编的《十万个为什么》里看到过。

师：书真是好老师，它能告诉你许多别人或许不懂的知识。

生：老师，我在介绍日本饮食的电视专题片里看到过，日本人把河豚鱼看作珍品，你看，铺在下面的竹编以及香菜叶都说明是日本人的做法。他们的菜很讲究，很精致的。

师：你懂的真不少。电视也是好老师，它能直观形象地告诉我们好多的知识。如果有时间并且在不影响视力的情况下，有益的电视节目还是可以看一看的。

（师连续放三张各种形状河豚鱼的PPT）

师：请大家谈谈你对河豚鱼的了解。

生：它有毒，烧得不好会死人的。

师：你吃过没有？

生：没有，也不敢吃。

师：有吃过的吗？有句谚语说拼……

生：（学生抢答）拼死吃河豚。

师：你没吃过，怎么知道的？

生：听奶奶说的。奶奶常说"拼死吃河豚"。

师：奶奶也是你的好老师。

生：老师，我吃过，河豚鱼肉质鲜美，但价格很贵。

师：你真有福气。

师：宋代有个大文豪特别喜欢吃河豚，还专门写了一首诗，谁会背？

生："竹外桃花三两枝，春江水暖鸭先知。蒌蒿满地芦芽短，正是河豚欲上时。"这是苏轼写的。

师：你懂的真不少，刚才咋不勇敢地站出来呢？

生：有点怕。

师：但我还是要提醒大家，吃河豚确实要特别小心。据统计，食鲜河豚鱼危险性极大，民间虽然流传着某些食用方法和经验之谈，但在沿江及沿海各地，北自辽宁、河北，南至广东、海南，每年误食河豚鱼中毒的事故屡见不鲜，国内每年在150—200例，病死率40%—50%。我们最好到专门的有经营资质的饭店去吃。

师：同学们，河豚子与河豚鱼还有些区别，河豚子有剧毒，因此是人们决计不吃的废弃物。河豚鱼是珍品,穷人很难吃到。可明知道河豚子有剧毒,有位父亲却将河豚子给他的子女们吃,到底会发生怎样的悲剧呢?接下去,我给大家讲一个关于"河豚子"的故事,有兴趣听吗?

生: 洗耳恭听。(有几个学生已经非常放松了)

【要点评议】

  在文学理论中,有生活真实与艺术真实的区别。艺术真实来源于生活真实,又高于生活真实。正因为艺术真实源于生活真实,生活真实是艺术真实的基础,所以在理解艺术真实时,需要借助于生活真实。当学生缺乏相关生活真实的经验时,就需要教师补充相关的知识增加学生对生活真实的认识,或设计活动使学生增加生活经验。这样才能有助于学生进入小说所描述的艺术世界。用王荣生教授的话来说,阅读教学的一条重要途径是"唤起、补充学生的生活经验"。阅读教学中的"背景介绍"、"实物展示"、"互动体验"、"多媒体课件"以及一些"拓展性资源"的运用的主要目的之一就是唤起、补充学生的生活经验。

  马矗教师在上课伊始使用PPT播放有关河豚鱼的图片,让学生猜,介绍河豚鱼与河豚子的特性,不仅仅是为了引发学生的学习兴趣,更是为了唤起、补充学生对河豚鱼、河豚子毒性的认识的经验,为学生进入文本、理解文本提供必要的铺垫。这是符合阅读教学规律的。

三、教师范读课文,学生初步感知文章

1. 教师范读课文至"所以暂时且为避开"

师: 同学们,这个故事一波三折,悬念迭起,很是动人。你们听认真了,我讲到要紧关头会戛然而止的,会请同学们续猜故事会如何发展。

师: 首先大家要听清故事中的人物及其关系,把握住故事情节的脉络和走向。

(教师对着PPT朗读课文,朗读至"所以暂时且为避开")

【观察者点评】
故事的人物及关系,情节的脉络和走向。这是小说阅读首先应该搞清楚的内容。

师： 谁能用自己的语言概述故事的前半段的情节？

生： 前半段主要讲了一个父亲由于碰到连年的饥荒，看到家里的小孩实在太饥饿了，就想办法搞来了一竹篮河豚子，想让他们美美吃上一顿，让家里人死去。自己暂时避开了。

师： 能用自己的语言概述，而且把前半段的情节主要讲出来了。了不起啊。还有补充的吗？

生： 我觉得应该加上父亲已经很努力了，实在无法可想。同时也要说明孩子们看到后非常高兴，这样可以让故事给人的感觉更悲惨。

师： 你的意思是用孩子的极其高兴来反衬故事的极其悲惨。这个想法有深度。还有补充的吗？

生： 老师，我觉得要说明父亲的避开不是怕死，他是暂时走开，不久他也会死的。

师： 真惨呢！你怎么判断父亲不久也会死的。

生： 他也是人，他没东西吃他也会死的，另外，家里人都离开他了，他一个人会很孤单的，他活着就没有意思了。

师： 你是个想问题周全又有情义的好孩子。

【要点评议】

情节是小说的要素之一。小说教学中离不开情节的梳理与把握。但怎样梳理与把握情节才比较好呢？

概述故事是把握小说情节的一种好方法。学生能够准确地概述也就理清了小说的脉络，把握了小说的主要情节。在让学生概述时，教师要提供必要的概述支架，比如提出与情节或脉络有关的思考问题，提示概述的方向等。

马老师的做法是提示学生"听清故事中的人物及其关系，把握住故事情节的脉络和走向"。学生如果能够理清人物及其关系，把握故事的脉络和走向，也就能够把握住小说的情节了。

2. 学生续猜故事的发展

师： 对前半段的情节有了准确的把握，凭我们的生活经历和经验，我们就可以对故事的后半段情节的发展作续猜。

【反思】
　　让学生"续猜"设计得好。在你的小说教学中可曾让学生"续猜"过?"续猜"这种方法适用于什么样的情况下?

_____
_____
_____

生：我猜孩子们一定会在非常高兴地、美美地吃上一顿后离开人世的,他们的父亲会把他们埋葬后自己也自杀。

生：我觉得如果这样故事就没有波折了,老师刚才不是讲了嘛,这篇小说一波三折,悬念迭起,很是动人。我看不会这么简单。究竟会怎样我没有想好。

师：你能感到故事情节不会这么简单,虽然没有具体的猜测,在我看来已经不容易了。

生：我在想会不会出现这样的情况,就是孩子们觉得这鱼太难吃了,一定要等到父亲一块吃,结果父亲回来后,一起吃了后一块儿离开人世。

师：还有更曲折起伏的吗?

生：老师,我猜他们都不会死,会出现奇迹的。比如说,政府会拨救济粮的。再比如说,会有侠客救助他们的。

师：你表达了你善良的愿望,但生活没大家想的那么简单和顺利,到底故事会怎样发展,请让我为大家把故事讲下去,你们得认真听。

(教师将故事的后半段有声有色地朗读完)

师：听完了故事,你觉得你们的猜测与故事的本身有差距吗?

生：作者写得波澜起伏,出人意料。

【要点评议】
　　马老师采取了延缓呈现故事结局,让学生"续猜"的教学方法。"续猜"是一种很好的教学方法,具有重要的教学价值。它可以训练学生的发散思维,激发学生的创造性,增加探究的深度等。从小说教学的角度来看,"续猜"可以让学生体会作者构思与自己构思的区别,从而体会作者构思之巧妙。

3. 学生分析体会小说情节设置的特点

师: 这篇微型小说的一大特点就是情节的设置悬念迭起,出人意料,引人入胜。我们一起来梳理这篇微型小说到底设置了几个悬念,如何做到出人意料,引人入胜的。

(学生带着问题去阅读文章)

生: 老师,我仔细看了以后发现小说至少设置了三个悬念。第一,父亲为什么让孩子们吃河豚子?第二,孩子们年纪这么小真的就这么离开人世吗?第三,父亲最后会不会死?

生: 我觉得还不止这些,还有孩子的母亲会不会发现河豚子是有剧毒的,她是大人了,她应该知道这点,她就把它倒了,让孩子们死里逃生。另外,父亲回来后跟家人一起吃了后,他到床上安安稳稳地睡着,静待这黑衣死神的降临。死神真的会降临吗?

生: 还有文章最后不是说:"他一觉醒来,叹道:'真是求死也不得吗?'泪绽出他的眼上了。"这一家人最后到底会不会死呢?

师: 你们读得认真,思考得深入,已经进小说世界里去了。那么这些悬念的设置是不是作者的编造,这样的悲剧可不可以避免呢?带着这些大家感兴趣的问题,请大家仔细认真地阅读小说。我希望大家在阅读的时候,边看边想,边看边记,将自己阅读此文的感受记下来,把在阅读小说过程中产生的疑惑和兴奋点记下来,等一会儿,大家交流,然后根据大家的阅读感受来确定我们今天学习的重点。

【要点提炼】小说教学就是把学生带入小说世界里,让他们体验、体会小说世界,进而丰富自己的精神世界。

【要点评议】

　　悬念是作者为了激活读者的紧张与期待的心情,在艺术处理上采取的一种积极手段。悬念是小说的一种表现手法,它使读者对人物命运的遭遇、未知情节的发展产生一种关切和期待心情。悬念是小说引人入胜的重要法宝。因为悬念是小说的重要表现手法,也是作品特征的体现,所以,悬念是小说教学的一个重要教学点。马老师在本课中注意了教学小说中的悬念。他首先让学生关注课文中的"悬念点",即在什么地方有悬念,在数量上有多个悬念,进而让学生理解和体会悬念的作用与妙处。

　　其实,不仅小说讲故事需要悬念,教学过程的推进也需要有悬念。在本课的教学过程中,马骉老师就设置了一些教学的悬念让学生带着这些悬念进入了学习的过程之中。这则是教学艺术的体现了。

四、学生研读课文,提出感兴趣、有疑惑的问题,师以此确定教学重点

师:(提供小说写作的背景,供学生阅读小说参考)(展示 PPT)小说写于 1924 年,当时中国正处于军阀混战、政治腐败、民不聊生的黑暗时期,再加上极为严重的连续的自然灾害让百姓挣扎在死亡线上,处在求生不能、求死不得的水深火热之中。

【要点提炼】写作背景的提供,意在为帮助学生理解小说做铺垫。

(学生带着问题再次阅读小说,阅读思考后每个学生提了若干问题,先在小组内交流,然后小组推荐到全班交流)

师: 我先请同学们思考我提的"父亲是否是个负责任的父亲"这个问题。利用大家思考问题的间隙,我初步将大家提的问题作一下梳理。

(教师梳理学生提出的问题)

师: 我粗略统计一下,全班 36 个同学共提出问题 85 个,平均每人 2.36 个问题,数量不少,质量也不错,而且相对比较集中。其中庄晔帆提的问题最多,共

【观察者点评】充分利用教学时间。教师忙事情时,不能让学生的头脑闲着。

提了6个质量不错的问题。

师： 从大家提的问题看,大家对这篇微型小说的情节设置,对父亲这个人物形象的理解和对这篇小说的主题的理解等方面提了不少有学习价值的问题。下面我将大家提的问题精选后交给大家共同学习讨论。

1. 小说哪些地方可以看出当时灾荒很严重?

2. 小说中有很多父亲的神情和心理描写,我们希望老师能领着我们好好体会这几处。

3. 父亲为什么要用这种方式让家人结束生命?父亲是个负责任的男人吗?

4. 小说为什么要用这么多的篇幅来写孩子们高兴的神情?尤其写到"早已见到孩子们炯炯的眼光在门外闪发着",为什么要特别写到"在门外",而不是"在门内"?

5. 小说为什么要特别写到"这同甘共苦的妻子,对于丈夫是十分敬爱。任何东西断不肯先给孩子尝吃的"?

6. 悲剧最后为什么没有发生?

7. 小说的最后他们一家终于免于一死,可父亲一觉醒来,叹道:"真是求死也不得吗?"并写"泪绽出他的眼上了"。他为什么要说这句话,为什么要哭?

8. 灾情这么严重为什么小说没有写到政府的救济,政府干嘛去了?

9. 老师,有什么办法让我们帮帮他们,让他们活下来?

【要点评议】

　　学情是教学的基础,是教学的起点。只有准确地掌握学情,才能有效地进行教学。对学情,既可以在备课时进行充分的学情探测、分析与利用,也可以在教学过程中进行学情探测、分析与利用。教师大多注重备课时的学情把握(其实很多时候也不到位),但较少关注课堂教学过程中动态学情的把握。马矗老师在教学过程中,让学生提出感兴趣、有疑惑的问题,就是很好的学情探测。他对这些问题的简要分析、归纳就是学情分析,而后面根据学生的学情展开问题的探讨则是对学情的利用。

　　我们所说的学情,不是笼统的、一般的学情,而是具体的、与"这一篇"课文相联系的学情,特别是与学生学习兴趣点、困难点相关的学情,是指向学习目标的学情。马矗老师让学生在阅读课文的基础上,根据课文提出若干问题,这样的学情就是与"这一篇"课文有关联的、具体的学情。经过老师的分析、归纳与选择,"根据大家的阅读感受来确定我们今天学习的重点",这些学情就变成了指向目标的学情。

在如何探测学情、分析学情与利用学情上,马骉老师教学过程中让学生提出问题,根据学生问题展开教学的做法值得借鉴。当然,这需要教师对课文较透彻的理解和把握,需要教师较强的课堂教学驾驭能力。

五、师生互动,共同分析问题

1. 分析问题"小说中哪些地方可以看出当时的灾荒很严重"

师:刚才我将作者写这篇微型小说的背景提供给大家,我想我们可以结合提供的背景材料,先来分析一下这个问题:"小说中哪些地方可以看出当时的灾荒很严重?"

师:小说从哪几个方面来写灾荒的十分严重?

(生带着问题在文中找答案)

生:有直接写灾荒严重的,也有间接写灾荒严重的。

师:你是火眼金睛啊!一眼看到底!哪些地方是直接写灾荒严重的?

生:"一连三年的灾荒"。

师:这句中要特别地强调哪个词语,哪个词最能说明问题?

生:"一连三年",你想三年,而且是连续的,太严重了。

师:找得准,说得好。小说还从哪些角度写灾荒严重?

生:还从父亲的感受来写的。

师:请找出文中最能表现灾荒严重时父亲的感受的词语。

生:我觉得"支撑"一词用得好。

师:好在哪里?

【观察者点评】这样问的好处:一是确认学生回答的内容,二是把学生重新带回了文本,防止"空对空"的谈论。这样就把教学落到了实处。

【要点提炼】引导到词语的品味上。这是语文教学应该做的事情。

【观察者点评】这一问也问得好。好在可以培养学生的阅读分析能力,同时防止脱离语言空谈。

生： 表明父亲在"一连三年的灾荒"的情况下已经是用尽所有的力量了。

师： 我很欣赏你的分析能力。小小的年纪，真不简单。

生： "现在也只好挨饿了""但是怎么挨得下去呢？"这两句话，尤其是"只好"写出了当时的灾情。

师： 写父亲的感受是从侧面写了灾情的严重，还有没有从其他的角度写灾情的严重？

（学生摇头表示没有）

师： 再仔细看看，认真想想。

生： 老师，孩子们的反应是不是也侧面写了灾情的严重？

师： 你说出道理来，当然可以了。

生： 文中写到孩子们"好似天使送礼物一般的喜悦"，"手舞足蹈"，"爸爸，爸爸！什么东西啊！让我吃哟！"这些话都从侧面写出了灾情的严重。

师： 你还没有说出道理来，谁帮他说说。

生： 孩子们的高兴是因为他们实在太饿了，所以看到好吃的就"好似天使送礼物一般的喜悦"，还"手舞足蹈"。

师： 你的分析一语中的。不过我要提醒你们注意，你刚才提到的"爸爸，爸爸！什么东西啊！让我吃哟！"中的"爸爸，爸爸！"为什么要重复叫？为什么用了感叹号？"什么东西啊"一语应用问号，为什么用的也是感叹号？

【要点评议】

引导学生从语言的重复和标点符号的运用中体会作品的内容。语文的妙处其实就蕴含在这样的细致之处啊。能够引导学生从中品味出一些东西来，语文教学的魅力就出来了。

生： "爸爸，爸爸！"重复表明孩子们看到父亲提着河豚子过来特别高兴，高兴坏了。

生： 表明孩子们当时急切的心情。感叹号表明孩子们叫得很重很急。

生： 一句话，孩子们实在饿得不行了。的确从侧面巧妙地写出了当时的灾荒的严重。

师：你是当领导的料，善于总结，又切中要害。对这个容易被忽略的重复和感叹号，我们居然又挖掘了这么多的含义，真不容易。

师："什么东西啊！"一词应用问号，为什么用的也是感叹号？对这个问题怎样理解还能再仔细分析吗？

生：也表达了孩子们饥饿到了极点，不是问他爸爸了，是对河豚子的惊呼！

师：渐入佳境了，我真替你们高兴。

2. 分析问题"父亲为什么要用这种方式让家人结束生命？父亲是个负责任的男人吗"

师：从刚才同学们提的众多问题中，对父亲这个形象的提问最多。尤其是对"父亲为什么要用这种方式让家人结束生命？父亲是个负责任的男人吗？"的疑惑最大。下面我想请大家花一点时间和精力来探讨这个问题。

生：我认为父亲是一个痛苦的人，他是家里的顶梁柱，他爱他的家人，用这种方式让家人结束生命实在是当时唯一的选择。

生：我不同意他的看法，爸爸是男人，是男人就要坚强。他是个不负责任的人。

生：父亲用逃避、屈服的态度对待生活，面对绝境。他显得很脆弱，很冷酷，也没有人性。

师：我料到大家在这个问题上会有分歧，这很正常。不过我还是提醒大家两点：一是要考虑当时的客观现实，二是要从文中找到下判断的直接依据。这样才能比较客观地对父亲做出公正的评价。让我们求教于课文，并结合我提供给大家的背景材料。

【要点评议】

"从文章中找下判断的直接依据"，这句话点出了语文教学一个很要害的教学规律。对小说内容的分析、评论，都必须根据文本本身，这样才能做到说得有理有据。否则就会出现脱离文本、脱离语境，"空对空"的分析，出现邓彤老师在讲座中谈到的非语文的、非文学的、非小说的小说教学。之所以会出现这些情况，一个很重要的原因就是不从文章中寻找直接依据，而是跑到文章之外大谈特谈，高谈阔论。因此，小说教学要根植于文本，结合语境、联系背景进行教与学。

师： 在文中有很多关于父亲的神态和心理描写的语句，或许能帮助我们准确把握父亲这个形象。

（学生带着问题再阅读文章）

生： 我在文中找到了诸如"伤心落泪"、"无限的恐怖"、"喘不过气来"、"如踏在云上"、"力也衰了"、"静待"、"泪绽出"等词语，这些词语反映父亲当时的心情。

师： 时间有限，我们选择几个来解剖。选你们最愿意的来分析。

生： 文中说到"为孩子生命的恐怖，一齐怒潮般压上心头，喘不过气来"，这句中"喘不过气来"写出了父亲当时极端的内疚、恐惧和绝望。

生： 文中还说到"日车已驾到斜西，河豚子，还依然煮着。他归来了。他的足如踏在云上一般。他想象中一家尸体枕藉的惨状，真使他归来的力也衰了"。这段话中"他的足如踏在云上一般"一句写得特别形象。

师： 你抓得很准，这句话写出了父亲当时怎样的心理状态？

生： 一想到马上就看到家里人尸体枕藉的惨状，他的心都要碎了，脚一点力气都没了。他非常痛苦和恐惧。

【观察者点评】体会父亲的心情，而不是分析父亲的性格、概括父亲的形象。这就是把学生带入人物的内心世界。

师： 从刚才两位同学的分析中，我们可以体会到一些父亲的心情了吧？

生： 父亲是深深爱着子女和妻子的，但是他很无奈，很绝望。我们应该理解他。

生： 我认为，父亲用让饥饿至极的家人美美吃上一顿河豚子的方式来结束家人的生命，这是一种没有办法的办法，我也理解他。

生： 但是我不这么认为，生存的机会是靠自己创造的，人说"绝处逢生"，只要不放弃，机会说不定会降临的。

生： 从法律角度讲，父亲这样做是犯法的，甚至可以说是谋杀。

师： 大家的主张都有自己的道理，但有一点必须和大家说明的是，父亲作出这个决定时是痛苦的、被迫的。文章中有相关的词语可以佐证。找找看。

【要点提炼】用文章中的词语佐证自己的观点。

生：老师，文中有个"刀下舍生"的词语是什么意思？

师：谁能回答这个问题？可以结合语境来理解。

生：我的理解就是父亲让他家人死的决心很强。

【要点提炼】结合语境来理解。

师：是这样吗？这里的"刀"指什么呢？

生：可以理解成"当时极其严重的灾荒"。

师：理解准确，是当时的绝境。"舍生"是什么意思应该不困难了吧？

生："舍生"就是不想活。

生：这个词语就是表明父亲和他自己不想活的决心已经下定。

师：有同学问，那父亲为什么不跟家人一起死呢？

生：文章中有这样的话："他并不是自己不愿意死，不吃河豚子，不过是他不忍心见到一家人临死的惨状，所以暂时且为避开。"说明父亲不是怕死，是不忍心看到家人的惨状，或许他是想收尸以后再自杀。

生：因为他们一家不被河豚子毒死，也会活活饿死。父亲选择前者实在是无奈之举。

【观察者点评】教师的总结，水到渠成，点睛之笔。

师：你的总结性发言应该说讲得很透彻了。这种选择体现了父亲对家人深沉的爱，对社会的绝望和控诉。

3. 分析问题"悲剧最后为什么没有发生呢"

师：真是老天有眼，我们惧怕的悲剧最后没有发生。于是有同学问"悲剧最后为什么没有发生呢？这是一种偶然还是必然？"我们一起在小说中找找原因。

生：直接的原因就是文章中所说的"但毕竟因煮烧多时，把河豚子的毒性消失了"。

生：我看孩子对父亲的爱也是一个主要的原因。

师：这话从何说起？

生：老师，文章有一处非常有意思的描写，"早已见到孩子们炯炯的眼光在门外闪发着"，作者为什么要特别指出"炯炯的眼光"、"在门外"、"闪发着"等细节描写？我希望我们一起分析一下。

师：这是个独具慧眼的发现，真不容易。谁来说说对这个发现的理解？

课例研究工作坊 247

生：这里写孩子们的"炯炯的眼光"和"闪发着"写出了他们的眼光有神。

生：不能这样理解，我觉得这里应该理解为孩子们饿得眼睛都发绿了。

生：这里的"炯炯的眼光"和"闪发着"既有饿得眼睛都发绿的意思，更有急切等待父亲回来可以一起吃河豚子的心情。

师：三位的答案由浅入深，已达到目的。那为什么要特别强调"在门外"等呢？改为"在门内"效果会怎样？

【要点提炼】用"换词法"引导学生体会表达的效果。

生："在门外"比"在门内"更加能突出孩子们的急切。等了一天了，饿也饿死了，更急死了。

师：都饿死了，也急死了，为什么不先去吃了，或者给父亲留点即可。为什么？

生：因为他们都非常爱他们的父亲。尤其在困难的时候。

师：可用哪个词语来描述？

生：有福同享。

生：患难与共。

生：风雨同舟。

师：我没想到大家会说这么多条成语。

生：老师，我觉得是孩子们的母亲不让他们吃，悲剧未发生主要是母亲的原因。

生：在课文中有这样的句子："这同甘共苦的妻子，对于丈夫是非常敬爱。任何东西断不肯先给孩子尝吃。"

师：对不起，我要做个小调查，如果你们家有好吃的，你妈妈会先给你吃还是先给爸爸呢？

（大多数同学表示会先给自己吃，只有少数同学表示大家一起吃）

师：如果文中的母亲也像这样，那后果——？

师：各位，我们共同分析到这里，我们是否能自然地得出：是什么挽救了这家人的生命？

生：是亲情。

师：是的，是真挚纯美的亲情挽救了这家人的生命，亲情可以感动上帝，亲情可以战胜一切。

【要点评议】

新课程改革中提出了三维目标:"知识与能力"、"过程与方法"、"情感态度与价值观"。很多人不知道如何落实"情感态度与价值观",有的教学是就文本提供的内容探讨其中涉及的情感态度价值观,有的教学则不体现这方面的内容。这样的两种教法都走了极端。情感态度价值观的教育往往是蕴含或渗透在语文教学过程中的,教学中适当加以关注,教到一定程度或火候时,顺水推舟就可以了。

马矗教师的教学至此,自然而然地教到了亲情,学生学习至此,已经深深为文中的亲情所感染、所打动。在此基础上,教师的总结里加了两句"亲情可以感动上帝,亲情可以战胜一切",这既是对文本内容而发的,也是就一般事理而发的。这其实就已经是情感态度价值观的教育了,自然而然,水到渠成,润物无声。

语文教学中的情感态度与价值观教育不需要刻意的介绍、专门的安排、额外的增添,只要自然而然地融入教学过程中就可以了。

4. 分析问题"灾情这么严重,为什么小说没有写到政府的救济,政府干嘛去了"

师: 有一个问题如果不作分析,同学们会不过瘾,那就是:"灾难这么严重,为什么小说没有写到政府的救济,政府干嘛去了?"

师: 这是个很重要又很难理解的问题。我愿意和同学们一起作探讨。

师: 我要问,他们家有收成吗?

(学生一时不能回答)

师: 用来吃的粮食一点都没有了吗?文中是否有暗示?

生: 哦!(有几个学生恍然大悟)

生: 有,文中有句话说:"所得的谷只够作租",他们有谷。不过老师,"作租"是什么意思?

师: 农民种的地是从地主那里租来的,必须用种上来的谷子作租来支付。

生: 那是命要紧啊,还是租要紧啊!(有学生愤怒地喊)

师: 是啊!上课开始的时候,我提供给你们作者写这篇小说的背景,"小说写于

1924年,当时中国正处于军阀混战、政治腐败、民不聊生的黑暗时期,再加上极为严重的连续的自然灾害让百姓挣扎在死亡线上,处于求生不能、求死不得的水深火热之中。"我请一位同学再读一遍。我们再体会作者写这篇小说的用意,这种悲剧,揭露了当时执政者的腐败。

生： 这家人真是生不逢时啊。

师： 对啊,如果这事放在现在,会发生父亲无奈用河豚子毒死家人的悲剧吗?我们应该庆幸我们生逢其时。

师： 谢谢同学们,这40分钟里我过得充实又愉快。

生： (有个学生忽然站起来)希望老师以后再来给我们上课。

生： 对,我们欢迎!

师： 谢谢! 有机会一定再来给你们上课。

【观察者点评】
情感态度价值观蕴含其中。

问题研讨

教小说时,有的教师会教开端、发展、高潮、结局等这样的情节发展。马骉老师的这堂课,在小说情节处理上,采用让学生概述的方法,加以简单处理,而**把重点放在了引导学生理解人物的处境和内心世界的感受上**。

很多人教小说,特别重视人物形象分析。教人物形象当然是小说教学的一个教学点,但并不是所有的小说都需要分析人物特征、概括人物形象。对小说中的人物性格进行分析、对人物形象进行概括,那是研究者的任务,是文学评论家的工作,而不是语文教师和学生的任务。以往的语文教学把研究者和文学评论家的工作方式或思维模式运用到语文教学中,所以导致了小说教学中重视对人物的分析与概括。**语文教师进行小说教学的任务是教会学生怎么去阅读小说,怎么去理解小说。因此,重点应该放在教人物理解上。教人物分析、人物概括,还是教人物理解,是小说教学的一个分水岭。**马骉老师在这堂课中,没有把教学重点放在人物的分析和概括上,而是放在了对人物处境或境遇的体会上。这一点在小说教学中是值得肯定的。当学生能够深切地理解人物处境时,人物形象也会自然而然地破土而出。小说教学,不是为了引导学生分析出人物性格、概括人物的形象,更重要的是让学生能够进入小说所描绘的世界,进入人物的生活处境和内心世界,从而对他们有更加深切的理解。

如何才能达到这样的效果呢？小说的教学要在语言的品味中进行,不论是人物的处境,还是人物的情感、性格或形象,都要从语言的品味中出来,而不是"空对空"的谈论。马骉老师的这堂课在这方面做得很到位。马老师引导学生结合语境来品析小说中"爸爸,爸爸"的重复、连用三个感叹号等,体会孩子们盼望父亲的心情;引导学生通过品读"一连三年"、"支撑"、"只好"、"作租"等重点词语,体会小说中一家人生活的社会背景与家庭现实;引导学生通过品味父亲神态和心理描写的词句,体会父亲的内心世界。这样就把学生带入了小说的世界,让学生真切而准确理解小说中的人物和事件,更加深刻地感受小说的冲击力,从而在内心深处产生触动,同时也领略到小说艺术的魅力。这样的教学才是语文教学,才是好的小说教学。

资源链接

1. 马骉《河豚子》课堂教学实录[EB/OL]. http://blog.sina.com.cn/s/blog_6aff590e010137ye.html.

2. 马骉. 上海名师课堂:中学语文(马骉卷)[M]. 上海:上海教育出版社,2009.

3. 教育部师范教育司. 钱梦龙与导读艺术[M]. 北京:北京师范大学出版社,2006.

4. 范立. 以身体之,用心验之——古典小说教学中的角色体验[J]. 黑龙江科技信息,2010(3).

5. 沈燕. 论小说阅读必须重点把握的形象与意象[J]. 广东技术师范学院学报(社会科学),2010(4).

6. 晏仲生,胡礼仁. 将现代艺术手法运用到小说教学之中[J]. 文学教育,2010(10).

后续学习活动

任务1:马骉老师是擅长教小说的,在《上海名师课堂:中学语文(马骉卷)》中选了他的13个课例,其中6个是小说,除《河豚子》外,还有《不称心的强盗》、《离别的礼物》、《荷花淀》、《药》、《一碗阳春面》等。找这本书来看看马老师是怎么教这些小说的,从中总结马老师小说教学的经验或规律,写一份学习总结或体会。

任务2:钱梦龙老师在浙江金华的学校里借班上课,教学鲁迅的《故乡》时,曾在公开课前上了一堂"提问指导课",结果全班共得出了600多个问题。后来,他把问题分为七类进行教学。这样的学情也是具体的、"这一篇"的、指向目标的学情。这是一个课前探测学情、分析学情、利用学情的案例。大家可以找来看一下。请结合马骉老师的《河豚子》和钱梦龙老师的《故乡》,谈一下小说教学中如何探测学情、分析学情和利用学情。

项目	小说课文
学情探测	
学情分析	
学情利用	

任务3:请找几份小说教学的实录或教案,分析它们是如何教人物理解、人物分析或概括的,并根据自己的理解对他们的做法做出评价。

任务4:找一篇小说课文,从教理解人物的角度进行教学设计。设计时,请思考抓住哪些语言点进行设计才能让学生进入小说文本、进入人物世界。

长篇小说教学中的教局部与教全篇
——邓彤《老人与海》课堂教学研讨

执教教师简介

邓彤，基本情况见前文专题相关内容。

课例导读

小说教学不仅要关注作者讲了什么故事，而且要关注作者是运用怎样的表达方式去讲故事的，包括小说中的词语、句子、语气、语调、结构、修辞、视角、细节和手法等。小说教学必须要在这个层面上多用力，而不是仅仅停留在作者讲了什么上。《老人与海》的教学，很多课例把教学目标定在了分析老人的硬汉形象、学习老人永不服输的顽强精神，通过"内心独白"把握人物形象，透过本文看海明威的"冰山理论"、体会海明威作品"电报式风格"等方面，当用"硬汉形象"、"冰山理论"、"内心独白"等标签去解读这篇小说时，很多丰富的内容反而变得苍白无力，这篇小说所独有的艺术魅力反而被抽空或架空了。邓彤老师的《老人与海》的教学，没有使用这些习以为常的概念，却引领学生通过对小说中语言的品读与体会深入作品内部，让学生理解作品所表达的内容、领略作品的艺术魅力。这样的小说教学值得我们学习。

热身活动

1. 请从书籍或网络上查找几个《老人与海》的教学设计或教学实录与自己的设计进行比较,看一下这些教学设计或实录中有什么相同与不同的地方?为什么会产生这些不同点?

项目	他人的教学设计	自己的教学设计
相同之处		
不同之处		
原因分析		

2. 小说文本一般比较长,在教学中遇到篇幅比较长的小说时,你会怎么处理?

_____
_____
_____

教学实录

《老人与海》这篇小说比较长,内涵也较为丰富。邓彤老师分为两节课来教,第一课时引领学生"品读海中之鱼",第二课时引领学生"探讨人物形象"。

第一课时 品读海中之鱼

一、教学导入

师:海明威的《老人与海》在座的几个人看过?

生:以前看过的。

师:这是一篇非常有名的小说。上课之前首先给大家简单介绍一下这篇小说的情况。1951年,海明威的这篇《老人与海》发表后立刻得到了大家的好评,到了 1954 年获得了诺贝尔文学奖。人们对它的评价非常高，当时一个瑞典的文学院的院士评价说，**海明威精通现代的叙事艺术，《老人与海》是一部异常有力、无比简洁的作品，具有一种无可抗拒的美**。这是国外学者对它的评价。

我们看看国内人对他的评价。叶兆言，这个人同学们知道吗？他跟我们现在获得诺贝尔奖的莫言几乎是齐名的，而且这个人的祖父和我们的语文关系很大，他的祖父叫叶圣陶，很熟悉是吧？叶兆言这么评价海明威：一个海明威教给我的东西超过大学里所有老师教给我的学问。很多的作家都从海明威那里学到了很多的东西。所以，他的这句话绝不是虚言。这么多人对海明威都有这么高的评价，我们看看这篇小说到底是怎么回事。

这篇小说最早来自于一则通讯报道。1937 年美国有一家杂志叫做《乡绅》，这家杂志发表了一则通讯，这则通讯是谁写的呢？我们想应该是谁写的？对，是海明威。

海明威听到了一件事情写了一则通讯然后发表了。事情很简单。

> 一个老人独身在海边打渔，他钓到一条马林鱼，这条鱼拽着鱼丝拖到很远的海上，老人跟着它一天一夜，又一天又一夜，最后鱼浮起在海面上，老人驾船过去绑住它。鲨鱼游过来袭击那条鱼，老人一人在小船上对付鲨鱼，用桨打，累得他筋疲力尽，鲨鱼却把能吃到的鱼肉统统吃掉。两天以后，渔民们在朝东 60 里的地方找到了那条船，发现马林鱼的头和上半身绑在船边上，剩下的鱼肉不到一半，还有 800 磅重，这位老人正在船上哭，损失了鱼，他快气疯了。鲨鱼还在船的周围打转。

这么一件事，海明威觉得很有意思，就写了这么一条通讯报道发表在杂志上。这是 1937 年。试看距离他写作发表《老人与海》多少年？十几年以后，这个故事一直盘旋在他的头脑里面，慢慢地发酵，慢慢地酝酿，最后终于成为一部世界级的文学

【要点提炼】课堂导入。通过著名人士对作品和作者的高度评价，调动学生阅读兴趣。

【要点提炼】通过介绍写作背景，进一步调动学生学习兴趣。

作品。

我想提个问题大家想一想，这么一个比较简单的故事，海明威是怎么样把它变成一部伟大的作品的？他在里面究竟增加了一些什么呢？今天通过读这篇课文，我们大概能够有所感受。

【观察者点评】
注意教师提出的问题。

【要点评议】

小说教学，有时需要让学生对作家作品等有些背景性知识的了解。有些背景介绍是附加式的，即只在上课导入时用一下就可以了，只是为了激发学生的学习兴趣；而有些背景介绍则是融入式的，它对整篇文本的理解都产生作用。本课写作背景的介绍是后者，小说有自己的独特的表现手法和艺术，该背景介绍对学生理解小说是有帮助的。

更需要注意的是教师提出的让学生关注的问题：海明威怎样把简单的故事变成伟大的作品的。这个问题其实包含了小说创作的技术和艺术在里面，而本节课就是要在对比中探讨《老人与海》这篇小说的叙述技术与艺术。

教学导入阶段，教师先从对作品评价和作家评价的介绍入手激发学生学习兴趣；学生的胃口刚刚吊起，教师又荡了开去，转而介绍写作背景，并进一步激发学生学习兴趣。有了这样两层的兴趣激发，学生应该迫不及待地要学习这篇课文了吧！一般教师上课，就抖一个包袱，进行一次兴趣激发，邓老师上这堂课竟然用了两次兴趣激发，而且在激发兴趣时，把作品评价、作者评价和写作背景全部包含在里面了。这一点是值得学习的。

二、品读鲭鲨

师：大家看这个故事很简单，是不是？跟我们这篇文章有关的部分在这个通讯里面就这么两句话，我们课文写了这么好几章的片段。现在我们一起来看看，这两句话海明威是怎么放大充实，写得如此的传神，如此的引人入胜的。现在我们一起来研究这句话，好不好？大家来看通讯中的一句话——"鲨鱼游过来袭击那条鱼"。小说用了两大段来写这句话。我们看看小说是怎么写的。哪位同学把课文前两段读一读？（指一位同学）请你来读。

生(读)：

鲨鱼的出现不是偶然的。当一大股暗黑色的血沉在一英里深的海里然后又散开的时候，它就从下面水深的地方蹿上来。它游得那么快，什么也不放在眼里，一冲出蓝色的水面就浮现在太阳光下。然后它又钻进水里去，嗅出了踪迹，开始顺着船和鱼所走的航线游来。

有时候它也迷失了臭迹。但它很快就嗅出来，或者嗅出一点儿影子，于是它就紧紧地顺着这条航线游。这是一条巨大的鲭鲨，生来就游得跟海里速度最快的鱼一般快。它周身的一切都美，只除了上下颚。它的脊背像剑鱼一样蓝，肚子是银白色的，皮是光滑的，漂亮的。它生得跟旗鱼一样，不同的是它那巨大的两颚，游得快的时候它的两颚是紧闭起来的。它在水面下游，高竖的脊鳍像刀子似的一动也不动地插在水里。在紧闭的双嘴唇里，它的八排牙齿全部向内倾斜着。跟寻常大多数鲨鱼不同，它的牙齿不是角锥形的，它们像爪子一样缩在一起的时候，形状就如同人的手指头。那些牙齿几乎跟老头儿的手指头一般长，身子那么强健，战斗的武器那么好，以至于没有别的任何的敌手。现在，当它嗅出了新的臭迹的时候，它就加快游起来，它的蓝色的脊鳍划开了水面。

师："有时候它也迷失了臭迹。"这个地方不是念 chòu 迹，是念 xiù 迹。

这个同学带着我们慢慢地了解了一下这么一句话：鲨鱼游过来袭击那条鱼。注意了，他读的实际上只是什么？鲨鱼游过来。你看五个字，海明威用了两段来写，我们来看看，鲨鱼游过来这么简单的一句话，可是海明威写了两段，你对这个鲨鱼就会有深刻的印象。

我们一起来看看，游过来的鲨鱼你读了以后有什么感觉？这个同学你发表发表你的看法，就是把你们读时候的感觉拿出来交流就行了。

生：我觉得如果光从鲨鱼游过来就觉得鲨鱼非常凶猛，现在看了以后觉得他想特别地说出那鲨鱼牙齿锋利，把鲨鱼要吃鱼的凶猛特别表现出来。

师：你从这段文字读出来鲨鱼的凶猛很好，请坐。还有没有别的同学读出别的什么？

生：我觉得还有提到它的美。

师：什么样的美？

生：它周边的一切都美，后面讲它的背是蓝蓝的，还有银白色的肚子，还有光滑漂亮的，给予一种流线形的美。

师：你等等，我想问问这样的美和小鲤鱼的美、家里养的金鱼的美一样不一样？

生：不一样。

师：那你觉得是什么样的美？

生：家里的金鱼是观赏性的美，这种的美是充满力量、运动型的、诱人的美。

师：怎么个诱人法呢？

生：这种鲨鱼感觉就是带有那种力量，这种力量通常就是诱人的。

师：你们觉得这个蓝色给你什么感觉？

生：因为鲨鱼在海里，感觉就是很漂亮的感觉。

师：什么很漂亮的感觉？蓝色就是海洋的感觉，是吗？还有吗？刚才你们说鲨鱼给你们的凶悍的感觉，第二个说鲨鱼的美，力量的美，还有的说具有海洋的那种美，你们还能读出来什么东西？第一排的同学有没有？

生：我觉得它从体型上来说是巨大的体型，而且速度非常快。

师：不光是大，而且很漂亮，还有力量的美，还有呢？还有就是我们刚才讨论的颜色，这个颜色——蓝色其实有一种高贵的气焰，不知道你们有没有同样的感觉。你有什么想法？你说。

【要点提炼】以上引领学生深入体会鲨鱼的特征。

生：这种就形成了鲨鱼天生的王者气息。

师：仅仅这两段的文字，就把"鲨鱼游过来"这五个字增加了非常多的内容。那么我们再看，这一条强大的、凶猛的、速度快的、又那么美的鱼游过来之后干什么呢？袭击那条马林鱼，我们看"袭击"这两个字海明威是怎么表现的。他只用了什么，只用了一句话吧？第5段，他只写了大张的嘴，然后巨大的眼睛，咬得格崩格崩的牙齿。它的袭击就用了这么几个词，嘴大地张着，使人惊奇的眼睛，这种强悍我们就发现了。

【要点提炼】引领学生关注作者对鲨鱼的表现方法。

但是海明威重点并没有写袭击，而是写什么？写他打死那条鲨鱼之后的一个非常奇特的情景，这个人和这个鲨鱼有一场战斗。他用那个鱼叉叉到鲨鱼的脑子里面去以后,我们看这段文字,我们一起来读一读,我们看看那个鲨鱼死的时候那个片断。

"鲨鱼在海里翻滚过来"这一段,请同学们一起读一读,你们觉得怎么读能够把鲨鱼的死的味道读出来就怎么读。

生(读):鲨鱼在海里翻滚过来……

师:我忽然想到了我们中国历史上一个非常了不起的人物,你们猜我想到的是谁?

生:项羽。

师:为什么呢?你说说看。

生:关羽。

师:那你们觉得是像关羽,还是项羽?为什么呢?

生:死得非常有骨气。

师:那个同学讲死得像关羽,你怎么看?

生:我印象里关羽应该是非常不服气的,也是非常顽强的感觉。

师:不管怎么样,大家还是看出了一个顽强和不服气,那我们看这个鱼是怎么死的,你们从哪些字里看出它是很不服气,很壮烈的?

【要点提炼】引领学生从"字里"来体会作品所表达对象的特征。

生:我找到了一些类似于关联词的东西。就是从"鲨鱼却不肯承认","接着又翻滚一下"的"又",这个就是垂死挣扎的感觉。

师:为什么?

生:因为已经说眼睛没有生气了,一个"但是"的转折又回来了。

师:眼睛没有生气说明什么?

生:快要死了。

师:那么这种情况通常是什么感觉?当一个生命眼睛都没有生气的时候——

生:基本上没有动作了。

师:然后有一个"但是",非常的出乎意料,是不是?你是从这里看出来的,还有一个什么?

生:"鲨鱼却不肯承认"的"却"。

师:本来应该是什么?

生:应该认命的,却不认命。

师：这个同学看出了，关联词、副词这些特有的表现。还有一些什么可以看出来？或者是把你们感觉最强烈的话拿来评一评，或者议一议。这边的同学。你说。

生：就是在那句"鲨鱼却不肯"之后，有很多声势浩大的形容词，"猛烈"、"格崩格崩"地响着、"白浪滔天"，这些形容词。可能一开始看到没有生气的时候感觉结局已经定了，但是后来感觉声势浩大，都是从这些形容词感觉出来的。

师："猛烈地扑打"，当眼睛没有生气的时候居然还有"猛烈"，最后还有"破浪而去"，"海水给它的尾巴扑得白浪滔天"。还有没有这样的地方，这些地方都得好好地品一品啊。

生：这一段当中运用了很多的动词，明明没有生气的情况下用很多的动词，比如说"翻滚"、"扑打"、"响"，还有"破浪"，然后"脱出水面"，整个画面有很动感的感觉，反而显示很顽强、垂死挣扎的感觉。

师：在一个眼睛没有生气的动物身上运用这么多的动词，它创造出动感、力量。还有这条鱼像一只快艇一样，这里用了一个比喻，看出来这个鱼的什么？

生：力量。

师：力量和什么？速度啊。最后带来的效果是白浪滔天。你们有没有想象出这样的画面？你把这些东西整个综合起来。就像刚才那个同学讲的，这是一条死的不服气的鱼，它的死都这么强悍，这么的令人震惊。

【要点提炼】通过动词、关联词、形容词等各种词语和比喻手法的运用来体会鲨鱼之死。

我们从动词、关联词、形容词来看，我刚才又补了一个比喻，这样就把一个鱼的死写得轰轰烈烈，像一条汉子，是不是？我们再把这段文字读一读，感受鲨鱼死的壮烈。

生（读）：鲨鱼在海里翻滚过来……

三、品读星鲨

师：刚才写了一条鲨鱼游过来袭击这条马林鱼，这条鱼写得是这么的壮烈，这么的高贵，看着让人觉得这条鱼很令人佩服，是不是？是不是所有的鲨鱼都像这条鲨鱼一样呢？接下来又来了一批鲨鱼，这批鲨鱼和这条可能不一样。

第一条可能显得很高贵，有一点贵族气派，像英雄。后面出现的鲨鱼，同学们看看,这样的鲨鱼,作者是怎么写的?我请同学们快速地读一读,然后谈谈你们读这几条鲨鱼的感觉。给大家几分钟,你们有什么感觉,同桌也可以交流交流。

(学生读课文、讨论交流)

师: 这两条鲨鱼给你们什么感觉?

生: 就是很让人讨厌。

师: 你从哪里看出来的?

生: 它们的阔大的、扁平的铲尖儿似的头,气味难闻的讨厌的鲨鱼,是吃腐烂东西的,又是凶残嗜杀的,感觉就是特别恶心。

师: 你讲这么多,我们现在要分一分,看是哪些层面的讨厌?

【观察者点评】学生不能分层理解时,教师引领他们分层理解。这是教师作用发挥处。

生: 一个就是长得很让人讨厌。

师: 我们再具体一点,它是怎么长的?

生: 跟铲尖儿一样的头。还有阔大、扁平的。

师: 像什么?铲子似的外形。还有呢?

生: 还有那个"带白尖儿的宽宽的胸鳍"。

师: 它的背鳍你们看是什么样的,知道吗?

生: 褐色的三角形。

师: 刚才我们让大家比较一下颜色,刚才鲭鲨是什么颜色?

生: 蓝色。

师: 这个是褐色的,带白色的,这种颜色你们为什么觉得不好?我们先看褐色给人什么感受?

生: 很脏。

师: 很脏的感觉。像蓝色的鳍在那边就是蓝宝石,高贵。这个就是调动我们的生活经验。褐色的很脏,带一点白尖呢?

生: 颜色很杂。

师: 而且还有一点小家子气的感觉,有没有?这个就是调动你们对颜色的生活经验,外形丑,颜色又脏、又杂,不大气。还有吗?

生: 还有品行差。

师： 不是说"为人"，就是"为鱼"也不好，怎么说？

生： 吃腐烂的东西、凶残、嗜杀。还有趁海龟睡觉把它们四肢咬掉。

师： 如拿这个鲨鱼比人，应是生活中的哪类人？

生： 痞子。小偷小摸的。

师： 对，有点类似街头的那些小混混，是不是有点像？所以说让人讨厌。很好。还有没有同学有什么补充的？从外形、体型，还有吗？

生： 最后鲨鱼从鱼身上滑下去，死的时候还有咬的鱼肉，这个体现了贪婪。

【观察者点评】教师的引领只是例子，最终要把学生引领到对课文其他地方的细读上。长篇小说的教学更应如此。

师： 太多了，我们同学细细地朗读，很多的地方都很有意思的。这个有什么想法我们站起来就说，好吗？你说。

生： 就感觉它连进攻都不是特别正大光明的，是钻到船底下，把原来的死鱼又拉又扯的，还有一个就是用眼睛盯着看。

师： 你这个话太快了，我建议停下来，它怎么看？

生： "用它一条缝似的黄眼睛望着老头儿。"

师： 这给你什么感觉？用什么词，鬼鬼祟祟，有没有这样的感觉？所以我们读小说千万不要一眼扫过去，有些地方你慢慢揣摩它的味道，这个鱼连眼神都不对，是不是这样？还有没有？

【要点提炼】读小说千万不要一眼扫过去，有些地方要慢慢揣摩它的味道。

这样一来我们就知道，仅仅"鲨鱼游过来袭击那条鱼"这么一句话，海明威写了这么多的内容，好几种鲨鱼，又那么不一样，有的堂堂正正，进攻就是进攻，绝对不来曲的；有的像一个痞子、混子，偷偷摸摸，下三滥的东西都来了。

一句话写出这么多的东西，而且我们读起来兴味盎然。有一些同学写的话就是一条鲨鱼来了，又一条鲨鱼来了，这么写有什么意思？用高明的手法写才能写得如此好。

这节课我们品鱼，下一节课我们来品人。我们休息一下。

【要点评议】

  第一节课主要品鱼，一是品读鲭鲨，二是品读星鲨，教学内容聚焦，教学层次清晰。通过小说对两种鲨鱼描写语言的深入细致的体会，使学生清晰而深刻地体会到鲭鲨与星鲨的区别。而教师对两者的教学是例子引导式的，目的是通过部分的教学，让学生学会方法，进而自己去品读教师没有引导的地方。这充分体现出语文教学的以例引导功能。

  这节课，教师一直在引导学生关注通讯的写法与小说写法的区别，让学生体会小说写法的高妙。通讯里只是一句话"鲨鱼游过来袭击那条鱼"，而小说里却用了大量的文字描写，而且运用了对比等表现手法，这就让学生领略到小说的表现手法很重要，是小说产生魅力的重要原因。

第二课时　探讨人物形象

一、品读老人

  在品读完鲨鱼之后，邓老师引领学生品读老人。在这一阶段，根据课文的顺序，他把课堂教学分为两个环节，一个环节是品读老人大战鲭鲨，一个环节是品读大战鲭鲨之后老人的心理活动。

（一）品读老人大战鲭鲨

师：我们接着上课。

  刚才我们讲了"鲨鱼游过来袭击那条大鱼"，我们对比两类鲨鱼。这个下三滥的，一开头出现了"那褐色的三角形的鳍和那摆来摆去的尾巴"，你看这个动作就显得怎么样？不矜持，是不是？还有它们嗅出来味道之后就兴奋起来，在兴奋中一会儿迷失了臭迹，一会儿又把臭迹找出来，显得很不淡定。像这些地方我们都能够看出，这两条鲨鱼的做派，远比不上第一条鲨鱼。这样慢慢地读就显得非常有味道，虽然是写鱼，某种程度上"鱼性"约等于"人性"。

  鱼，我们已经了解了，我们再看看和鱼战斗的人。海明威在通讯里面也讲了，老人一人在小船上对抗鲨鱼，我们看看老人怎么对付鲨鱼的，大战鲨鱼的老人给你们留下什么样的印象？你们觉得要用哪一段比较好？

我们就看看他怎么大战鲭鲨的好不好？我们看看小说开头的那几段，还是请大家读一读，把大家的注意力聚焦在这上面。

生（读）：（鲨鱼飞快地逼近它的后边……，它去咬那条死鱼的时候……）

师：好的，这一段文字着重写谁？从这段文字当中你们觉得这个老人给你们留下什么印象？或者说你们从这段文字看出了老人的一些什么东西？这边的同学，请你说说好吗？

生：我觉得老人是非常的理智。

师：何以见得？

生：在情况这么危急的情况下，他攮进的地方，是两只眼睛之间的那条线和从鼻子一直往上伸的那条线交叉的一点。这不是很慌乱的人能找到的。

师：很冷静、很镇定。还有吗？就这一点？还有很多东西，这里你除了看出他的镇定之外，还能读出一些什么？

生：很有经验。

师：为什么？

生：一般人想不到叉那里，他就知道。

师：这里你看到没有？事实上并没有这两条线，这个线是怎么来的？

生：计算出来的。

师：目测，实际上就是根据他的经验，迅速把鲨鱼的脑子定位了，在这个中间用两个虚的线，大脑就在那，就往要害去，冷静、镇定，而且经验很老到、丰富。还有什么地方？别的同学也可以补充。

生：这段最后也提到了他有坚决的意志。我对这个后面有很多的疑惑？为什么说他有狠毒无比的心肠？

师：你觉得怎么样？

生：和人不相符？

师：那你觉得怎么样，我这一刀下去不要打死？这不狠。

生：我觉得不应该是狠，应该是沉着冷静。

师：我们的同学太善良，这就相当于两军对阵，他们是你死我活，所以我们中国有一句话叫"慈不掌军"，太慈了不能掌握军队。这个老人当时就是在战场上，要是没有狠毒无比的心肠是没有办法战胜对手的。

还有什么东西吗？那个同学有了，你说。

生：我想谈谈刚才同学说的狠毒无比的心肠。我从这动词发现的，这个老人使用的一个动词是"攮"，后面变成了一个"扎"。我们从这个分析说明他并没有想用力去杀害它，但是到后面发现如果不是用尽全力的话，死的就是自己，结果狠毒的时候就是用"扎"。

师：有这个意思很好，但是据我所知，海明威不懂汉语。这是译者翻译得好，你是在读翻译的文章。我们一定要看作品自身的特点。大家看看，仅仅从这么一段文字我们已经了解到了什么？这个老人的一些东西。大家看看我们有哪些结论？

第一遇到对手非常的沉着、镇定，第二经验丰富，第三意志坚决，然后心肠很硬。是不是？绝不手软。这样一个人在生死搏斗的时候才可能取胜，稍微一犹豫就完了。像刚才那个同学讲的，当时心软就完了。在战场上总是心太软可不行。

【要点提炼】读小说就是用生活当中的经验去品味小说当中的东西。

所以，我们说**读书**，特别是读小说，就是用生活当中的经验去品味小说当中的东西。

(二) 品读老人的心理活动

师：这是对付鲨鱼的一些文字，我们再看看杀死鲨鱼之后，他有一些心理活动。这些心理活动，也想请大家品一品。这些时候，我想请你们动笔了，**把你们感动的地方划出来，如果有什么感想也可以写出来**，然后我们大家交流一下。

(学生阅读、圈划、写作)

师：哪个同学起来聊一聊，把你的心得跟大家交流交流好吗？

生：我划的是第11段，这里有两句话："可是人不是生来要给人家打败的……"

师：你首先划出来这句话是非常有眼光的。为什么划这一句话？

生：我划这句话是有点没太看懂。

师：**这句话实际上就是海明威《老人与海》的灵魂的句子。**

生：我后面还有一句话，这个和前面有一点关系。"既残忍，又能干；既强壮，又聪明。"强壮、聪明等是形容英雄的形容词，用形容英雄的形容词形容这个高贵的鲨鱼，表明这个老人确实是从心底对鲨鱼有敬意的。联系到前面，可能是说老人虽然把鲨鱼消灭掉了，但是心底还是敬佩这个鲨鱼的强壮和聪明。

师：**他认为我虽然把鲨鱼打死了，但是实际上还是没有打败它，它还是一个英雄？**

生：对，这是精神层面上的。

师：鲨鱼如此，老人可能自己也是如此，对不对？这个就是读出味道了。我们知道两军交战的对手，如果真的值得敬佩，你的对手会尊重你的。所以，这个鲨鱼是值得尊重的，是不是这样？很好。还有没有？

生：与鲨鱼搏斗的时候是无比狠毒的心肠，但是与鱼的对话当中发现他的内心还是很善良的。在20段的时候，把一条鱼弄死也是一个罪过，就是说他在内心里面觉得弄死一条鱼其实是于心不忍的，但是最后一句话说，你生来就是打渔的，就像鱼生来就是一条鱼。你渔夫的命运就是打渔的，你命运和责任就是弄死一条鱼，他无法改变他的命运就像鱼无法改变被捕捉的命运一样。

师：应该做什么，"我"就得做什么，虽然杀死了这条鱼，但是"我"内心里面有很多的波澜。作为一个人，他的活动之后种种的思想就让我们感受到很多人性的东西，鱼吃了一条鱼不会想别的，人打死一条鱼就会想，你从他想什么就知道他是什么样的人。

这一块的同学，你们好像没有说些话，你们哪个说说看？

生：从第9节开始就是"他想……"、"他想……"，到11节想开始说话，12节想放开嗓子说。

师：你印象最深的？

生：12到13节，从没想什么，到想一点开心的事，说明其实还是很担心和害怕的。虽然把鲨鱼杀死了，但是担心这个鱼腥味会招来很多的鲨鱼，就想想一些开心的事情让自己壮胆。

师：不断地开导自己，不断地自我鼓励，在这么一个孤独无助的情况下，自己鼓励自己。很好啊，还有没有？

生：我从那个里面读出了老人内心的一个挣扎与矛盾。我先从10段那里，但愿我没有钓到那条鱼到25段的想到这个究竟，"鱼一方面养活我，一方面要弄死我"，到后面"孩子是养活我的。"这个句号应该是有东西可挖掘的。想了一下之后证明了这个只是自己给自己的借口。

师："这个"是什么意思？

生：就是"养活我"这句不应该是一个句号。

师：这里的文字我们要讲一讲。你们有没有读过全文，这个孩子指的是什么？

生： 就是要继承他打渔事业的孩子。

师： 对，我们也无法太了解这个人的思想，其实海明威故意就这么写，这种写法就把什么写出来了？他头脑里的思绪一个一个地冒出来，这个里面有没有很多的逻辑性呢？也未必有，这在西方是什么手法，你们知道吗？叫做"意识流"。你们听说过吗？脑子里面的想法就像流水一样冒出来，不见得有什么章法或者跟前面有什么关联。就显得老人内心里面很乱，是不是？也就是说杀死了一条鲨鱼，这个老人外部动作结束了，但是内心活动没有结束。

通过这些内心里面的想法，我们可以看出很多东西。老师今天只是把这一小段拿出来，大家好好看看，实际上很多句子都可以仔细品一品，包括刚才那个同学说的，人生来不是被打败的，包括这个老人自己。

【要点提炼】点拨意识流的写作手法，并领略此手法的妙处，表现人物内心的乱。

【观察者点评】教师再次把学生引领到教学中没有教到的地方。

二、意义解读

在品读了鲭鲨、星鲨等鱼和老人大战鲭鲨及其心理活动之后，学生们对课文已经有了较好的把握，在此基础上，邓老师引导学生讲一讲阅读这篇小说所获得的启示，把教学又向前推进一步。

师： 他花了那么大的精力捕获了这么了不起的鱼，可以说是巨大的收获，但是在海上航行两三天，跟鲨鱼搏斗两三天，最后带着鱼骨架回去，最后什么也没有。那么，这么一个故事究竟有什么意义？

作为一部世界级的名著，它肯定有一些东西让我们感到震撼，让我们得到启迪。这个渔夫花了这么大的力气最后又什么也没了，这个故事究竟给我们什么认识？最后还有一点时间，哪怕讲一句话也行。

为了帮助同学理解，老师这边提供了一些材料想请大家看一下，就是海明威自己说过，这篇小说，我似乎描写一个真正的老人，一个真正的大海，一条真正的鱼和许多真正的鲨鱼。什么叫"真正"？他说如果我能够写得足够逼真的话，它们也能代表许多的事物,因此这个老人就不见得仅仅是一个渔夫,那一条大马林鱼也不见得只是一条马林鱼,鲨鱼也不见得是鲨鱼,大海也不只是大海。它们能够代表很多事物,这个通常就是我们讲的什么说法?象征。所以,我们可以把这个故事作为一个象征性的寓言来看,然后可以从中得到很多的启示。

下面可以跟你们的同桌交流一下,然后说一说,大家会有一些新的认识。

(同学交流)

师:后面几个女同学好像一直没有发过言。这个女同学,说说读了这个小说以后,你有没有得到一点什么启示?

生:有的时候身份决定了你要面对的事物。比如说,他是一个渔夫,就因为他抓到了那条大马林鱼,所以才被拖到海上,才遇到那么些鲨鱼,被迫要与鲨鱼搏斗,可能他所处的社会或者遇到的一些事情就决定他之后的命运。

师:实际上很多事都是身不由己的,是一个渔夫就必须捕鱼,那么遇到这个大鱼就不得放弃,不放弃就是必须跟着到深海,到深海鲨鱼肯定要来抢,那么就是要搏斗,这个都是一条条联系下来的,你作为一个人就是在这个轨道上走,人生就是如此,是不是这样啊?她的这个启示,合理不合理,你们认同不认同?同学们自己可以判断,我是认同的。

你们还有没有?那边的同学有什么想法?

生:我想到一个,有没有可能是,他在说一个制度,比如说税收的制度,比如一个人有工资,主要的税扣掉一半,一般的税又扣掉一点,然后拿到的就没有多少,然后他就要反抗,首先是不交,这个鱼叉掉了,少交了又不行,刀坏了,最后还是导致税钱扣光了。有没有这样子?

师:我们可以说,你完全可以这么解读,真的。实际上就有人有类似的解读。这个就是我们读书读出来的东西啊,而且跟这个小说丝丝入扣,这个就很好。还有没有?

生:我觉得我们可以把那个马林鱼比作一个诱惑,然后捕捉马林鱼就是一种欲望,鲨鱼吃马林鱼也是一种欲望,最后鲨鱼死了,这个马林鱼也剩不了多少,大家都追求到最后都不值得。就是一个东西你得到了,又失去了,是非常的可悲。我们最近学的《老子》,让我感觉到不争其实就是一个大争。

师:就是忙到最后不如不忙,其实都白忙了,是吧?老人看起来什么也没有得到,他是不是白忙活?如果按照老子的观点是白忙活,但是按照别的观点可能不是白忙活。我作为一个语文老师没有办法衡量,你有你的价值观。

最后我把我收集到的启示给同学们看,有的东西你们可能想到了,有的东西你们可能没想到。

有人说,这个小说是代表人类生存的意义。 大海是变化无常的人类社会,大马林鱼是人生的欲望、理想,鲨鱼象征着人类无法摆脱的追欲,你追求东西的时候总有一些东西干扰你,最后让你们的努力付之一炬,这个就是鲨鱼。这个老人就是象征人类中勇于与强大势力搏斗的人。所以说,他的遭遇象征着人类总是和恶势力斗争。

还有一个理解说,这个大海是变换的命运、不可知的世界,马林鱼代表欲望,鲨鱼象征人类对欲望的惩罚。 你人类在不断贪婪的时候,总有人来消减你的追求,所以老人总知道自己错了,欲望碰到底线,遭遇到报复就承认自己失败了。

还有很多。刚才这个同学讲的,你最后的努力都被剥夺,你抗争都毫无价值,就好像税收。其实何止是税收,很多东西都是这样。

海明威还有一句话可以给我们一个借鉴,他说"**我的文笔说率直不如说含蓄。读者必须经常运用他的想象,否则就会忽略我思想中最精妙的部分**"。按照海明威的忠告和大家的一些启示,我们如果回去再读《老人与海》的全文,一定会读出很多的思路,也会有很多的收获,好不好?

这节课我们就上到这里。谢谢同学们。下课!

> 【观察者点评】
> 结课时不忘引导学生阅读全文,不仅把教学引到课外,而且引到更广阔之处。

问题研讨

小说阅读教学的重点是培养学生的阅读能力,而如何培养学生小说阅读的能力呢?应该放在教读法上,即教会学生如何阅读小说。要培养学生如何阅读小说,就需要把小说的创作手法揭示出来,或引导学生关注小说的创作手法。因为作者在写小说、讲故事时,是通过各种手法把故事和创作意图层层包装起来的,而读小说的过程就是通过对这些手法的把握,把层层包装起来的故事或意图层层剥开来的过程。打个比方,作者好比是个包粽子的人,他用各种手法把粽子包起来,而读者好比是吃粽子的人,他把作者层层包起来的粽子,再一层层地打开,不仅要打开,还要亲自品尝,才能知道其中的滋味。因此,对读小说而言,把握作者的创作手法,找开这个故事很重要,同时品读也很重要。当然,有时这两个过程是融合在一起的。明白了这一点,我们再来看邓彤老师《老人与海》的教学。

第一,通过引导学生对重要段落的品读来理解作品。

语文教学中一个很重要的矛盾是学生知浅与知深的矛盾,即学生自己阅读时往往只是具有较浅层的理解,而教学需要他们对课文有较深的理解。因此,如何引导学生由浅层潜入到文本的深层就成为教师教学的重要任务。要完成这个任务,需要具备两个条件,一是找准深潜入区,二是掌握深潜的方法。只有具备这两点,才能够达到文本的深处。对教学而言,一是指导学生能够找准文本重要的地方,二是通过对作者手法运用的把握来解读出作者所要传达的意思和意味来。在本节课中,不论是品鱼,还是品人,邓彤老师都选择了课文中重要的段落来引导学生,首先是找准了深潜区。其次,在引导学生"深潜"的过程中,又抓住了作者在词语、修辞手法、对比手法等方面的运用(作者层层的包装),借由对这些词语和手法的品读,深入文本内部,从而读出其中所蕴含的意思与意味(读者层层的解读)。在这个过程中帮助学生学会运用这样的方式去读小说。

第二,把教学目标定位在引导学生如何阅读全文上。

很多小说的课文都是比较长的,长课文如何教,一直是困扰一些老师的问题。对长课文的教学必须有所取舍,但又不能伤害到对全文的学习。因此,教学中对课文内容的取舍很关键,而取舍了之后如何处理"所取"与"所舍"的内容也很关键。邓彤老师的做法是,取重要段落(所取),做重点"敲打",以此为例教会方法,然后引导学生自学其他内容(所舍)。虽然,教学重要段落,但意不在此,而在引导学生学会阅读的方法之后,去阅读全文。语文课堂教学的时间是有限的,不可能什么都教,什么都讲,因此,取长课文中的重要段落为例子,教会方法,然后指导学生自学其他段落,阅读与此相关的其他作品,就显得特别必要。这是教学的方法问题,也是教学的思想认识问题,值得我们深思!

资源链接

1. 沙原,沙林贤.海明威《老人与海》的创作背景与内涵[J].时代文学,2012(2).

2. 张亚婷,陈进封.论《老人与海》中叙述手法的陌生化运用[J].西安外国语学院学报,2005(4).

3. 刘岩.《老人与海》的多样阐释——从接受美学角度分析《老人与海》[J]. 新课程研究,2008(2).

4. 贾国栋.海明威小说《老人与海》的文体风格研究与教学[J]. 当代外语研究,2012(7).

5. 陆梅华.论《老人与海》的散文叙事特征[J]. 湖北函授大学学报,2013(2).

6. 杨凡.试论《老人与海》的多重主题意蕴[J]. 剑南文学,2011(10).

后续学习活动

任务1:邓彤老师的教学只是选择了课文的部分内容为学生进行引领,在教学中他多次提醒学生们,可以用同样的方法欣赏其他的地方。请你对邓彤老师没有领着学生欣赏的地方进行教学设计,引领学生欣赏这些地方,并看一下从这些地方入手能否同样精彩地进行教学。

_____
_____
_____

任务2:邓彤老师《老人与海》教学的最后环节是让学生谈"这个故事究竟给我们什么认识",而没有谈这篇课文的主题,对此你自己如何评价?

_____
_____
_____

任务3:小说教学中如何才能做到点面结合,以点带面?请写出三条以上的教学策略。

策略1:_____
策略2:_____
策略3:_____

任务4:根据本课例研习所获得的新的理解和认识,请对《老人与海》进行新的教学设计,并与此前的教学设计进行对比,看一下两者之间的差异及后者的优点所在。

项目	原有设计	新的设计
不同之处		
优点所在		

小说手法与小说解读方法
——邓彤《十八岁出门远行》课堂教学研讨

执教教师简介

邓彤,基本情况见前文专题相关内容。

课例导读

《十八岁出门远行》发表于《北京文学》1987年第1期,是当代先锋实验作家余华的一篇代表作品。这是一篇带有荒诞性质的小说,运用日常生活的逻辑或传统的阅读范式难以理解它。对于学生不能用传统阅读范式来阅读的作品应该怎么教学呢?邓彤老师的《十八岁出门远行》的课例,或许能够给我们一些启发。

热身活动

1.《十八岁出门远行》是一篇先锋派小说,带有荒诞性,如何来理解它的荒诞性,又如何让学生理解它的荒诞性呢?

2. 小说教学应该教给学生相应的知识以帮助学生理解文本,请思考小说教学中应当如何教给学生相应的小说解读知识?

___

___

___

教学实录

一、初读全文,小组讨论

师:我们开始上课了,今天我要和同学们一起学习一篇大家比较陌生的文章——《十八岁出门远行》,作者余华,读过他的文章吗?

生1:没有。

师:没有也没有关系,我们今天一起来认识一下。这篇文章没有叫大家做任何预习,我们今天是第一次和它见面。初次见面我们要和这篇文章多了解了解。我们班哪个同学读的声音比较大?

生2:蒋孟清。

师:蒋孟清有请你给大家读一下。这篇文章很长的,你一个人能读下来吗?

生2:能。

师:好,你给大家读一遍。其他的同学,一边听他读,一边自己看。在看的过程中,如果发现什么地方感觉到很陌生、很奇怪,请你把它标注下来,等一下我们一起讨论,做个小组交流,好吗?

【观察者点评】让学生带着任务听朗读。

生2:(朗读全文)

师:感谢你。刚才我们这位同学给我们读了一遍。我们是第一次和这篇文章见面,感觉这篇文章如何?感觉很奇怪,是吧?

现在给大家两三分钟,把你觉得特别奇怪的地方整理一下,想一想,然后我们在小组里面交流交流。也许你的奇怪,其他人可以帮你解释,最后我们每个小组提出一个问题,把觉得最奇怪的地方讲出来,我们全班一起交流。好不好?现在大家自己看看。

（学生分组讨论）

二、小组陈述,各抒己见

师：同学们都讨论了一下,现在按小组1、2、3、4、5的顺序分别来交流一下,好不好？说说你们认为最值得探求的问题。

生3：我们的问题是司机和这辆车的关系究竟是什么？我们有四种假设。

第一种是,这辆车,是这个司机抢过来的,他是个强盗,是个骗子。他在这个18岁的人跑过去时,偷他的包。

第二种解释是,这个司机和那些抢苹果的人都是18岁少年他爸请的"托儿"。打他一顿,让他有点教训,然后让他认识到外面的世界是很危险的。

第三种解释是,少年之前曾经遇到过一次汽车,我们猜测之前的那个汽车,是跟他同向行走。这辆汽车开过去的时候,看到这个少年了,但是他没有反应。但是他开了一段时间,觉得可以抢他的包,所以他又返回来,因为他说第二次遇到的汽车,跟他是反向行驶的。所以说,有可能是这辆车返回来,在路上等他上钩。

第四种解释是,这个18岁的少年从头到尾就是在做梦。第一层的梦就是他爸爸让他出门；第二层就是他已经睡着了,他做梦的时候,梦到这些汽车什么的。车上的苹果就是类似于陀螺的那种东西,指示他到底有没有在现实当中,因为他的苹果都被抢掉了,所以他不知道到底自己有没有回到现实中。所以他最后又回到了第一个梦,就是结尾那段。

师：好。感谢你。请第2组的同学说一下。

生4：刚开始的时候,司机不理他,后面司机却是很热心问他要去哪边,就是一会儿功夫,司机对他的态度为什么反差很大。

师：就这个问题？

生4：嗯。

师：你们怎么解释的呢？

生4：这个司机其实是个强盗,他一开始没有看到"我"的背包,后来他突然发现这个背包,里面有好多东西,然后就想可能可以抢过来,于是他就十分亲切地问要去哪里。

师：好。3组的同学来说一下你们的问题。

生5：我们觉得整篇文章出现了很多次"你走过去看吧"这样的话,"走过去看","开过去看",应该是有一定意义的。有可能是所谓的路人和这个司机应该都是知道这边有一伙强盗会经常出没的。还有就是，司机在车抛锚之后在大路上做广播操，这好像不是一般人会有的正常行为。

我们的想法，有可能这个司机是和强盗一伙的，所以要保持体力，有可能平时习惯了这种锻炼。他和强盗是一伙的，他知道待会儿强盗会过来接头，他知道旁边这位少年要倒霉了，因此他就很闲的在这边看。

另外就是，我们还有两个假设。第一，这个司机确实是一个搞个体运输的，那辆车也确实是抛锚的，这不是陷阱。遇到强盗之后，他的想法是苹果让他们抢了，我跟着他们顺便再走一段路，还可以顺手抢掉旁边那个人的包。

第二，这个司机是一位正常的司机，但是他有可能是一位斯德哥尔摩综合征的患者。他遇到大量的强盗之后，少年很正义地冲上去制止，但司机此时几乎是服从于强盗的。

师：你刚才讲了一个很有名的心理学术语"斯德哥尔摩综合征"。你可以把这个稍微给大家解释解释。

生5：曾经有一个案件发生在瑞典首都斯德哥尔摩，案件之中匪徒控制了一群人质，结果那群人质在警察来解救他们的时候，却主动去帮助那些匪徒逃走。斯德哥尔摩综合征就是指人在某种威胁情况下，会服从于比较强大的一种暴力吧。

师：请大家注意一下，这个是心理学研究上一个很重要的案例。他联想到了这一点。请你接着说。

生5：还有最后一点，他曾经说过一句话，我一直在寻找旅店，没想到旅店竟在这里，也就是说旅店是在他的心里。但是有一个问题，好像这个理解，跟前面他所叙述的那些东西，有点搭不上边。

师：好。谢谢。我们先把各种主要问题陈列出来。4组，哪位同学来陈述？

生6：我们的问题是，那个司机为什么要用一种很复杂的手段把红色背包抢走？其实，他一开始就可以抢的，并不需要搞一群强盗去做成这样一个案件。

师：你这个话，好像完全是批他们的吗？

生6：不是。

师：他说，是要完全设圈套，抢他的。

生6：还有两种解释。第一种解释，就是原来父亲设了一个局，想要让"我"去体会一下那种感觉。第二种，这个司机可能是精神分裂，因为后面抢到红色背包的时候,他就朝我哈哈大笑。还有,我之前递给他香烟的时候,他对我态度蛮好的,后来我要搭他车的时候,他就说滚开,所以,他可能有心理问题。

师:你们觉得这个司机头脑有毛病,所以某些奇怪的行为,就不好解释?

生6:嗯。

师:这也简单,反正不好解释的,都是有病的。这也是一种解释。第5组的同学。

生7:首先一点,我认为这篇文章,不能用普通的逻辑来读,因为从普通的逻辑完全讲不通,这不是一个真实发生的事情。这个文章的题目是《十八岁出门远行》。我们从心理学、文学角度来解释一下各个意向以及这篇文章的主旨。不一定对,但是这表示我们这一小组的思考程度。

公路,在我们看来,喻指的是人生。你的人生从起点出发到终点,这就是一条路。

师:等等。你以前读过这篇小说吗?

生7:没有。

师:就是凭刚才读了一遍的感觉?

生7:还有我们的讨论。

师:好,请接着讲。

生7:旅店,我们认为旅店是一个人生命的最终归宿,汽车是人生中的一种机遇,苹果是一些看似很重要的但是其实不重要的,比如功名利禄这些,身外之物。

车座是一个容身之所,我们也可以把它解释为,你心灵的寄寓之处,你灵魂的容身之所。司机,似乎是你人生中一些无法抵挡的诱惑,他毕竟不是什么好的东西。

从文章主旨看,这篇文章说18岁开始出门远行,显然就是,一个人,当长到成人以后,他在寻找自己生命最终归宿的这样的一条心路历程。我是这么看的。能不能多给我一点时间,我从头到尾地说一下。

师:行啊。你要讲得好,这堂课都是你说都行。

生7:我们可以看到,一开始,他在这条路上走了整整一天。他在人生的道路上面,已经前进了一段时间,他18岁以后,开始走上他自己的人生。所有的山和所有的云,让他联想起熟悉的人,这里指的是过去的事情,就是他过去心灵的归宿。然而18岁,你必须要离开家,必须要离开原有的一种生活的模式,你原来生活过的、你父母的家,但是现在你必须自己找一个家了,这一点

课例研究工作坊 **277**

很重要。

接下来，从早晨里穿过，走进下午的尾声，而且可以看到了黄昏的头发。这就是说，他已经经历了一些事情，他感到自己的内心，有些累，想要追寻一个心灵的归宿。这一点也可以在下面的文章里面看到，因为他前面，是不在乎有没有旅店，他说"但那时只是仅仅想搭车，那时我还没为旅店操心了"，而现在不一样了，现在黄昏了，心已经累了，想要找到一个心灵的归宿。

前面还说了，那时"我"只是觉得，搭一辆车非常了不起。我这里是把"搭车"解释为机遇的。那就可以看作，他那个时候认为，成就一些功名，做到一些前人没有做到的事情，是非常了不起的一件事情。

所以后面写，"我站在路旁朝那辆汽车挥手，我努力挥得很潇洒。"但是心里开始后悔起来，后悔刚才没有在潇洒的手里放一块大石子。

师：你不要读了，把你的观点讲出来好不好？选一两个你认为最重要的点和同学们交流一下。

生7：好，我节省时间。我就直接讲重点了，抢苹果那一部分。苹果不是他的，但是他却要去保护，使它不被人抢走。我们是不是可以理解为，那些苹果，那些功名利禄，这都是身外之物，你生不带来，死不带去，但是你却偏偏要为这些执著是没有必要的。

师：这样看来，那个司机是很超脱的是吗？按照你的思路？

生7：我觉得这个司机有点奇怪，我的解释，就是人生中的一些诱惑，那些苹果都是他载的。苹果被抢走了，汽车包括玻璃全部拆走了，只剩下一个座椅。这个时候，我们可以看到，他抛弃了一切的身外之物，只留下了一个寄身之所，这个时候，他找到了他生命的归宿。生命的归宿，就是你心灵的归宿，用一句通俗的话来说，此心安处就是我家。

师：好，谢谢你。我们几个组的同学，都讲了自己的想法，和本组讨论的一个结果，我要说这篇文章的阅读，尤其是我们第一次阅读，肯定是有难度的，我们同学能够讨论到这个份上，说老实话，我已经很高兴了，老师的理解也不见得比你们高，也不见得就比你们准确。

> **【要点评议】**
>
> 　　小说是要阅读的,但小说教学不仅需要阅读也需要言说。小说教学的言说,是阅读之后的交流。只有让学生把自己的阅读体验,包括阅读困惑言说出来,才能够实现认知的、情感的交流与共享,实现视野的整合、情感的共振。要学生把阅读感受、阅读认知、阅读困惑言说出来,做一下交流,比教师在教学中独白要好。
>
> 　　从教学角度看,让学生先发言,必然促进学生的思考,同时可为教师的后续引导、点拨提供基础。教师在此基础上进行深入的引导或拓展点拨,会使学生有更大收获。

三、教师引导,深入探析

师：老师也摘了几段,你们会发现,我摘的这几段跟你们有很多地方是相似的。

　　老师也有一些理解,想跟同学们一起探讨。

我找了三段,我们肯定是感到奇怪的。刚才同学说的奇怪在什么地方?

生8：态度反差。

师：我们的奇怪是为什么会有这么大的反差是吗? 我们一起来研究研究。

"老乡,我想搭车。"不料他用黑乎乎的手推了我一把,粗暴地说:"滚开。"

你觉得这个怪不怪?不怪。我要在路上碰到,我要搭车,人家这样对我,好像也很合情理。

我要搭车,他不要我搭车,也有一点怪。你们想想这个司机,为什么会这样做。刚才那个同学讲了,先点了一支烟,我以为你抽了我的烟,你就得让我搭车。那你猜猜看,他为什么这么粗暴呢?

生9：心情很不好。

师：这样理解的?他说心情不好,可以理解,很沮丧,刚刚修好车,你竟然来搭车。也许还有一点,给我一支烟,就想搭我的车,这也太便宜了。问题是,这个后面是怎么理解的。从这么粗暴,到这么友好,中间是有过程的。**是什么原因,让这个司机从粗暴变成笑嘻嘻的,你们怎么解释的?**

生10：首先是冲他吼一声。

师：这个为什么就要改变了？

生 10：欺软怕硬。

师：他找到了道理，这个司机欺软怕硬，你要好好地对他说，那是滚开；你要骂他，准备跟他干一架，他马上态度就变了，这种解释怎么样，可以解释吧。

当我们遇到奇怪的地方，感觉到很矛盾的时候，就得想办法去解释它，用什么办法呢？我们根据人之常情来推断，我们找到了不合逻辑的事情的内在的逻辑，觉得司机这样做有道理，这个司机是个欺软怕硬的人。

于是这种荒唐的结果，我们就觉得可以理解了，是不是这样的？刚才同学好多分析，也是这么进行的，这是我们一般常规的理解。

还有下面这一段，刚才同学也说到了这句话，我不知道同学有没有读出奇怪，好像刚才没有听到同学讲，是不是你们内部解决了，还是怎么样。类似的话出现了三次，就是下面这些文字。

- ◆ 现在我和他已经成为朋友了。
- ◆ 这话简直像是我兄弟说的，这话可多亲切。我觉得自己与他更亲近了。
- ◆ 可是这汽车抛锚了，那个时候我们已经是好得不能再好的朋友了。

这里面的几个句子大家注意到了没有？我们用常情来推断，觉得不好推断，我问大家，按照生活逻辑，你刚刚跟那个人吵一架，见面几分钟不到，你们就已经成为朋友了，再过几分钟，那就是兄弟了，再过几分钟，那就是好得不能再好的朋友。你们觉得合理吗？你怎么理解？怎么解释？这时候，你从上下文来看。

【要点评议】

　　上下文，也就是文本的语境。文本内容的理解一定要放到上下文的语境中进行。小说阅读一定是读全篇，而不是读局部。不把握全篇，就难以准确理解局部，就容易出现断章取义、以偏概全的情况。

　　小说教学要处理好教局部与教全篇的关系，要以局部带全篇，以全篇解局部。上课受时间限制，不可能也没有必要把文本的局部一一细讲，以局部带全篇就是一种必然选择。

他说"我和他已经成为朋友了",从整个小说来看,你觉得这个"我"讲的这句话是真的还是假的?有没有对这句话的诠释?证据在哪里?若是真有,你怎么看得出来?保护朋友财产,为朋友的财产奋不顾身。

但是我们发现没有,司机把他当朋友了吗?那为什么"我"会觉得,我要把他当朋友,理由在哪里?我们读的时候,我要给大家引一个东西,大家要注意这么一个词——"反讽"。这个词大家见到过没有?简单地讲,反讽就是我们日常经验里面用反话来讽刺。他这里面就含有一种反讽。

【观察者点评】
适当的术语运用。

结合全文来看,"我"把这个人当作最好的朋友,而且"我"事实上也是这样把他当作朋友看的,但是实际上呢,这个朋友怎么样啊?根本就没把我当回事。可是"我"为什么会这样呢?当然也有"我"的道理。这个"我"是个什么样的人?是个18岁才出门的人,还很"嫩"是不是?司机是个什么人?"老江湖"呀。一个很"嫩"的年轻人和一个"老江湖"在一起,很"嫩"的年轻人早就把心掏出来了,"老江湖"在那不动声色。是不是这样的?

他认为之所以是好朋友,他的理由你看看文章中讲的,他是个干个体贩运的,这个汽车是他的,苹果也是他的,我听到他口袋里钱儿,叮当响,有钱是不是,就从他跟我讲的这一点,我就认为他是好朋友。

再看,为什么这话简直像我兄弟说的呢?你们怎么理解呢?"这话可多亲切",你们看看前面有一句话,你们注意到了没有?司机问"我"到哪去,"我"怎么回答的?随便上哪。

"我"说的这个"随便上哪",是真话还是假话?那是真的。"我"是真不知道上哪。那"我"问司机呢:"你到什么地方去?"你觉得司机是知道还是不知道?那是知道的,可是这个司机怎么说的?"开过去看吧。"这一句话实际上就没有回答他的问话,为什么不回答,你们想想为什么?

根本就没有回答。可是"我"居然讲,我们两个很投脾气。是不是这样的?我们把这些话全都合拢起来就会看到这些话真的有讽刺的效果。

为什么"我"对他是如此的推心置腹,为他做出了自己能做的一切,"我"把他当成朋友,可是,他对"我"云遮雾罩,"我"把一切都告诉了他,但对他的情况却什么也不知道,什么也不了解。这些地方,我们也得去体会一下。

第三个例子,那就更荒唐了,刚才有同学提出来了吧。我们先看,车抛锚后"我"的反应,你觉得"我"的反应奇不奇怪?

  眼下我又想起什么旅店来了。那个时候太阳要落山了,晚霞则像蒸气似地在升腾。旅店就这样重又来到了我脑中,并且逐渐膨胀,不一会便把我的脑袋塞满了。那时我的脑袋没有了,脑袋的地方长出了一个旅店。

我现在满脑袋都是什么?旅店,旅店。这种反应正常吗?正常,一点也不奇怪,是不是,然后我们来看,司机这时候干嘛呢,司机这时在公路中央做起了广播操,他从第一节做到最后一节,做得很认真。

这个时候,你就觉得有点反常,可是这个"我"是怎么理解的?这个"我",和你们一样,是从什么角度理解的?他认为司机是坐车坐累了,想活动活动筋骨。这一段文字,我想告诉大家,除了字面上的理解以外,还有一种含义,刚才我们讲到反讽,带有一种讥讽的情感。

【要点评议】
  反讽法,又称倒反法、反语,是说话或写作时一种带有讽刺意味的语气或写作技巧。反讽最显著的特征:言非所指,也就是陈述的实际内涵与它表面意义相互矛盾。单纯从字面上不能了解其真正要表达的事物,而事实上其原本的意义正好是字面上所能理解的意涵的相反,通常需要从上下文及语境来了解其用意。
  反讽对学生来说可能是一个陌生的知识,即使不陌生,学生也未必会想到用它来解读这篇小说,因此需要教师适时地给予引导、点拨。这就是小说教学中新知识的介入。通过补充与文本解读相关的新知识,使学生学会小说解读的方法,这是小说教学的一项重要任务。邓老师的教学,在这里及时引入了新知识。

除了用生活的知识理解这个小说,还有一种叫做"象征"。我们固然可以像18岁的"我"一样认为他是开车开得太久,太累了,现在要活动活动,但是我们要把这个事情放大,要超出这种理解。

司机的做法,如果不仅仅限于汽车抛锚,我们能不能看到,他和生活中的某种现象类似呢?比如说这里的"抛锚",除了有汽车坏的意思,还可以把它比喻成什么?

其实刚才我们那位同学已经讲了很多了,他讲的都是一种象征。现在你再说说看,你觉得这个"抛锚",可以把它理解成什么?

生7:他们是一起上路的,然后就抛锚了,他们本来的关系就解除了,他们就不能在一起了。

师:为什么抛锚就不能在一起了,他们现在不是还在一起吗?

生7:因为车抛锚了,他就不能搭车了,不搭车他就需要旅店,司机和他不一样。

师:把抛锚理解成什么?你刚才说,公路是一种人生旅程,那么这个抛锚呢?抛锚就是我们在行进的路程中遇到了麻烦阻碍。遇到了阻碍,我们肯定有两种态度。"我"的是一种什么态度?

生7:焦急、焦虑。

师:司机呢?司机什么态度?

生7:比较淡定。

师:比较淡定,一个比较时髦的词。司机为什么这么淡定?我们估计这些事情,司机遇到得已经很多了。一个人经历很多麻烦事,多了之后,他对这些麻烦就不会再焦虑了。是不是这样的?所以,司机做广播操,根本就没把抛锚当回事,别人急他倒不急。

这涉及余华的小说的一个概念,这是一篇现代派、先锋派的小说。这篇小说,除了有现实的因素在,还多了一点因素。这是作者自己说的:小说传达给我们的应该是象征的存在,一部真正的小说,应该无处不洋溢着象征。

你看到了吧,刚才我们讲的那些内容是有象征的,有的象征不明显,有的是很明显的。汽车抛锚,司机在做广播操,我们固然可以按照写实的例子去理解,我们想想看,生活中,跟抛锚类似的事情。但也可以想想,这个故事到底蕴含着什么寓意,这样一理解,这个故事就更丰富了。

刚才我们同学想的,这个18岁的青年遇到这群人,这群人是强盗,是陷阱,还有就是"钓鱼",是他爸爸设的局,当然都有道理。但是我们想想,都是往哪个路子去想?都是《社会报道》《今日说法》之类的看多了。

用生活的逻辑去解释它,就不是小说了。这个小说除了有故事的一层以外,还有故事外的一层,我们要读出来。什么叫象征？我举个例子,《楚辞》中屈原擅长用象征。他用好鸟、香草来表示忠贞的人,用恶禽、臭物来表示奸佞的人,囚笼、鸾凤表示君子,飘风、靡云来表示小人。我们今天用高大的松柏表示英雄,荷花表示高洁,都是用一个东西来比喻某种精神。

这样一来,我们看看对这篇小说的理解,再回来看三个片断。

第一个,我们怎么理解？我们可以用生活常识、生活逻辑去理解它。

第二个呢,我们可以从那种讥讽的语气,去体会他的言外之意。

第三个呢,抛锚和做广播操这么奇怪的现象,我们感觉到,除了有故事,他还在比附一种东西,我们讲是象征。

你把这三点都结合在一起再读小说可能会读得更清楚。

其实这三个点,你最后都可以用象征去理解,无处不有象征。同学们自己想一想这三个点,怎么去理解。

最后我再说一句,整篇小说本身就是一个大象征。这个小说的标题叫什么？《十八岁出门远行》。这个故事象征着什么？这篇文章实际上是一篇"成长的寓言"。

【要点评议】

象征手法,就是以具体事物去表现某种抽象意义或不便表达的意义的一种文学手法。象征手法常见于散文、诗歌等文体,小说中也有运用象征的。象征之运用既可以局部象征,也可以全文象征。局部象征,是指文本中的某些情节、意象、细节等具有象征功能。如鲁迅的小说《药》中描写夏瑜坟上红白相间的一个花环,给整个作品增添了亮色。这一细节象征了革命的前景和希望。全文象征,是整篇文章都运用象征手法来表达主题。《十八岁出门远行》这篇小说可以说是一篇全文象征的小说,如果不对学生进行象征手法运用的指导与点拨,学生理解起来就会有困难。因此,给学生适当的象征知识的引领,对学生理解这篇小说是必要的。

一个18岁的少年,第一次踏入社会,在社会上经历了一些什么事？开头像一匹欢快的马一样奔向世界,经过一天的历练以后,遍体鳞伤地窝在那个汽车里面。这样的一个年轻人,经历了这样的社会,你觉得他能理解这个社会吗？他按自己的想法,在这个社会上,行得通吗?行不通。这个社会到底是什么样呢?他看不懂,我们同学也看不懂。看不懂就对了,看得懂,那还叫孩子吗?

我们想想看,当他窝在这个汽车里面的时候,明天他该怎么办?这个故事没有结尾,后面可以让我们想象,你们说明天他会怎么办?

生:继续上路。

师:继续上路,这是一条路。还有呢?

生:回家。

师:从此回家,不出来了,那也可能,这世界太可怕了。还有呢?上路之后,也有多种可能吧,也许经过 N 年之后,这个 18 岁的"我",就成为今天的这个司机了,可不可能?也许经过多少年之后,这个 18 岁的"我",还是保留着现在的东西,可不可能?当然也有可能。

18 岁出门远行,走出人生的第一步,感受了很多。我们同学,如果既能够按照生活的逻辑理解那种讥讽的语气,又能够从它象征的意义去理解,这篇文章就应该弄明白了。

最后,布置一个作业,大家回去想一下,这篇文章最有象征意义的几个意象是什么,你可以总结出来。我们这堂课就上到这里。下课。

问题研讨

小说教学,一方面要把学生带入小说的情境中,让学生移情想象,体验作品中人物的思想情感、内心世界,另一方面要教给学生小说解读的知识、方法与技巧,使他们在更高的认知层面上能够读懂小说。这两方面可以说都是小说教学的重要任务。对第二点而言,作为小说教学的内容,要确定教给学生哪些具体的小说解读的知识、方法与技巧。这要结合具体小说的文本体式来确定。

小说阅读的核心是理解,小说教学的重要内容是教会学生理解。学生遇到没有阅读过的小说类型时,往往还习惯于用原有的阅读图式来理解,此时就会出现阅读理解的障碍。要想很好地理解小说,需要具备与小说类型或文本体式相匹配的小说知识。只有运用恰当的小说知识,才能较好地解读文本、理解文本。

邓彤老师的《十八岁出门远行》这一课,在指导学生如何读懂这篇小说上着力,力图教给学生一些具体而实用的小说解读的知识。在这一课中,他教学生既要运用生活常识和生活逻辑来读小说,也要运用反讽、象征等方法来解读小说。他认为,把这三点都结合在一起再读小说会读得更清楚。这就教给了学生读小说的知识与方法。学生学习到这些知识与方法,再读类似的小说时,就可以迁移运用。这样的教学就可以达到"以篇达类"的效果。

需要注意的是,反讽和象征这两个教学点的确定,不是来自教师自己的想法,而是来自这篇小说本身的写作手法。教学内容的确定的一个重要方面就是通过文本阅读提取出作者的写作手法。小说所承载或体现的写作手法是文本体式的重要内容。把小说中主要的写作手法抓取出来,从文本体式的角度看,也就找到了文体体式中与写作手法相关的内容;从小说解读的角度看,也找到了小说解读的路径;从教学内容的角度看,也就找到了"这一篇"小说教学的内容。

有的教师在教本文时试图用先锋小说的特点来解读这篇小说。如果这样做就走偏了。因为这篇小说说明不了先锋小说的所有特点,也很难把先锋小说的部分特点说清楚。当把一篇小说当作"定篇"来教时,最好是"以篇达类",而不是"以类析篇"。"以类析篇"时,"这一篇"就不再是"定篇"的文本,而是"例文"了。邓彤老师的这一课,紧扣《十八岁出门远行》的文本体式,让学生以生活逻辑、反讽和象征来解读这篇文本,没有出现先锋小说等大的概念,但让学生学会了读类似小说的方法,可以说是处理得很恰当。

资源链接

1. 洪治纲.余华研究资料[M].天津:天津人民出版社,2007.

2. 褚蓓娟.解构的文本——海勒和余华长篇小说研究[M].合肥:安徽人民出版社,2007.

3. 叶立文.启蒙视野中的先锋小说[M].武汉:湖北人民出版社,2007.

4. 张闳.感官王国:先锋小说叙事艺术研究[M].上海:同济大学出版社,2008.

5. 刘云生.先锋的姿态与隐在的症候——多维理论视野中的当代先锋小说[M].成都:巴蜀书社,2009.

6. 刘恪.先锋小说技巧讲堂(增订版)[M].天津:百花文艺出版社,2012.

巩固练习及活动

任务 1：有人说《十八岁出门远行》是"一个成长的寓言"。①你根据老师在本课中的讲解与上述评说，你认为？这样的描述对教学内容的确定有什么影响？

_____
_____

任务 2：根据一下你根据老师在本课中教给了学生什么知识，是如何教给学生的。

教的知识	教知识的方法

任务 3：《语文建设》2005 年第 1 期发表了一场小说《十八岁出门远行》教学设计，同年第 11 期又发表了上海薛峰的《〈十八岁出门远行〉教学设计"，请把这两个小说教学设计与本课老师的教学进行对比，看他们在教学内容的选择上有什么之不同，并且最考虑的种与设计。当然也可以考虑其他教学设计用它们对你未来的教学的启长与启示。

---

① 曹勇军. 十八岁出门远行：一个成长的寓言[J]. 语文建设, 2005(7).

任务4：根据上述图表，请思考如何对比《十八岁出门远行》这篇小说进行教学设计，并写出我的教学设计方案。

	教学设计1（每小说）	教学设计2（子母鸡）	我的教学设计
教学内容要点			
理由（举一种重要分项）			